怎样选择成长股

（珍藏版）

［美］菲利普 A.费舍　著
吕可嘉　译

地震出版社
Seismological Press

图书在版编目(CIP)数据

怎样选择成长股：珍藏版 /(美)菲利普 A. 费舍(Philip A. Fisher)著；吕可嘉译. —2 版. —北京：地震出版社，2017. 5(2023. 10 重印)

书名原文：Common Stocks and Uncommon Profits and Other Writing

ISBN 978-7-5028-4837-8

Ⅰ. ①怎…　Ⅱ. ①菲…　②吕…　Ⅲ. ①股票交易—基本知识　Ⅳ. ①F830. 91

中国版本图书馆 CIP 数据核字(2017)第 028950 号

Common Stocks and Uncommon Profits and Other Writing

ISBN 978-0-471-44550-9

著作权合同登记　图字:01-2017-8714

地震版　XM5647/F(5536)

怎样选择成长股(珍藏版)

[美]菲利普 A. 费舍　著

吕可嘉　译

责任编辑：薛广盈

责任校对：孔景宽

出版发行：地震出版社

北京市海淀区民族大学南路 9 号　　邮编：100081

发行部：68423031　68467993　　传真：88421706

门市部：68467991　　传真：68467991

总编室：68462709　68423029　　传真：68455221

证券图书事业部：68426052　68470332

http://seismologicalpress.com　　E-mail:zqbj68426052@163.com

经销：全国各地新华书店

印刷：北京兴星伟业印刷有限公司

版(印)次：2017 年 5 月第 2 版　2023 年 10 月第 30 次印刷

开本：787×1092　1/16

字数：253 千字

印张：18. 25

书号：ISBN 978-7-5028-4837-8

定价：50. 00 元

目　录

第三部分　形成投资哲学

序
我从父亲的著作中学到的

随着你人生阅历的增长，会日益加深对《怎样选择成长股》这本书的理解，我本人对此可谓是深有体会。我花了大约15年的时间才真正理解了《怎样选择成长股》(Common Stock and Uncommon Profits)这本书的精髓所在。我第一次阅读这本书的时候只有8岁，对于书中的内容几乎什么也看不懂。只记得那时刚放令人开心的暑假，我开始花时间读这本书，简直就如同读天书一般，因为书中有太多深奥的词汇需要不断地查字典才能理解，但是因它是我父亲的著作，我为父亲感到自豪。而且通过学校和左邻右舍的口口相传，也通过阅读当地的报纸，我了解到父亲的这本著作有着相当大的影响力，我还知道它是有史以来第一本跻身《纽约时报》畅销书排行榜的投资类书籍，尽管当时我还不明白这有着什么样的意义，但我认为自己有责任读完这本书。于是我开始阅读，读完之后非常高兴，因为这个暑假我终于又恢复了自由。

谁能想到我后来会创立一家为上千位客户服务的大型投资管理公司，出版了自己的著作，并成为有着80多年光辉历史的《福布斯》杂志的专栏作家，并在其现役作家中供职时间排行第六；还撰写了很多关于每年的“年度最佳”投资书籍的评论，在过去的数十年中向广大读者推荐了大量的投资类图书呢？是的，或许是我8岁时阅读投资书籍这件事指引了我的人生之路，即使我当时并不理解书中的内容。

在我20岁即将大学毕业的时候，这本书的内容再次深深地触动了我。那时父亲给了我一个与他和哥哥一起共事的机会，我对此有些焦虑和怀疑，很想知道这到底是不是自己职业生涯中的一个好机会。在这种心态的驱使下，我再一次阅读了《怎样选择成长股》这本书(这时书中我不理解的词汇只有少数的几个了)。

当我读到父亲在选股时应用的“十五个原则”时，我很想验证一下它们是否能运用到对本地股票的投资之中。如果可以的话，我就能确认与父亲一起工作是能够有所收获的。

结果是这十五个原则没有起到什么作用。当地有一只公开交易的股票名叫太平洋木材(Pacific Lumber)，这只股票貌似蕴含着不错的获利机会，但我向一些相关人士询问有关这家公司竞争力的细节问题时，他们对我这个年轻人的态度很冷淡，因为我的确没有做足功课，甚至不知道如何提出有意义的问题。在被几个我想咨询的人拒绝之后，我知难而退。但这段经历也让我意识到自己还有很多东西需要学习。

和我父亲一起工作是非常辛苦的，这有点像我第一次正式买入股票时的情景——没能买到“10倍牛股”，而是与此相反，我买的股票从10美元跌到了1 美元。

我说这些是为了让你明白，即使一个在学校年级里从未取得排名在前的成绩，也不曾进过知名的大学里学习，没有任何值得引以为傲的20岁的年轻人，也能在短短几年时间里学会如何有效地运用本书中的原理，所以你也能够做到。

1. 十五个原则

就一般情况而言，当你还是一个像我当年一样刚刚在企业里开始工作、从来没有买过股票的年轻人的时候，似乎通常会认为应该买入哪些股票比卖出哪些股票更为重要。幸运的是，按照本书中所授的观点，当你分析出应该买入哪些股票之后，卖出就变得不那么重要了，因为你持有这些股票的时间将比以前更长。而分析出应该买哪些股票的方法则直接来自我父亲的“十五个原则”。

运用这“十五个原则”在现实世界里是一种可以重复的工作，用我父亲的话说，它与“闲聊”有很大的关系，目的是在一个地方研究另一只当地的股票，而在另一个地方再研究另一只当地的股票，这样就能有效发挥“闲聊”的作用。我不会在此一一列举这十五个原则帮助我在职业生涯的早期阶段取得了哪些成功，但是我通过发现一些好的股票并且取得了不错的投资收益，这使我获得了巨大的前进动力。运用这十五个原则，我可以大体推断出一家公司是否能在世界上长久生存，以及它将如何成功或是会怎样失败。如果它失败的话问题出在哪里，而且我也很快就明白了为什么在大学里运用十五个原则的尝试会以失败告终。闲聊是一种技巧，和其他的所有技巧一样，是需要花时间学习的。闲聊能让你从街区居民那里查明一家公司的实力强弱，而大多数人并不会这个方法，他们只相信那些产生于股票所代表的公司所在地或华尔街的谣言，而这些谣言的目的大多数是想把某种东西卖给你。

对广大投资者而言，闲聊在投资中的强大作用是显而易见的，事实也确实如此。如果你运用了本书中的十五个原则，并且你是从街区居民那里而不是华尔街获得消息，你就绝对不会买安然公司(Enron)、泰科(Tyco)、世界通信(WorldCom)等这些在2000—2002年的熊市期间陷入丑闻风波公司的股票。避免买入像安然、泰科和世界通信这类公司的股票是非常容易的，在这些股票上亏了钱的人都是依赖于各种传言和华尔街的观点，他们都不是从街区居民那里了解一家上市公司的竞争优势的。通过十五个原则能够了解清楚一家公司最基本的商业特征，或者说公司的商业特征在十五个原则面前根本无所遁形。运用闲聊就可以避免虚假信息，也可以从竞争者、公司客户和供应商那里寻找到相关的信息，这些人的共同利益通过目标公司而被绑定在一起，他们会用最真实的视角来看待目标公司。一般来说，与目标公司的竞争对手的销售代表交谈时，他们会本能地对目标公司表现出否定，但如果目标公司真的表现得非常优秀，这些销售代表是不会有什么否定态度的。在和竞争公司的研究人员和管理层交谈时也是如此，如果所有这些人对目标公司表现出了尊敬甚至是敬畏，这就代表这家公司不是像安然或阿德菲亚(Adelphia)这种陷入丑闻的公司，你就可以考虑在它的股票上进行投资了。

闲聊本身是一种体现了十五个原则特征的艺术形式，就好像学习钢琴弹奏技巧和作曲艺术之间的区别。掌握一门艺术是需要花时间学习的，你可能达到了相当高的钢琴弹奏水平之后才能学习作曲。在大多数领域，你可以通过重复的演练而掌握某种技巧，但在有些领域却不是这样，你可以直接欣赏某种艺术而无需自己去创造，或者在掌握了某种技巧之后通过修为的提高而使自己成为艺术家。本书能够让你认识到投资的确是一门艺术，而且很幸运的是，掌握这门艺术并不需要花太长的时间，因为其中大多数知识点都只是常识。我们普通投资者的问题在于不知道这些常识是可以应用到投资中去的，所以自然也不会尝试将其付诸实践，但这本《怎样选择成长股》会告诉你如何将常识用在投资中。

我们不妨在此讨论一下十五个原则，我知道你一定还没有读到这一部分，就先让我用简单明了的语言描述一下这十五个原则讲的是什么吧，然后你就能立即体会出这些原则的巨大价值。在本书后面的章节中你可以了解到这十五个原则的详细内容，并仔细品味其中的内涵。

我父亲的十五个原则说明了应该买入什么样的股票。这些原则定义了这样一家公司——它具有巨大的市场潜力和优良的产品，同时有着一个决心持续开发潜力产品并不断超越现有产品的管理层。这点意味着现行的产品研发能有效地创造出更好的产品，同时意味着销售团队规模和效率足以克服产品营销中的各种困难，也意味着产品的盈利能力和毛利率足以支付各项成本。这就需要一个现实而具体的计划，这个计划需要让各层次的员工都满意，并能够激发他们对公司的忠诚、保持生产积极性、具有前瞻性的眼光、开放的心态以及永不停歇的斗志。同样也意味着公司有能力严格控制成本，在同行业中有很多方面都具备优势，足以超越行业中的其他竞争对手。最后，所有这些都需要一个整体、协调统一的领导层。

想想那些卷入丑闻的公司股票，或是其他一些估值过高的投资，这些公司都无法经受住闲聊的验证，因为，如果你与这些公司的竞争对手闲聊，他们并不会感到特别的畏惧，与这些公司的客户或供应商交谈，他们也不会对这些公司有什么深刻的印象。相比较而言，这些公司的产品并不总是最好的，因此顾客不会对它们有什么深刻印象；在供应商方面，因为它们不是最优质的客户，所以供应商对它们也没有什么深刻印象。这些公司没有使竞争对手陷入不利的处境，因此竞争对手也不会对它们感到畏惧。

十五个原则不仅能够很容易地排除在2000—2002年的熊市之中所有卷入丑闻的股票，也能排除全部的所谓“95%俱乐部”的股票——这些科技股一度在熊市中贬值了95%甚至更多，因为它们太过依赖于互联网概念的炒作，尽管这类股票在1999年曾十分活跃，但从根本上来说，这类公司根本没有什么实际价值。想一想有多少互联网股票所代表的公司没有真正的销售人员（当然也就无法对竞争对手产生威胁），根本没有利润，也没有实现盈利的计划，更别提怎样去改善这个计划了。这些公司没有基本的市场研究，在没有融资支撑的情况下根本就没有生存的能力。诸如此类的缺点在这类公司上还能发现很多，它们连十五个原则中的一半要求都做不到，这样一来，十五个原则就帮助你排除了相当多的公司。回过头来考虑一下那些10年来都无法用十五个原则排除的公司，无论股票价格便宜还是贵，无论你自己倾向于买入成长型股票还是价值型股票，小盘股还是大盘股，十五个原则都能够帮助你选出正确的公司进行投资，在风云变幻的金融市场中乘风破浪，走向成功。

2. 目标与闲聊

我和父亲的目标向来都不是一致的。但是，这本书同时符合父亲、我以及广大读者的目标。父亲几乎一直都是成长型股票的投资者，由于多种原因，我年轻时是一个价值型股票的投资者。近年来，我已不能再算作单纯的价值型股票、成长型股票、大盘股抑或是小盘股的投资者，而是倾向于买入自己想买的任何股票。当然，这是另外一个话题了，不必在本书中讨论。不管怎样，当时的我作为一个年轻的价值型股票投资者，运用十五个原则十分得心应手，它帮助我选出并买入了一些价格低廉但内在价值却很高的股票，这些股票所代表的公司在20世纪70年代中期并不被人们所重视，但是这些公司的经营情况却是非常不错。我父亲喜欢买入的是不断增长的股票，他总是以合理的价格买入，不怎么考虑卖出。而我所喜欢买入的基本都是低价股，这些股票代表的公司往往不被华尔街看好，但的确是能够稳定增长的好公司，其股票价格能在5～10年的时间里涨上几倍，这样一来我就能在较高的价位上将其卖出。

我的观点是，成长型股票、价值型股票、大盘股或者是小盘股的投资，都可以应用闲聊和十五个原则上。以第四个原则为例，对于没有形成自然销售能力的公司而言，高于行业平均水平的销售团队如同庞大的资金支出一样非常重要，甚至更加重要。这一因素对于想要战胜较强竞争对手的小公司来讲更为关键。组建出高于行业平均水平的销售团队是很不容易的，但是，如果一家大公司想要击退金融市场中广泛存在的做空基金的袭击，就必须组建出一支这样的团队。第五个原则也是如此，这个原则与必要净利润有关。举例来说，在一家无法自然增长的商品型企业当中，市场占有率、相对生产成本和长期利润率等因素往往有着相当紧密的联系，公司管理得法的话，就可以通过采用先进的生产技术(主动应用新的技术而不是让技术自然发展)来赢得市场占有率、降低相对生产成本。而如果管理失策，公司利润将会渐渐降低，直至完全消失。因此在1976年我发现了一家名叫纽克公司的小型低成本钢铁销售商——它有着出色的管理层、创新的技术、相对较低的生产成本，并在小型钢铁市场上具备相对较高的市场份额，而且市场份额还在不断提高。我把该公司的股票作为价值型股票进行买入，而我父亲随后把这只股票当作成长型股票而买入，我们运用的都是十五个原则。几年之后，我在赚取了不菲的利润后卖出，而我父亲则将其持有了数十年才卖出，赚到了更大的利润。他卖出时，纽克公司已经成为了美国第二大钢铁公司。

当这本书出版的时候，我父亲已经51岁了，他具有非凡的才华并且已经取得了极大的成功，他在数年的时间里已经将自己对投资的理解从直觉和技巧层面上升到了艺术层面，但他不明白这一点对新手而言是需要很长时间才能做到的。他在自己的一生中经常思考一些问题，思考的结果往往是与他最初对这些问题的解释不同，他的想法十分变幻莫测。我写这些文字的时候已经52岁了，和父亲著成这本书时的岁数差不多。因为我也是不得不花时间通过学习来达到这一效果，而不是创造这一过程，所以我更清楚地了解将对投资的理解上升到艺术层面是需要花时间的。

我的思维方式要比父亲更为直观一些，在许多方面更加注重审视自我，我建议你在投资生涯中反复阅读本书。现在，我们再次来探讨闲聊这个话题。“闲聊”这部分内容虽然只占了三个章节的篇幅，但却是本书中最重要的部分。我再次回顾本书内容的时候清楚地看到，父亲在这部分中略去了技巧部分的内容，他可能认为这部分内容无需提到。

多年以来，我将闲聊应用到许多个股的研究之中，得到了很深刻的见解。所谓闲聊的关键点是什么？就是关注客户、竞争对手和供应商。我所撰写的第一本投资书籍《超级强势股》(Super Stocks)(Dow Jones-Irwin出版社1984年版)对这种技巧进行了阐述，并用现实生活中的一些例子来说明如何使用这些技巧。我的这本书含金量很高，它是1984—1985年间最畅销的股票投资类书籍。我对自己写了这本书感到自豪，但它还是不如《怎样选择成长股》这本书优秀。和《超级强势股》相比，我父亲所著的这本书随着时间的流逝而过时的内容更少，当这两本书都提出一些新概念的时候，父亲这本书中提出的诸多概念在那个时代具有更广泛的影响力，也得到了更广泛的应用，并且久经了时间的考验——也正是因为这样，这本书才成为了一部伟大的著作。我的书主要是有关技巧而不是艺术。对于技巧而言，你无论何时提出问题都能得到答案。而艺术则需要从上一个问题的答案中衍生出更多正确的、值得研究的问题。我曾经看到有人严格地使用一系列的标准化问题来提问，而不管问题的答案是什么样的，这样就不是艺术。你提出问题然后别人做答，你再根据答案想一下还能提出什么好问题，然后重复这一过程。如果你总是能在适当的时候提出正确的问题，你就是一个如同作曲家、艺术家一样有创造力和研究精神的投资者。这也是我父亲在他最辉煌时期所擅长的事情。

在1972—1982年间，我跟父亲一起拜访了很多公司。我只为父亲工作了一年，但是在此之后我们又一起做了很多事情。在拜访一家公司之前，他通常会将提前准备好的问题打印在纸上，问题之间留有空隙以便进行简要的记录。他总是事先做好功课，并希望被拜访的公司知道他做了充分的准备，以便使这些公司对他更为欣赏。他把这份问题列表作为所涉及话题的提纲来使用，这份列表同时也是偶尔出现谈话冷场时很管用的备用工具，这种情况下他通常会提出一个准备好的问题将谈话拉回主题。但是，他所提出的真正特别好的问题往往都不是事先准备好的，而是在他头脑中突然灵光一现冒出来的。这些好的问题从来就不是事先写下来的，而是当他听到了一个对次要问题的回答时突发灵感冒出来的。这些有创造性的问题的提出就是一种艺术，我认为正是这些绝妙的提问使他的调研工作变得极其有效。

父亲在金融方面的思维十分流畅，哪怕是到了年纪很大的时候也是如此。我想告诉你他所提出过的最优秀的问题之一，这个问题我从未听他本人说起过，而是后来从詹姆斯·沃克·迈克尔斯(James Walker Michaels)那里听说的。这本书中没有提到过这个问题，但我认为这个问题可以作为本书的一个很好的补充。

詹姆斯·沃克·迈克尔斯是美国商业杂志界当之无愧的泰山北斗。1998年他从《福布斯》杂志退休，在他退休之前我曾为他做过15年的杂志编辑，这段经历也是我有生之年最大的荣幸。他给了我进入《福布斯》杂志工作的机会，对我个人给予了很多的关照，并在退休之前为我编辑我所写的每一个专栏，这对期刊编辑而言是非常罕见的殊荣。他同时也非常钦佩我的父亲，有一次他和我一起到西海岸度周末，他表示希望早到几个小时以便和我父亲能一起坐下来聊聊天，我父亲虽然当时已经89岁了，但见到陌生人还是有些腼腆。

我的公司总部位于加利福尼亚州国王山的山顶，他俩就在那里的会议室中谈了几个小时。随后，詹姆斯同我一起向北行进，到达了我们的目的地俄罗斯河(Russian River)，一路上他一直在询问我和“那个问题”相关的信息。对于他所谈论的内容，我一点儿线索也提供不出来，同时我知道父亲是多么的优秀，所以我此时备感窘迫，我不知道他究竟想从我这里得到什么信息，坚持了大约一个小时之后他放弃了。和我们通常的做法一样，他在放弃努力的时候做了最后的尝试，突然说了一句：“你正在做哪些竞争对手还没有做的事?”多么精彩的一个问题啊！而且重点在“还”这个字上，真是令人叹为观止。大多数人在竞争对手没有做某件事时也不会去做那件事，即便那件事非常重要。当你向他们提出这个问题时，他们会感到诧异，因为他们之前从来没有想过这个问题。

那些经常向自己提出这个问题的公司永远都不会自我满足，它们永远不会落后，总是在依靠能力上的进步来获得更好的发展。这样的公司有着诚信和严格的管理，完全符合我们所讲述的十五个原则。“你正在做你的竞争对手还没有做的事情”是个非常出色的问题，它意味着公司能够引领市场，迫使竞争对手只能跟随，使得客户、员工和股东的利益最大化。詹姆斯问出的这个问题不但总结了父亲这一生所探求的东西，还对十五个原则形成了概括。时至今日，我还是不能明白他是如何想出这个问题的，这的确是个令人称奇而又巧妙绝伦的问题。

詹姆斯非常善于把不同的东西组合在一起，从而形成一件杰出的作品。在我们回到纽约之后，他在《福布斯》杂志撰写了一篇文章，这篇文章围绕如何甄别被投资公司的问题，将他自己和我父亲对此问题最精华的见解融合在了一起。我没有看低自己的意思，我的一生中也取得了很多成绩，父亲是一个善于缜密思考的天才，而我工作勤奋，善于演绎和推理，做事更有目标感，在思考方面也比父亲更为直接。

我的公司将这十五个原则和闲聊应用在各种各样的企业投资调研中，通常而言，这些企业规模较小或是目前发展得不尽人意，从行业角度来说包括零售商、不同形式的科技类公司、农业型公司、钢铁公司、专业化学公司、快消类产品生产公司或者博彩公司，等等，不胜枚举。虽然十五个原则并不算是我或者公司做出最终决策的直接依据，但它们通常可以帮助你有效地发掘投资价值。我通常更习惯于用自己的方法来行事，我们尝试着每年都深思熟虑地从几百只股票上得出一些结论，多年以来我的公司都重复进行这项工作，所采用的方法我们都把它叫作“12次通话”，并为员工印制了操作手册，以便对客户、竞争对手和供应商进行电话访谈。虽然未必对每一只股票而言，这种调查访谈的效果是有效的，但对大多数股票而言，这项工作的效果还是相当显著的。今天，我们已经用资本市场的全新技术代替了这种方法，这些已是题外话了。

目前，我的公司拥有500多名员工，操作着数百亿美元的资金，在全球范围内进行股票投资。你可能目前还做不到这些，所以你现在不必做我现在做的事情。如果你是一位个人投资者，那么十五个原则对你仍然有效。你在策略上可以像我年轻时那样使用十五个原则，当时还没有这些电脑类设备，做我现在做的这些事对你而言可能是没有必要，也是不现实的。我的观点是，无论你是像我父亲设想的那样严格地使用这十五个原则，还是更宽松地使用它，无论针对的是国内股票还是国外股票，是成长型还是价值型股票，抑或是放弃公开发行的股票转而购买私人企业的股票，也不管你操作的公司数量多少、规模大小，这十五个原则都是很有价值的，所有原则都具有很强的实操性。

3. 更多有用的内容

但是，现在你不要认为《怎样选择成长股》这本书中只有闲聊和十五个原则值得一读，这两点只是我认为是本书中最有价值的部分，书中还有很多细微之处也闪耀着智慧的光芒。举例来说，截至1990年，我成为股票方面的专家已经有18年了，并取得了不俗的成绩。同时我担任《福布斯》杂志的专栏作家也有6年的时间，这一年萨达姆·侯赛因开始崭露头角，并且爆发了海湾战争，此时投资者变得更加小心谨慎，市场呈现出一片紧张。我对历史有一定的研究，并撰写过两本金融史的书籍。历史上出现类似的情况时，正确的做法往往都是"买入"，但我亲身经历这种事的次数并不多。在一个周末，我通过回顾本书第八章"投资者的'五个不要'"和第九章"投资者的另外'五个不要'"而坚定了信心，我确信人们对战争的恐惧会催生市场中的买入机会。基于这个判断，再加上我的其他一些经济预测，我于1990年底在《福布斯》杂志推出了"买入"专栏，建议投资者买入股票。当大多数人认为熊市来临的时候，这一准确而又及时的举措帮助我确立了在《福布斯》的长期地位，我也一直对《福布斯》杂志心存感激。在2000—2002年的熊市之后又出现了类似的情况，这一次又是跟萨达姆·侯赛因有关。

我刚开始职业生涯不久后的1974年，以及发生大萧条的1937—1938年间都出现了熊市，2002年时，熊市再次来临了，这次熊市使得很多人原来建立起的投资理念彻底崩溃，也有很多人基于一些理论形成了新的投资理念，但他们很快就发现这些理念肤浅而苍白，远不能算作是真理。父亲的观点是向前看，他简单直观地指出资本主义仍然处于优势地位，美国以及其他西方国家仍然将持续地发展进步。他认为，自己并不擅长判断何时才是市场的底部（虽然他在长期的职业生涯中对市场做出过一些准确而令人震惊的判断），如果你购买的公司符合“十五个原则”，并且不会在市场的情绪和流言的干扰下冲动冒进，你就可以安然渡过这个时期。他还认为，如果你还没有持仓任何股票，那么此时绝对是一个买入并持有那些符合十五个原则的公司股票的绝好时机。2000—2002年间的熊市见证了这一判断。然而，在股价上涨之前它们还会继续下跌吗？父亲一般会承认这种可能性，但在几年之后这就不是什么问题了。他会因为这暂时的下跌而撤离市场、卖出持仓的所有股票吗？答案是绝对不会。他的确在自己漫长的职业生涯中曾多次提前卖出了股票，那是因为他已经了解到市场虽然还没有出现下跌，但在不久的将来就会下跌，并将发生很大的跌幅。

父亲害怕萨达姆·侯赛因、奥萨马·本·拉登或恐怖分子吗？不。他害怕战争吗？他会直接告诉你：不。他赞同布什总统发起的这场战争吗？不。他很少表示出对总统的赞赏，并且一向不喜欢那些担任总统职位的政治家，而为数不多的他所喜欢的政治家却从来没有站到过政坛的最高点。他说：“在政坛上爬得越高，说的谎也就越多。”他讨厌战争，很少发表维护战争合理性的观点。他是否担心媒体会对公司的诚信、二次衰退的可能性、高市盈率、巴西违约给市场带来的风险或其他的什么利空因素发表消极观点吗？不。当别人都把目光聚焦于一大堆不利因素时，他往往会重新审视他所持有股票的基本面，并据此决定是否继续持有这只股票。如果其中有一些基本面比较差的公司，他会仔细考虑是否会用若干家更好的公司的股票来代替它们。他通常能看到市场的波动性，他所持仓的股票种类并不多，而市场的下跌则是提升持仓股票的大好机会。

在父亲职业生涯的晚期，当有人问到他入市时机的选择及股票板块的选择等问题的时候，他往往会说这样的话：“我儿子已经证明了他能比我更好地处理这些问题，谈到这些问题时他会这样解释……但是，我仍然不会相信他说的话。”他从不相信任何人为他所做出的决定，他只相信只要持有符合十五个原则的公司的股票，就可以获得成功。直到现在，他的想法仍未改变。

在我的职业生涯中曾多次有人告诉我：①我错了(这种说法一般总是非常准确的)；②我父亲绝对不会做我正在做的事，这种事曾经不止一次地发生过。我大体上知道，说这些话的人一定不知道父亲头脑中那些细微的想法，他们也一定不像我那样频繁地阅读父亲的著作，而我从来就不关心人们如何评论父亲做了什么或没做什么。就商业思维而言，我认为我是最了解父亲的人。即使一个人非常了解我父亲的著作，他也能通过反复阅读获得更多的益处，使得他自己的投资生涯取得更大的进步，但只凭借一次阅读中学到的东西去投资，很可能会造成损失。因为，首先，学过的东西很快会从记忆中逐渐淡忘。其次，阅读的内容越多，被丢弃的内容也就越多。这本书并不是什么奇异的学说，更像是一本投资圣经，这意味着你需要反复阅读，不能说你读完一遍之后就无法再从中获益了。

除了十五个原则和闲聊之外，你还能在这本书中发现很多其他高价值的内容，这些内容对你的帮助可能和对我的帮助一样大。这本《怎样选择成长股》中最值得注意的是，它所介绍的纯粹的基本面投资方法，书中讲授了基本面分析方法的精髓，其中一个核心部分就是对投资实操者进行训练。许多年来，这本书一直作为斯坦福商学院投资课程的教材，许多在斯坦福大学就读并使用过本书的学生，日后都成为了国内的顶级投资者。但是，这本书的应用广度远远不止如此，比如，巴菲特长期以来非常信任我的父亲，本书也是他个人投资哲学的重要基础。在第九章中的第一个“不要”就是“不要过度强调分散化投资”，看到这一点你很快就能明白巴菲特投资哲学的关键基石，而你现在阅读到书中的文字正是巴菲特当年看到的。

从父亲开始撰写第一本著作到第三本，也就是最后一本《保守型投资者高枕无忧》为止，市场基本面的重要性一直没有改变。在投资这座大桥之下，时间像流水一样奔流不息：1958—1974年间出现了一次大规模的牛市和一次大规模的熊市，当时的投资者充满了各种冲动和幻想。我父亲写作最后一本书的时候已经67岁了，虽然这本写得也很好，但是和第一本相比还是有所差距。他的第一本书是如此出色，以至后面两本只能算作是补充。如果你只能阅读他所写的一本书的话，那就一定要选择第一本，这是他的巅峰之作。读完这本之后如果你仍想多读一些他的著作，那么排在第二位的最后一本，就显得尤为重要了，因为这本书对基本面分析的方法也有所贡献。

我认为在《保守型投资者高枕无忧》一书中，第六章关于摩托罗拉公司的阐述是最能代表他个人思想的，这部分内容说明了摩托罗拉公司为什么能在不被人看好的情况下，成为一家非常强大的公司，他个人打算长期持有这家公司的股票，即便是暂时蒙受些亏损也在所不惜。这部分内容读起来很是艰涩，判断出摩托罗拉公司是一家高品质的公司是件不易的事，但是，25年之后发生了什么？股价在分红前增长了30倍，摩托罗拉公司一直稳定发展且管理良好，每年都不用向证券公司支付佣金，也不用支付高额的共同基金管理费用。对于相信这家公司的投资者而言，在此公司的股票上投资获利并不是什么难事。有人能够经常提前几十年做出正确的预测吗？几乎从来没有。有人能够持有一只股票一直持仓25年之久吗？我在这里很负责任地告诉你，我父亲就是这样做的，摩托罗拉公司的股票也是他最重仓的股票，他一直持有到现在，其收益率已经打败了标准普尔指数。无论是现在还是过去，他都在寻找一些非常优秀的公司，然后长期持有其股票，同时这些股票也在以惊人的速度增值。在不承受过多风险的情况下怎样买入并持有成长型股票，《保守型投资者高枕无忧》是我所见过的最出色的著作，你可以从我父亲的第一本或第三本书中找到这个问题的解决办法。尽管写作时间相隔了16年，但这两本书的主要内容在很多方面是浑然一体、紧密相连的。重申一下，如果你只能读其中一本的话就选第一本吧，它提供的信息更全面、更注重基础知识、文笔更好且久经时间考验，涵盖的范围更广，也更有智慧。但如果可以的话，两本都读吧。

在接下来的前言部分，我会讲述一些有关我父亲的一些鲜为人知的事情。多年以来，人们经常问我有关我跟父亲之间的关系问题。由于我跟父亲都很古怪，而提问题的人通常也很古怪，所以我也经常给出古怪的回答。例如他们经常问我：“你跟父亲在一起的经历中那件事让你最快乐？”我通常都回答：“下一件。”跟父亲一起的那些快乐往事已经过去很长时间了，一去不复返。“你在小的时候有什么快乐的时光？”我很高兴地承认当然有。

我父亲是最擅长在睡前讲故事的人，他所讲的故事通常都跟股市无关，其中还有很多是他自己虚构创作出来的。对儿时的我来说，我喜欢父亲讲的所有故事，而人数日渐增多的价值投资门徒们往往不喜欢我的回答，他们只想听一些跟股票研究有关的事，但我跟父亲之间很少讨论这个问题。他们所问的只跟工作有关，所以在没有得到满意的回答之后他们通常会问我："如果把你父亲所提出的诸多建议和见解总结成一句话，这句话会是什么呢?"我会这样回答："坚持把我父亲的著作读完，再从这些书中走出来。"这就是你阅读本书的目的所在，尽情享受阅读这本书的乐趣吧！

肯尼斯 L.费舍

2003 年7月于加利福尼亚国王山

前 言

本书一直是最受读者喜爱，也是最畅销的投资类经典书籍之一，它问世至今已经45年。1957年9月，父亲在我幼时的家中写下了最初的前言，这部分内容仍然包括在本书中，45年后的2002年10月，我在现在的家中，终于鼓起勇气为本书写下了几十年来一篇新的前言。

如果你已经看过我修订的前言，你可能会认为我的父亲已经去世了。其实，当我写下这些文字的时候他还在世，而且已经95岁高龄。但是，由于身患晚期老年痴呆症和阿尔茨海默病，他的健康状况已经受到严重的侵害。他现在就躺在家里的床上，离他写作《怎样选择成长股》及其他著作的办公桌只有30 公分。

他的病情渐渐恶化，作为少数照顾他的人之一，我发现他的病情恶化的速度让人吃惊，当你读到本书的时候，他可能已经不在人世了。他已无法读到我写的这些文字，即便是读给他听的话，因为可怕的疾病影响了他的理解能力，他已无法理解长度超过一两个句子的内容。他曾经是一位投资界的伟人，但现在只是一个风烛残年的病弱老人。任何人都没必要因为罹患这种疾病而感到羞愧，它只是一种疾病而不是缺陷。当我撰写以美国金融行业100位已经去世的领军人物的传记为基础的第三本书的时候，我把所选定的人物锁定在已经离世的人物。之所以这样做是因为即使我写错了什么，这些死去的人也无法控告我。在处理我父亲的著作这件事上我也是这么做的，因为我不想在任何一方面涉及我父亲。如果我的阐述不同于他所希望看到的，那就有可能伤害到他，而这种情况是我所不希望发生的。

如今我不用担心这些了，因为他再也不会知道我在这里写了什么。既然我父亲写下了这本一直以来广受喜爱的投资类书籍，那么现在就是由我来告诉大家一些有关我父亲的事情的时候。如果综合考虑商业和个人事务的话，那么我是最了解他的，因此我是最有资格写下这些事情的人。而在其他方面，我的母亲比任何人都了解他。我姑姑认识他的时间最长，但是他们间的关系都是跟个人生活有关，不涉及商业。我的长兄曾经很短暂地跟随父亲近距离工作过，但他在父亲身边工作的这段时间非常短，后来他的职业方向转向了古典人文学科，一直到现在。父亲在他的三个儿子里边最喜爱的就是亚瑟，亚瑟跟父亲在情感上的联系也要比我更深，但亚瑟一直认为我跟随父亲一起办公的时间更久，因为他居住的地方离父亲有1000英里远，所以他没法像我一样每天跟父亲待在一起。

1. 早年的生活

我的祖辈是犹太人，移居美国前曾在捷克斯洛伐克首都布拉格和德国生活过，于19世纪50年代初移民到了美国旧金山。我的曾祖父叫菲利普·伊萨卡·费舍，他是李维·斯特劳斯(Levi Strauss，牛仔裤的创始人)最初聘用的会计人员，而且还负责管理斯特劳斯开设的第一家店铺，他的整个职业生涯都在为斯特劳斯工作。我的曾祖父不算富有，但晚年时经济上还比较宽裕。曾祖母在很年轻时就去世了，他们的大女儿卡洛琳担负起了照顾弟弟妹妹的任务。我的祖父亚瑟·劳伦斯·费舍是他们兄弟姐妹八人中最小的一个，他对实际上扮演着母亲角色的姐姐卡洛琳非常敬爱。祖父于1875年出生于旧金山，并在那里长大成人，后来先后就读于加州大学伯克利分校和约翰霍普金斯大学医学院，1900年毕业后回到了旧金山，开始作为一名普通医生的职业生涯。随后(在第一次世界大战期间或更早一些时候，也就是在获得了洛克菲里大学博士后奖学金期间)，他在骨科领域有了一定的建树，成为密西西比州西部排名第三的骨外科医生，并成为美国西部骨科协会的创始会员之一。1906年，曾祖父的去世使祖父和尤金妮娅·萨姆艾尔斯的婚期受到了一定拖延，同年旧金山发生的大地震和火灾让他俩的婚期再次延后，最终他们还是步入了婚姻的殿堂。我曾祖父去世不久后的1907年9月8日，我的父亲出生了，父亲最初的名字也叫作菲利普·伊萨克·费舍。

4年之后的1911年，我的姑姑出生了，祖父为了纪念自己的姐姐，给姑姑起名也叫卡洛琳。姑奶奶卡洛琳嫁给了斯特劳斯的亲戚亨利·撒赫拉因，开启了他美好的婚姻，是曾祖父把他介绍给了姑奶奶卡洛琳。姑奶奶卡洛琳在祖父跟父亲这两代人的人生中都扮演了很重要的角色，她不仅秘密地出钱让父亲上学(有些事情父亲是不会知道的)，而且私下里给祖父提供了为父亲买车的钱，这巧合性地对父亲的职业生涯起到了一定的帮助。姑奶奶卡洛琳一直以来都在支持着这个家，一直持续了几十年。如果我的父母能有一个女儿的话，一定会给她取名为卡洛琳，就像他们的第一个孙女也叫卡洛琳一样。

祖父跟大多数医生不同，他对金钱没有什么兴趣，他进行了很多慈善活动和医学理论研究，并不在乎商业和金钱方面的得失。即使他的病人支付不起医疗费用，他也会想办法照顾他们。如果病人无法支付账单，他就不会再催账。因为他的善良、热心和慷慨，有很多人都认为他的品德像圣徒一样高尚。对这个家庭而言，幸运的是父亲的卡洛琳姑姑一直在背后默默支持着祖父，如果没有卡洛琳，你也许就看不到这本书了。

父亲的早期教育接受的是家庭教师辅导。祖父不信任当时那些小学的教育质量，他觉得卡洛琳姑姑能够给父亲提供更好的教育。后来父亲进入旧金山著名的洛威尔高中学习，并在16岁的时候毕业。那时的父亲年幼、聪明、受到过家庭教师的良好教育，但在和接受了正常小学教育的孩子相比却缺乏社交能力。当时的他心理脆弱，不好相处，也比较缺乏运动细胞。由于年龄较小的缘故，他和高中的同班同学相比要长得瘦小一些，所以他在社交时往往感到局促不安，而他的这种不安感随着祖母不断的批评和否定而日益加深。16 岁的时候，父亲进入加州大学伯克利分校学习，但由于后来父亲的卡洛琳姑姑资助他买了一辆汽车，因此他转学到了规模较小但发展机会更多的斯坦福大学。后来的事实表明，这次转学对父亲的命运有着决定性的作用。

每个周末，父亲都会定时返回旧金山，先是参加周五晚上在卡洛琳姑姑和亨利姑父家里举办的晚宴，从父亲出生算起，这样的家庭晚宴存在了50年左右的时间，甚至很多远方的亲戚也会来参加晚宴。晚宴的核心目的是建立父亲早期的社交技能(这种习惯性的晚宴在我小时候依然存在),我的祖父母也经常参加进来,而父亲往往直接从加州大学伯克利分校或后来的斯坦福大学赶来。如果卡洛琳的房子现在还在的话,那么它足以被称为豪宅了,这座房子是亨利于19世纪90年代在杰克逊街修建的,紧挨着圣尼斯大道。晚宴上往往有很多节目,包括各式各样的演讲,以及让不同家庭成员变得好斗的饭后辩论,而祖父很喜欢观看辩论时的场面。父亲这一代人中参加晚宴的女孩比较多,只有他一个男孩。亨利对父亲喜爱有加,这是父亲特别怀念的——这使他作为一个年轻人有机会崭露头角。晚宴结束后,父亲就回到父母的家中,然后周一早晨返回学校。

对父亲而言,斯坦福大学绝对是个好地方,斯坦福大学的温暖、华丽、安闲以及极高的声望,使他觉得这里比加州大学伯克利分校或其他任何地方更让人感到舒适。

2. 补充

结合当时那个时代,本杰明·格雷厄姆的《证券分析》成名所花的时间太长。迪恩·威特是19世纪60年代旧金山投资界的风云人物,他在旧金山创立并管理了一家大型的证券经纪公司,但对于迪恩·威特而言,纽约才是他真正的市场。众所周知,股票经纪人并不是资金的操控者。随后是闻名遐迩的杰拉德·勒布,他也是一个出生在旧金山的犹太人,同时也是一个股票经纪人。可能他在全国范围内的影响力更大一些,很早他就去纽约发展了,跟旧金山已经没有什么联系。以上我简单列举了几个1960年左右在旧金山投资界具有影响力的风云人物,但是没有哪个人作为投资顾问能够取得像我父亲一样那么大的名声。和今天不同的是,加利福尼亚州北部所有的投资活动在地理上来说,都集中在旧金山的蒙哥马利街和布什街附近的少数街区,在这一地区,父亲所具有的声望是他只有在孩提时代才敢于想象的。

1940年时,加利福尼亚州出台了一条规定,这条规定至今尚存,内容是说如果一名投资顾问名下的客户数量少于15名,并且不再维持其公众顾问的身份,那就不用在证券交易委员会注册,而且可以依据合同规定从利润中抽取一定百分比的报酬,不然就是非法的,这项规定至今都不被大多数投资者所了解。在这项规定出台之前，一些行骗者会找到客户，告诉其中的一半人做某种交易，而告诉另外一半人去做相反的交易，无论结果如何，他都能从中收取利润的20%和买卖价差的10%。因此在40多年的时间里，投资顾问签订按百分比抽成的合同是不合法的，除非他拥有的客户数量少于15名，并且不以投资顾问的身份展开工作。当父亲退伍回到旧金山后，正是用了这一方式经营起了他的事业。靠着出版《怎样选择成长股》带来的名声，他很容易就将当地少数几个富裕家庭发展成了自己的客户，这些家庭支付的报酬很高，这就让父亲不必依靠机构客户来维持经营。和那些需要维持很多公众客户的投资顾问相比，父亲更有优越感。他仍然是一个经常独处的人，这种工作性质对于我父亲这样一个不善社交的人而言非常合适。不管他的名声多大，通常他都不喜欢并刻意避免在公共场合抛头露面。

早在1945年，赫伯特·杜葛尔受雇于斯坦福大学并在商业研究生院首次开设了投资课程。在斯坦福大学的历史上总共有三个人曾经教授过这门课程。1946—1968年间由杜葛尔任教，在此期间他因为休假而缺席了1961年和1962年，这两年是由父亲以兼职的方式来代课。杰克·麦克唐纳德是父亲的学生，他于1968年受雇于斯坦福大学之后就一直教授这门课程。杜葛尔在离开时之所以选择父亲为其代课，很大程度上是因为《怎样选择成长股》给他带来的巨大声望和他俩的校友关系。父亲很喜欢这份工作，它使得父亲时常能回想起一些年轻时在斯坦福大学的快乐往事。我希望如果杜葛尔不会回来，父亲就能以兼职的方式永远任职下去，但是后来杜葛尔回来了，然后这个职位在1968年由杰克·麦克唐纳德接管。据杰克所说，是父亲让他对股票市场产生了兴趣。在此之前杰克是在惠普公司工作的一个年轻工程师，当他遇到父亲之后就改变了原来的职业轨迹。杰克曾说过，父亲的最大贡献在于在《怎样选择成长股》一书中首次把持续增长模式和竞争优势的概念联系在一起。如今这是一个非常普通的理念，但在当时是非常先进的理念。有些方面，杰克更多地把父亲看成一名发展战略家，而不仅仅是股票市场的创新者或操作者。

无论如何，对于那些对斯坦福大学心怀敬仰、对其MBA学位有所向往以及非常看重其研究生阶段投资课程的学生和商人而言，需要注意的是，长期以来，这门投资课程的授课教师要么所使用的教材是作者本人(授课两年)，要么是作者的学生，而且在父亲之前只有一个人教授过该课程。《怎样选择成长股》简直如同圣经一般——只是没有太多人能够真正欣赏和了解它。在我临时拥有了本书的版权之后，也在我和杰克·麦克唐纳德的关系陷入僵局之前(这件事是我的错)，他一直将本书作为斯坦福大学的投资课程教材。多年以来(并非每年，但在大多数年份都是如此)，父亲都会接受杰克的邀请去斯坦福大学做讲座，并在杰克所任教的班上回答问题。2000年5月，杰克邀请他像往常年份一样回到学校做讲座，而此时备受老年痴呆症煎熬的父亲已经缺席了好多年。我知道父亲已经不是年轻时的那个他了，所以担心风烛残年的父亲会对此感到为难，但是父亲坚持去了，并且度过了长时间以来非常愉快的一天。他进行了一次令人惊叹的演讲，并且回答了所有听众的问题。那次演讲的全过程，包括杰克对父亲热情洋溢的介绍，都记录在《杰出投资者文摘》(Outstanding Investor Digest)第15卷的第7页。

当父亲受到老年痴呆症的侵扰之后，他逐渐遗忘了大部分曾经相识的商业人士。他认识得越早的那些人，他能记住的时间越长，最新认识的人会首先从他记忆中消失。比如他记得大多数20世纪50年代认识的人，而忘记了大多数70年代认识的人，患上这种病症就是这样。但是，有很多深层次的情感记忆仍然镌刻在他的脑海中，杰克·麦克唐纳德与父亲相识于1961年，在父亲长达72年的职业生涯中，他们认识的时间长达33年。杰克是父亲最后交往的知名商业人士之一，可见他在父亲心目中占据了一个多么重要的位置。

在20世纪60年代以后，父亲对他在公众之中的形象更加不感兴趣，也变得更加沉默。他把更多的时间用来对众多的商业人士做出评价，但他知道这只是一种个人行为。他出席当地商务活动的次数本来就很少，而且呈现出明显的递减趋势，他也没有在外地的公众场合露过面。1970年，父亲63岁的时候仍然没有一根白头发。同年我的长兄亚瑟开始和他一起工作，那时候亚瑟已经成为一名优秀的教会历史学家。两年之后我也加入了进去。父亲的想法是让我们一起工作一段时间，然后着手接管他的生意，但是这种想法没能实现。我只用了一年的时间就明白了这其中的原因，父亲是一个对细节问题要求极为苛刻的人，他不擅长社交，而且在任何情况下都不肯授权，所以亚瑟和我一直没机会做出什么重要的贡献。我天生精力充沛，个性离经叛道，在情绪上对人比较苛求，当我意识到父亲不肯授权的时候，我就知道为了双方的利益，我不得不跟父亲保持距离。不然的话我在事业发展上就不会有什么机会，也很有可能跟父亲之间互相造成伤害。亚瑟又过了4年之后才离开，最初投奔了我，但是作为哥哥以初级合伙人的身份和弟弟一起共事多有不便，而且意义不大，所以亚瑟离开了，此时我虽然还和父亲保持着联系，但已经有所疏远。自从《怎样选择成长股》一书出版后，有段时间最让人失望，就是1973—1974年间残酷的熊市，而父亲的行动也在这段时间开始变得有些迟缓。1977年的时候，父亲已经70岁了。尽管他从不承认自己的衰老，而且在那个年龄段的人里显得精力非常旺盛，可是他不再像从前那样心情愉快，已经显露出了衰老的一些特征。他的头发变得更加稀疏，一部分已经开始发白。在下午去旧金山半岛的火车上，他会习惯性地睡觉。同样在下午，他也会趴在办公桌上睡着。他已经到了该退休的年龄，但仍然在继续工作。

在这些年当中，他决定改善所持股票投资组合的品质，在他所持有的少数几只股票中剔除他认为品质相对不太好的，只保留少数品质相对更高的股票。我们可以推测出，他的所做所为目的在于缩小所持股票的范围，以便让自己日益衰退的精力能够顾全所有这些股票。在他的职业生涯早期他持有约30只股票，少量是大公司的股票；还有一些中等规模公司，他买入这些公司时它们的规模还比较小，他持有这些公司的股票一直至今，并且还将长期持有下去；他还持有一些小公司的股票，因为寄希望于它们能带来长期回报；同时还持有一些风险很大的私募股票作为长期投资。在20世纪70年代中期，他逐步卖掉了他持仓股票中的一部分，集中精力应付自己最喜爱的那几只股票，大约到1990年的时候，他只持有6只股票，而到2000年的时候只剩下3只，但这几只股票的表现并不好。我给广大投资者的建议是，不管你是如何看待衰老这件事，但你真的上了年纪之后就不要再做出任何投资决策了，最好在你变老之前就停止。我特别关注过成功投资者的年龄，其中并没有年龄特别大的。尽管有不少人在年老的时候已经在投资上取得了很大的成就，但是投资的分析决策过程至关重要，因此不适合年纪过大的人参与，此时衰老带来的不利影响足以抹杀此前所取得的成功，还会最后让人产生荒谬的想法。从医学角度而言，“老年脆弱”是一种最新发现的疾病，这是一个伟大的新发现，而它也阻止了伟大的投资者们在年老时继续取得投资的成功。实际上根本没有在80～89岁期间还能取得卓越成就的投资者。在最近几年里，父亲还保持着很好的演讲和思维能力，但是在重大的决策上往往思维不够清楚，选择的卖出时机一向不是很好。在生命的末期他还会说出一些类似于“还在寻找能够持有30年的股票”之类的话，对于一个已经85岁高龄的人而言，这完全是很糊涂的言语。人们往往认为这说明父亲老当益壮，是很令人高兴的，但实际上是差强人意。我相信很多人都知道这是因为他热爱自己的事业，不愿意退休，即使这样对其经济状况不利，他也要继续做下去。所有人都很迁就他，包括我在内。我在乎的是什么呢？如果这样能够让他高兴，我就满足了。有人可能会觉得他就像一个拿着球棒和棒球手套，却因为年纪太大而无法参加比赛，只能在棒球场外徘徊的人。他在人生最后阶段的几次股票买入行动都不成功。如果他在80岁或者70岁的时候就不再从事任何投资活动的话，那么他在经济条件上可能会更好一些。至于他具体是卖出股票转而投资指数基金，还是终生持有原有的股票并不重要，重要的是他的投资决策在不断地降低着他所持股票的价值。

父亲针对投资者所提出的长期持有的含义是这样规定的：购买优质公司的股票，相当大量地永远持有。他自己也持有过优秀公司的股票，如果他在晚年能够坚守自己的这一定义，而不是盲目地试图超越自己在最黄金时期的表现，那么他将终生持有原来的股票，那样的话会比现在的结果好得多。我已经回忆不起他持有过的所有股票，但是可以记起其中一些最主要的。1973年，当市场处于顶部的时候，他大量持有了一些当时的大公司的股票，这些公司包括道氏化学(Dow-Chemical)、食品机械化学公司(FMC Corporation)、摩托罗拉(Motorola)以及德州仪器(Texas Instrument)；同时他还持有一些中等规模公司的股票，这些公司包括瑞根(Raychem)和雷诺(Reynolds and

Reynolds)，这6只股票构成了他的资本总额的2/3，其中持仓最多的是摩托罗拉、德州仪器和瑞根，直到现在他还部分持有这些股票，尽管经历了2000—2002年的熊市浩劫，这几只股票的总体表现仍然是非常的不错。但是除了摩托罗拉之外，其他的股票大部分仓位都卖出了，而且所选择的卖出时机都比较糟糕，如果他再年轻一些定然不会发生这样的事。他所持仓的小公司之中，大部分股票都是1968—1973年所选择出的，而他在1973年后选出的股票几乎都没有什么好的表现，其中表现最好的是对制造业数据公司(Manufacturing Data Corporation)的投资。父亲在该公司20世纪80年代公开上市后不久买入，并在这笔投资上赚得了100倍的利润。他的持仓之中最早买入的是罗杰斯公司(Rogers Corporation)，这只股票他一直持有到现在，他也一直持有摩托罗拉公司的股票。父亲在他生命的晚期倾向于卖出部分长期亏损的股票，但往往在卖出后不久这些股票就出现明显的反弹并恢复活力，尤其是他在20世纪80年代卖出的食品机械化学公司和德州仪器，以及20世纪90年代卖出的瑞根公司。

同样是在20世纪70年代，父亲的想法发生了一些令我无法理解的变化。我的祖父停止行医之后，在1959年去世了。在之前的几年，祖父就患上了疾病，如今可能会诊断为阿尔茨海默病或者其他种类的痴呆症。祖父的病情恶化得很快，没多久就去世了。父亲对此的分析别具一格，他认为祖父的去世是因为停止了工作，所以他推断如果自己也停止工作一定也会很快离世，因此他的结论就是必须激励自己继续工作。在他生命中剩下的日子里，工作就成为了生活的全部。渐渐地他开始放下一部分工作，但还是会在可能的情况下尽量多做一些，并且做出了很多不同凡响的成绩。他把生命看作身体上的肌肉，如果你勤奋工作，它就能保持良好的工作状态，但是，如果你将它放松下来，它就会变得衰弱(父亲认为这将导致衰老和死亡)。即使在父亲的痴呆症最终迫使他放弃所有工作的时候，他还非常忿忿不平，认为这种状态最终将导致他死亡，而不是从其他角度来考虑这个问题，比如无论他是否继续工作，所患的痴呆症都会使他病倒。即使被诊断出患有痴呆症之后他仍然继续工作，每个月都去让神经科医生评估他的病情。尽管痴呆症对他造成了一定的损害，但是无法阻挡他继续工作。1999年，我把他的办公室转移到了家里我小时候住的那间卧室，所有的物品都按照他原来办公室的样子来摆设。他将自己的病情告知了剩余的几位客户，但是他们都愿意继续与他合作，但父亲可能对自己的记忆力正在衰退，并且只能记住18个月之内的事情这一事实有所隐瞒。到了2000年，他完全放弃了工作。2001年，他平静地和我商量了一些事情，比如有关再写一部著作，如何回到商业领域，以及能否像以前那样回到斯坦福大学做讲座等事情。他甚至尝试过再写一本书，并把书名初步定为《我在过去的25年中学到了什么》(What I have learned in the past twenty five years),但是，实际上他只通过口述完成了7页。他的精力几乎每个月都在临近枯竭，思维能力不断地下降。在病症发作的时候，早晨谈论过的计划到下午就会忘记。在结束自己近72年的职业生涯之后，他开始变得十分消沉，因为他的自我定位和工作职责是紧密地联系在一起的。正如我那已经过世的岳母曾说过的："老去时的状态不适合柔弱的人。"

3. 他是哪一种人？

父亲是一个不合群的、强悍的人，他往往会严肃地说一些文字游戏式的古怪幽默。他喜欢一语双关，他几乎对所有人都提到过这样一个双关语："双关语(pun)的三分之二是什么？其实就是PU。"当我小的时候，我的伙伴们都害怕像死人一般的他，因为他会无意识地用冰冷的眼光盯着你，好像要用目光穿透你的身体。如果你不太了解他，他的外表会把你吓死：身材并不魁梧(实际上可以算得上瘦小)，深色的头发和皮肤，而且总是穿深色的衣服，看上去很容易引发别人的恐慌。如果他只有20岁，或者说是在75年前，他看上去有一点儿像美国西部持枪歹徒的原型：瘦小、深色的头发，还有深色的着装。你不妨想象一下他正在说："不许动，不然我开枪了！"但事实上他从没有向任何人"开过枪"。他只是貌似脾气暴躁，而事实上并非如此，他也不需要对此有任何解释，孩子们总会踮着脚尖从他身边溜过，然后飞快地跑开。强调一下，他的脾气并不坏，但是也算不上热情开朗，除了我那一出生就受他喜爱的哥哥之外，他从没有褒扬过任何人。但其实我一直知道父亲非常关心我，可以说超过了他所认识的其他所有人，只是他表达的方式往往比较奇怪，而且有时根本不会表达出来。比如说，我非常清楚地记得，在我40岁之前，除了我16岁的时候他破天荒地表扬过我一次外，从未因任何事而表扬过我。这在我年轻的时候非常令我感到困扰，但是我也逐渐接受了这种方式。父亲并不是个善于称赞别人的人，但是却会用近乎炫耀的口吻告诉其他人，他自己是多么地为我感到骄傲。我也是从别人那里听到他曾这样说的，他本人没有直接对我说任何称赞我的话。后来他告诉我说他对此感到十分后悔，但是他不知道如何处理这类问题，对父亲来说，当面称赞自己的儿子是很困难的一件事。

现在让我来讲述他职业生涯中一段时间里的情况，以便让你更好地理解他。在计算机问世之前的几十年里，他有一套用以收集对于新股票全新见解的系统性方法。他会让大家知道，所有的年轻投资者都有且仅有一次与他见面探讨相关投资问题的机会，通常而言他不会与这个人见第二次面，但是，如果他认为这个人有非凡的才能，以后就会与他多次见面并交换观点。他首先会让别人了解他对什么感兴趣，如果他们有一些共同的兴趣，之后就会交换观点。几十年来，这些人向我父亲提供了很多的见解。他对自己想要什么考虑得非常清楚，他想要的就是跟十五个原则有关的东西，而对其他的都不关心。在他的整个职业生涯中，观点能被他采纳一次的人不止一个，而父亲对这个人的其他观点置之不理，因为他觉得这些观点还不足够优秀和准确。

观点能被他采纳两次的人共有两个，而这两次都让他蒙受了损失，仅有一个人的观点能让他采纳三次，这个人就是我。他完全采纳了我在股票方面的三个观点，并因此为他的客户、我的母亲和他自己赚到了10倍以上的利润。这是他采纳同一个人的观点次数最多的一次，而且得到的结果也相当不错，这些情况都发生在20世纪70年代中后期，正如我之前所说的，此时他的职业生涯已经进入了后期，他投资成功的次数越来越少，因此这几次的成功就更加显得珍贵了。

我现在可以告诉你他的处事方式是什么样的。在我那三个被他采纳的观点之中，有两个是他从来没有向我表示过感谢的，第三个又如何呢？至少过了15年以后，在我40多岁的时候，他递给了我一张纸条，说我做得不错。

而他那时仍然持有我那次推荐的股票，并且持有了很多年。当我提到我的另外两个观点时，他承认采纳了我的观点，但是并没有再说什么，没有祝贺，也没有道谢。和其他人相比我在他面前有恃无恐，有时候会在言语上冲撞他，当我质问起是谁帮他得到了三个正确的投资观点时，他承认这个人不是别人，而是我，但他认为这并不非常重要。他还解释说，对他而言最关键的是知道和放弃哪些观点，他也从来没用过我的任何错误观点，这让我非常生气。我进而反驳他说，他曾采用过别人许多的错误观点，然后他就对我大发脾气，大概在一个月内我们俩处于互不理睬的冷战状态。后来他似乎忘记了曾对我大发脾气，那件事也就再没有提过。这就是他：冷酷、不友善、严厉、顽固、纪律性强、不善交际、不言放弃，外表上总是显得很自信，但内心里经常感到恐惧，这真是令人费解。我其实知道他是非常看重我的，但即便是面对最看重的人，他也很难进行直接的交流。

他每天都做些什么事呢？1958年，《怎样选择成长股》一书出版之后，父亲每天傍晚时下班，回到家换好衣服后和家人在餐厅里共进晚餐，然后去起居室，这也是他在睡前读书的地方，他有时会阅读商业资料，而更多时候是看侦探类的推理小说。在我的孩提时代，他常常会在睡前读书时来到我和哥哥们的床边，给我们讲上很长时间的故事。他给我讲的故事尤其多，因为我更喜欢他讲的故事。父亲有时会讲英雄人物或者英雄事迹的真实历史，诸如圣女贞德、美国独立战争、保罗里维尔的夜奔、拿破仑的生平事迹，等等。另外，还有他自己创作的故事，有时候他希望把自己创作的故事变成孩子们的读物，但他始终没有真的这样做，尽管他创作的故事真的很精彩。我和哥哥们都有自己独立的卧室，父亲讲故事时就坐在我们的床边，而我们躺在他身边的地板上。当我们睡着之后，他再把我们抱到床上。他和母亲在10点左右就寝，早晨7点半的时候，他开着一辆老式的蓝色奥斯莫比尔汽车(Oldsmobile：美国通用公司的一种两门敞篷车)把我们送到学校，然后去距离圣马特奥火车站半英里远的地方停车。之后步行到车站，乘火车去旧金山。圣马特奥的零售店员工称他为“一道光”，因为他步行的速度非常快，而且在迈出他有力的步伐之前，身体就已经向前倾斜。父亲认为，如果雨下得不够大，就不能有效地解决干旱，如果走路不够快，就是没有充分利用路程。他很喜欢坐火车，而且从童年的时候就开始喜欢。他早晨所乘的火车8点整出发，半个小时后到达旧金山的第三大街和汤森大街(和现在的位置有一个街区的距离)。他每天都在火车上阅读商业资料，如果有人接近他想跟他交谈，他常常会说自己正忙于工作，然后继续读书，显得非常冷酷而孤僻。下车后，他步行1公里到达他那位于布什街和圣萨姆街一角的办公室。因为他走路的速度太快了，别人都赶不上他的步伐，所以没人能跟他并肩而行，更让他显得冷酷而孤僻，有点儿像他那类似持枪歹徒的外在形象。在米尔大厦，他乘电梯到达位于18层的办公室，这间办公室属于他私人独有。这么多年来他一共有过两间办公室。从第二次世界大战到1970年，他在1810号办公房间，之后搬到了1820号。在两间办公室中都挂过一幅画，这就是《保守型投资者高枕无忧》这本书的封底。如今这幅画挂在我公司总部的一间会议室的墙上。

这么多年来他所用的家具从来没有换过，他唯一用过的一张书桌现在放到了我小时候的卧室之中。椅子以及其他每一样家具都十分耐用和结实，40年都没有更换过。他就是这么一个简朴的人。那么他身上有什么奢侈的地方吗？有，那就是他办公场所的旧金山海湾的景色。他搬到1820房间以后，他可以每天奢侈地从两个不同的角度观赏海湾的美景。20世纪50年代时，米尔斯大厦是市内最高的两幢办公大厦之一，另一幢是拉斯大厦。当他在1970年搬到1820号以后，就可以从两个窗户，也就是从两个不同角度清楚地观看海湾的景色。直到20世纪80年代中期我把他的办公室搬到家里之后，四周除了高耸的办公大楼之外，他无论从哪个角度都再看不到任何景色了。20世纪70年代的时候，旧金山的办公大厦数量猛增，周围的环境发生了很大的变化，由于无法看到海湾的景色，他的绝大部分热情都消失了。

即使在他老了之后，他仍然坚持每天下班后步行到车站，在火车上阅读大量的商业资料。正如前文所说的，他经常在回家的火车上睡着。他每天早晨9点到达办公室，下午4点下班，如果碰上下雨，那他就只能乘坐那令他讨厌的公共汽车了。公共汽车让他更近距离地接触到各色人等——毕竟任何人都是可以乘坐公共汽车的，但是他不是个善于和人打交道的人，即使是跟人缘最好的人在一起，他也会感到不那么自在。和大多数商界成功人士相比，父亲几乎从来没有连续很长时间地努力疯狂工作，早年的时候，我经常会惊叹于他为什么能够在工作时间不长、也并没有花费太多努力的情况下取得事业的成功，其实这都源于他的个人天赋。在大多数情况下，他就像一束激光一样全神贯注地聚焦于工作。其实在工作当中你只需要在相对较短的时间里全力以赴，在其他时候也不浪费时间的话，就能完成很多的工作，而父亲就有效地利用了这部分较短的时间，从而在工作中取得了很大的成就。

父亲总是喜欢一个人独处，我的长兄从1970年开始和他一起工作，在此之前他身边连一个兼职的秘书都没有，几十年来一直如此，直到他在20世纪70年代早期(这时候他的事业开始走下坡路)雇佣了戴尔·波索女士。我年轻的时候一直没有见过她，现在我对此很后悔，如果我有机会认识她，就一定能从她那里了解到更多关于父亲的事。父亲总是不喜欢进行社交活动，而是一个人进行思考和阅读。尽管他在电话中可以很好地和人交谈，但他却不善于和人面对面地交谈，毋庸置疑地说，父亲是一个不善与人交往的人。

父亲非常喜欢看政治竞选报告，这是他的一大爱好，他乐此不疲。在罹患痴呆症前他有着不可思议的记忆力，通常他能够记住众议院的435名议员和100名参议员的名字。为了帮助入睡，他经常会在睡前挨个回忆每一个州的名字，同时记熟了所有州的首府，并且在我小的时候也要求我将它们全部记住。对父亲而言，背出州和首府的名字没有任何挑战性，因为它们从来都没有变过，但是国会议员的名字是经常变化的，这样他就有了新的需要记忆的内容。他唯一一次记错名字是在沃伦·巴菲特刚刚跟他有所交往的时候，沃伦·巴菲特的父亲名叫霍华德·巴菲特，曾担任过奥马哈市议员。由于父亲在霍华德·巴菲特担任奥马哈市议员时对其印象非常深刻，所以他跟沃伦·巴菲特认识后总是把他称为“霍华德”，后来他每每提到此事都会觉得非常不好意思。沃伦·巴菲特也从没有提醒过他，我好几次指出父亲的这个问题，可他每次都会说我不要多管闲事。但是他还是非常喜欢看选举报告，因为那将是下一个记忆周期的起点，这同时也同他喜欢的政治分析有很大的联系。

他对政治分析非常着迷，而且他的分析水平也是可圈可点。他在这方面有一个很大的优势，他已经牢牢地记下了所有议员的名字，这就已经领先了绝大多数的人。我在任何时候都敢打赌，能够记住众议院和参议院所有议员名字的人，整个美国也不会超过500个，但是我父亲一直都能够做到。

再者，因为他记住了所有议员的名字，当选举临近的时候，他就能比大多数人更方便地研究那些任何一方都可能获胜的竞选。很久以前，像查尔斯·库克(Charles Cook)这样的政治分析家会提炼出自己的分析框架，而父亲做的则是在每个区域都分析出每个政党的稳得席位、获胜可能性较大的席位以及在竞争中胜负难分的席位。在选举之夜，如果一旦出现势均力敌的情况，他就会对情况做更进一步的调查分析。当选举报告书公布之后，他更是会熬夜收集数据并把它们全都记录下来，仔细衡量这些数据会对未来两年内国会内部力量的平衡有什么影响，且一般情况下会如何影响总统的产生，以及整个国内的政治活动。他不善于解释那些原本双方势均力敌的竞选为什么会出现实力的倾斜，他也知道自己并不擅长这些，但是他知道哪些人是势均力敌的，并且会像鹰一样紧紧盯着他们。我正是因为知道他不擅长分析为什么竞选双方的实力会发生倾斜，所以我在这方面进行了特殊训练，就是为了学会一些他不知道怎么去做的事情。他在晚年的时候非常惊叹于我在这方面的能力，他总是认为任何人能做到这一点都是不可思议的，但事实上这是一项非常简单的技能。具有讽刺意味的是，如果有人在他的职业生涯早期教会他这种分析方法，我确信他能比我做得更好。但是他这个人的一个做人特点就是，对于任何技能，如果他在50岁前没有学会，那么他一般而言就永远不会去学了。他在50岁左右做了很多事包括《怎样选择成长股》一书的出版。

这本书的出版和他个人的一些古怪个性很有关系。在此请看一下他给这本书做的题词："本书献给无论资金规模大小的所有投资者，并且使用本书的投资者不能抱有这种观点——我已经形成了自己的观点，不要用事实混淆我。"他几乎对所有的事情都有着固定的习惯，所以他不想让任何改变来打乱自己的生活。据我观察，他除了投资领域之外，对于任何一个领域他都不想被新的情况所困扰，每一样东西都要原封不动，不能用新出现的东西去替代。他曾经拆除房子并重建的举动非常令人震惊，他从来不想接受任何可能让他改变的东西，这种性格体现在他身边的每一样东西上，从花园到汽车、衣服、家具、熟人，无论是什么他都不想改变。在我和他一起工作的那短暂的时光里，我刚开始无法在商业观点上真正了解他，但是当我看到他的办公室设施有些陈旧的时候，我就开始做一些细微的改变。

1972年，父亲的办公桌上仍然摆放着三部转盘式电话，而且他分辨不清电话的铃声，当电话铃声响起时他不知道是哪部电话在响，所以只能一部部地接起，他经常接错电话，接错后又不得不赶快放下，转而去接另一部。后来我为他安装了一部单独摆放的普通按键式电话，这部电话安装着多条电话线和多个脉冲光源，他开始时非常懊恼，一直持续了几个月，因为我打扰了他的世界，而且他无法接受这一进步。但是在研究商业问题时，他会做出改变。最后他还是习惯与使用新的电话了，当他形成这个新的习惯后，就忘记了曾经对我的气恼。当我14岁的时候，我曾和他一起进行过一次家庭森林旅行，我在旅行途中用兼职工作攒下的钱为他买了一件夹克衫，但是他从来没有穿过，很可能是因为他更喜欢穿一件旧的运动外衣，因为他非常讨厌改变。

他的办公室里放着一台手摇式加法机，这种机器是由暴龙公司率先推向市场的。当我第一次看见他辛苦地使用这台机器时，我首先想到的是他的办公桌可能会爆裂，他的手腕也会受到损伤。那台机器摆放的位置离我现在坐的位置有3英尺远，之所以我记得这么清楚，是因为我习惯于记下那些重要的事件。1961年10月20日，《华尔街日报》宣布了一种四功能计算器的诞生，那时的叫法跟现在不一样，当时这种计算器的名称叫袖珍计算器，由于它使用了集成电路(德州仪器公司的杰克·基尔比于20世纪50年代与人共同发明)，因此后来被称为“固体电路半导体网络”。这种计算器原本用于太空计划，重量大约是10盎司，售价29350美元。父亲在财务会计基金会(Financial Accounting Foundation，即FAF)的专题著作中提到，他是德州仪器公司的最早期公众投资者之一；在我前去与他一起工作时，他非常专注于对德州仪器的投资，所以在1973年，我给他买了一台早期的商用电子计算器，淘汰了那台过时的手摇式加法机器。我原本以为他会喜欢这部新机器的，因为它产自德州仪器，而且同以前用的加法机器相比在功能上有很大的进步，能够完成很多从前无法完成的工作，但是他一点儿都不喜欢它。因为使用方式发生了改变，他足足花了1年的时间才克服了使用方式上的变化。不过他最终还是能够熟练使用新机器了，就好像从未换过机器一样。他在20世纪80年代卖出了德州仪器公司的股票，但是仍然在他职业生涯剩余的时间里继续用这台已经用旧的计算器，这还是应该归功于他非常讨厌改变。

父亲承认他的一生中只有五个朋友：他的表弟大卫·萨姆艾尔斯，艾德·海勒，弗兰科·斯洛斯，路易斯·兰菲尔德以及约翰·赫茨菲尔德。这几位在很早的时候就认识了父亲，并且亲密得就像一家人一样。尽管这些朋友跟父亲生活在同一个地方，但是父亲成年之后就很少去看他们了。父亲一生都记得大卫·萨姆艾尔斯，父亲会定期跟他通电话，但是每年大概只见两次面。前边曾经提到过，艾德·海勒比父亲大10多岁，更早的取得了成功和财富，他是父亲早期的良师益友，也是一位成功的股票市场投资者、全能型的商人和风险投资家。他或许是父亲在20世纪50年代之前最敬佩的人，后来父亲认为海勒沉溺于女色，于是结束了和他的交往。之后不久，海勒就去世了。弗兰科·斯洛斯是父亲在斯坦福大学读书时的室友，他去世于20世纪80年代，在世时一直跟父亲保持着非常亲密的关系。按照现在的说法，弗兰科是旧金山的一位房地产律师，他在去世之前为父亲处理了大多与证券无关的法律方面的事务。他们经常谈一些法律方面的事情，但除此以外其他时候他们几乎不怎么见面。路易斯·兰菲尔德是父亲的远房亲戚，也是父亲多年来的一个客户。由于工作的原因，他们经常一起去旧金山。在父亲的这五位朋友当中，我跟路易斯的见面次数最多，因为他住的离我们家最近，他还经常和父亲结伴去坐火车。路易斯于1959年去世，他的儿子宣称拒绝支付路易斯留下的账单，父亲对他提起诉讼，并且赢得了最后的胜利，可见他是多么的冷酷和强硬，而且相当的孤僻。路易斯的儿子呢？他现在处于无人照料，自生自灭的境地。与父亲交往时间最长的朋友是约翰·赫茨菲尔德，他是一名工程师，和父亲从孩提时代起就亲密无间，但是他们成年以后，父亲大概每4年才会与约翰见面或者交谈一次，父亲无法忍受约翰的妻子，他觉得约翰的妻子会把他逼疯。尽管如此，约翰临终前，父亲还是会定期去医院陪着他。约翰这个朋友对父亲来说十分重要。然而在平时的生活中，父亲是孤僻的，他很难找到和人们相处的方式。父亲是个恬淡寡欢的人，除了母亲之外，他不太喜欢和其他人来往。大多数人喜欢让自己的朋友们聚在身边，大家一起相处并享受友谊的快乐，然而父亲并不喜欢这样。

父亲总是喜欢一个人独处，或者跟母亲待在一起。即便是和母亲在一起的时候，大多数时候也是两个人各处一室，母亲在书房，而他自己在起居室，他就是这样的人。如果不是在工作，就是在花园之中，母亲不在他身边的时候，他会变得更加焦虑。其他人呢？他不喜欢人们待在他身边太久。他喜欢我，但是，如果我和他待的时间太久，他也会感到厌倦。还有亚瑟，他是父亲除了母亲之外最喜欢的人。他对唐纳德的关心不如对我的多，这给唐纳德带来了麻烦。他喜欢亚瑟更甚于我，这同样也给亚瑟带来了困扰。事实上父亲是一个非常孤僻的人，不论他跟谁交往，他都非常孤独。20世纪70年代初，亚瑟和我先后跟他在一起工作，在我看来，这简直让他发疯。他在整个职业生涯之中都相当的孤单，我们又在他身边待的时间太久。当我看到父亲的心态愈发地变得不正常，同时认识到了我其实还没有了解他是怎样的人，再加上开始时提到的那个问题——我认识到他不肯授权而自己无法获得机会时，因此我决定立即走得离父亲远一些，这样其实对我们大家都好。我在一年内开始了我自己的事业，但我跟他还是在一个办公楼内工作，我有一种不同寻常的能力，能够既和父亲分开相处，不受他古怪脾气的干扰，同时又跟他保持比较紧密的联系。而哥哥亚瑟就做不到这一点，他是个非常感性的人。亚瑟在情感问题的处理方面一直都不如我干脆利落，我不知道这是为什么。我一直认为，我的两个哥哥对父亲的态度都过于较真了，都不如我和父亲那样亲密。最后，父亲对亚瑟的个人情感给他带来了很多的个人问题，于是亚瑟在1977年彻底离开了公司，搬到了西雅图，从事他的学术工作。我们的父亲从来就不是一个能跟他人亲密相处的人。

父亲有时候相当的节俭。在我小的时候，当因为一些商业活动而外出的时候，我不得不跟他挤在一个房间里睡，甚至在我已经能够供养自己的房子之后依然如此，他认为，如果我自己住那就是浪费金钱。在我30岁的时候我再也不能忍受了。20世纪70年代初的一个晚上，我跟他在蒙特利(Monterey)参加一个首次为科技类股票举办的大规模会议，也就是随后美国电子协会(American Electronics Association)所称的著名“蒙特利会议”。在这次会议上，父亲向我展示了一种令我终生难忘的本领。在会议期间的宴会上进行了一次比赛，在每个人的餐具旁边有一张卡片，每个人都要写下自己对第二天道琼斯工业指数(Dow Jones Industrials)走势的判断，当然，这是一种没什么意义的练习。随后所有人的卡片被收集起来，所给答案与第二天的实际走势最接近的人将赢得一台迷你彩色电视机(一种当时非常流行的电子产品)。第二天午餐的时候将宣布获胜者，而这个时间正好是太平洋时间下午1点，也就是市场刚刚收盘的时候。大多数人都跟我一样，写出了一些涨跌幅度的数字，比如上涨或者下跌5.57个点。我假定市场在此期间不会有什么特别的表现，就像大多数时候那样。当时的道琼斯工业指数大概在900点左右，所以5个点的变化不算大也不算小。晚上回到房间之后我问父亲写了什么，他回答说“上涨30个点”，也就是上涨3%。我问父亲为什么这样写，他回答说他根本不知道市场会有什么样的表现。如果你了解他的作风，就会知道他根本不会对市场在某个特定日子的表现有什么看法。父亲对这个比赛发表了自己的看法：如果他或我写下的数字比较接近市场的真实表现，并因此而在比赛中胜出，人们会认为这只是幸运罢了，因为写下5.57点而胜出仅仅表示打败了那些写下5.5点或者6.0点的人，大家也都会认为这仅仅是运气而已，但是，如果他说“上涨30个点”取得了胜利，人们就会认为他确实有些本事，而不仅仅是靠运气。如果他输了，可能也没什么人知道他所写的数字是多少，这也不会给他造成什么损失。第二天，道琼斯工业指数上涨了26个点，父亲以10个点的优势胜出。

当午餐时宣布父亲以一个很高的上涨点数胜出时，眼前数百人的人群发出了非常惊叹的声音。当然，当天的新闻焦点是大家想搞明白为什么会出现这种情况。在会议的休息时间，父亲欣然向大家解释了他为什么能够提前算出指数的变化，以及市场为什么会出现此种变化。但是，他所说的都是虚构出来的，他淋漓尽致地展现了自己表演虚构内容的技巧，但我听的相当仔细，而且每个在场聆听他讲述的人也丝毫不怀疑他所说的一切。虽然父亲总是不能游刃有余地参加社交，在社交场合总感到局促不安，但是在那天，我了解到了父亲其实比我料想中更擅长表演。还有，他并不想要那台迷你电视机，因为他不想让自己的生活有任何改变，所以他把电视机送给了我，我拿回家后又把它给了母亲，后来这台电视机母亲用了很长时间。

4. 三个“W”

我的父亲还喜欢些什么呢？有三个以字母“W”开头的单词可以代表他喜欢做的事：步行(Walking)、担心(Worrying)和工作(Working)，这三样事都是他喜欢做的。我从没有见到过他采用大众所熟识的放松方式，在我看来这是因为他太喜欢担心了。在他的外表之下，他的内心总是处于一种无休止的波动和紧张的情绪之中，而这种情绪往往会演变成担心。他会担心任何事情，从某种意义上说，只有这样才能让他感到安全。不知道是什么原因，他会觉得如果担心的足够多，他就可以避免所有的风险，这样一来他就不会遇上什么糟糕的事情了。因为他长期处于担心的状态之中，所以他甚至会一遍又一遍地担心同一件事，而我却是一个不怎么懂得担心的人，这种情况困扰着他。我总是倾向于尽可能简单明了地思考问题，然后做出决定。如果我断定自己是错误的，可能就会做出改变，这样的做法使他非常不习惯。父亲常常会对我说：“肯，我希望你做事的时候谨慎一些，就谨慎一次好不好？我总是希望你更加谨慎。”他对自己的谨慎感到自豪。但是对我而言，我不明白为什么要以那样的方式来生活，父亲总是要求我更加谨慎一些，同时他对自己也有同样的要求。

在花园里，父亲会坐下来总是担心所有他关心的事情，这会使他感到更舒服一些，也许正是因为这个原因，所以他跟其他的投资者相比所犯的错误更少。他担心每一件事，直到现在还是这样。或许他用这种谨慎的作风降低了风险，但是这也可能就是他不如某些投资者富有的原因。如果他还没有完全考虑好可能发生的不利因素，那么他绝不愿意承担这些不利因素的风险，他从来就不是个喜欢冒风险的人，而那些真正变得非常富有的人比他承担了更大的风险。

那么步行呢？当父亲步行的时候，他的身体其实是在清除过剩的精力，此时也是我所见过的他最放松的状态。无论是在城市里还是在森林中，他都会走很长的一段路，然后平静下来。他在步行的时候有时会与人交谈，有时候也会保持安静。他的每一个工作日都以从车站出发的步行开始，然后在这一天工作结束的时候走同样的路返回。而且他非常喜欢快速地行走。在以前的日子里，我和亚瑟常常陪伴他步行往返于车站和办公室之间，我俩经常搞得满身是汗，并且因为疲惫不堪而怨声载道，而父亲从来都不会搞得满头大汗，他就是一个偏好于快速行走的人。那个时候，从他的内心深处来说，他的生活中不能没有步行。在他职业生涯晚期，我把他的办公室搬到圣马特奥以后，他就每天步行往返于家跟办公室之间：走过圣马特奥居民区的花园，观赏着生气勃勃的花朵。他说那是他成年之后度过的最平静的时间，他简直可称得上是个伟大的步行者。那时候他的脚步已经开始蹒跚，但是他的体格还是很结实。无论发生什么事情，无论走多远、山路有多么崎岖陡峭，他都会用双腿走下去，永远不会放弃，因为他真的非常喜欢步行。

我的生活和工作都在一座2000英尺高、覆盖着红杉的山顶上，那里可以眺望到太平洋。我在那里生活了30年，在我公司的500名员工当中，有200名都在山顶的总部里工作。我在那山顶附近有一个非常漂亮的农场，它正好位于一块大小为5000英亩的保护区之内。父亲80岁的时候，我的哥哥唐纳德从俄勒冈州赶到了父亲的身边。我跟父亲、唐纳德、我12岁的次子内森离开农场开始下山，经过普里斯马峡谷深处的小道上的树丛，向着太平洋进发。父亲像个孩子似的吹着口哨，和我们聊天。此时此刻只有步行，没有担心，步行将担心一扫而空。我的生命中的大多数时间都在这一片地区生活，所以我对山上的情况极为熟悉。自从我在这里生活之后，我就经常在山上行走。每走到一个叉路口我就会提醒父亲说：“爸爸，这条路比较近，也更平缓一点儿，返回时也会更快；那条路远一些，道路更陡，也更深入山谷。我们走哪一条路？”而在每一个岔路口，父亲都会选更难走、更远的那条路。在海拔下降了1300英尺、走了5英里的路之后，我们该返回了。我此时此刻有一些担心，父亲已经80岁了，唐纳德的体重超标、缺乏锻炼，心血管系统也不好。唐纳德那时候正在考虑雇佣个护理医师，他在上山时一直大喘气，经常去测自己的脉搏。父亲不时地回头去看身后的唐纳德，问他是否需要我们等一等他，或者大家一起走慢一点儿。唐纳德不时地停下来休息。当我们停下来的时候，父亲由于不是处于步行的状态中，所以他又开始焦虑和担心，如果没有什么值得担心的事，他反而会更加担心。当时他还担心返程的路太长，如果我们返回时被困在森林中或者受伤，母亲就会很担心。可怜的唐纳德，他沉重而缓慢地走着，气喘吁吁，时不时地测量着脉搏。到达山顶后，内森就像一头活泼的小鹿，蹦蹦跳跳地冲在最前边。此时太阳已经开始落山，父亲变得更加的担忧，他要我们加快脚步。当然，母亲并没有担心什么，她不是个经常焦虑的人。那天晚上，唐纳德住在父亲的屋里，第二天唐纳德告诉我说他的腿特别疼，几乎是只能躺着或者坐着，父亲照料着他，一直非常担心他。这就是父亲所喜欢的东西：步行、担心和工作。

我和父亲共同度过的最美好时光源于一件意外发生的事情，那年我只有14岁多。父亲、母亲、唐纳德和我正在怀俄明州的一个农场里过暑假，那次亚瑟不在家。我跟父亲每天都要徒步旅行。那时我是一个野生动物迷，喜欢形形色色的动物。一天我俩外出寻找羚羊，父亲一边走一边和我交谈，而我就只顾着寻找羚羊。我们一直走到了离汽车大约4英里的地方，那里是丛林稀疏的高原。夏季的云朵开始遮住天空，于是我们开始返回停车的地方。天上的云很快就开始变得非常阴暗，空气开始变凉，闪电击打在我们的四周，而且还有高尔夫球般大小的冰雹砸向我们。我们朝车的方向跑去，到处都是闪电。我们本来可以平躺在一块平地上，但是那时我非常没有经验，想不出什么好主意，我们只是一直在奔跑。闪电一次次地击打在我们周围10~25英尺的地方，我们都非常害怕。冰雹时不时打在父亲的头上，于是他一边奔跑一边用手紧紧地抱着头。我那时15岁，体格已经非常健壮，而父亲已经59岁了，但是跟上我的速度根本不成问题，这是因为他有一双永不停歇的双腿。我们最后终于赶到了停车的地方并挤进车里，四周继续打着闪电，但是我们最终安全了，我从没看到过父亲笑得像这次一样这么费力。他跑得实在是非常努力，以至于在接下来的一个小时里他都没有担心什么。

在20世纪80年代早期，父亲在旧金山火车站和办公室之间步行的时候，有过几次不大愉快的经历，有一次因为走神而把头撞到了一根金属柱子上，还曾有一次昏倒，还有一次被打算偷袭抢劫的人搭话。鉴于这些不安全情况，我跟母亲说服他听从了我的安排，由我将他的办公室搬到了旧金山半岛，而我在1977年就已经准备好做这件事了。我把他的办公室安排在了圣马特奥的第五大街和皇家大道的一栋办公楼中，他仍然坚持每日都步行上班并乐在其中，每天走在不用担心出现强盗的花园之中，无需顾忌交通信号灯或是疯狂的出租车司机，路边都是些漂亮的鲜花，没有什么需要特别担心的。

正如我前面提到过的，父亲在生命的晚期经常在周日去他的花园，然而他在花园里出现了摔倒的情况，这是痴呆症的早期症状，但是当时没人往这个方向去想。现在回想起来，我还在事后看到了其他的一些信号，但是我不了解痴呆症，所以无法识别。祖父大概也得过阿尔茨海默病，但那时这种病症还不叫这个名字。这种病的早期症状通常非常难以察觉，父亲身边也没有什么人能觉察得出来。即使我们发觉了，父亲也不会听取我们的意见，因为他的个性极为自负和任性。

父亲曾经在斯坦福大学教过一个长期以来都非常尊敬他的学生，他的这个学生名叫托尼·斯贝尔(Tony·Spare)。托尼最早的时候供职于加利福尼亚银行，负责货币管理与运营的工作，随后创办了自己的货币管理公司(现在这家公司风光不再，已经被托尼卖掉)，并且取得了成功。1998年11月5日，托尼在旧金山参加一次客户研讨会，他邀请父亲在宴会上进行演讲。父亲在傍晚的时候步行离开了他在圣马特奥的办公室，准备乘火车前往旧金山，其实他本来可以乘出租车去的，因为托尼可以在晚上开车送他回家。因为从下午开始就一直在下毛毛细雨，所以父亲所走的那条路非常湿滑。当父亲经过圣马特奥的商业区时，他发现前方的交通信号灯开始由绿变黄，于是他像往常那样想在信号灯变红之前跑过去。他刚刚跑到人行道就滑到了，摔到了右髋部。虽然后来伤势复原得比较不错，但是从那一次手术开始，他的痴呆症就像决堤的洪水一样侵袭而来。

父亲身体复原之后，他的记忆力跟逻辑能力却没有恢复。我负责执行他的健康恢复计划，感觉他的恢复情况非常理想，但是与大多数摔伤了髋部的老年人一样，1999年1月15日，他患上了肺炎，这对他的身体状况形成了沉重的打击，差点儿让他失去了性命。到了1月19日，他已经进入了重病特别护理阶段，医院告诉我们他只能活到第二天早晨，母亲非常难过。那天亚瑟也从西雅图乘飞机赶来，整个晚上都坐在他的身边。到了凌晨3点，顽强的父亲渡过了危机，从昏迷当中苏醒过来，他的第一反应是除去脚趾上的刺，清晨5点，亚瑟让我去接替他照顾父亲。早晨8点，我叫醒了母亲，她由于以为父亲已经去世而悲伤不已。我叫她和我一起来到父亲身边，因为这样一来她还能再跟她的丈夫交谈一次。虽然父亲仍必须依靠人工呼吸机维持生命，但是头脑仍然很清楚，在父亲无需重病特别护理之后，我让我的私人医生来到医院，代替那些日以继夜工作的护士们来照料父亲。医院已经尽可能地将父亲照顾好，但是在当时那种条件下，他们的工作仍然是有待补充的；从工作方式来看，他们还能做得更完善一些。家里人也都非常清楚，如果让我们来做护理结果会更好一些。这家医院从来未曾请过外部的工作人员前去协助，但是当我做出这个决定的时候，院方对我的态度非常好，给了比我期望的更大自由，而这也正是父亲所需要的。在父亲身体最终恢复之前，还有两次徘徊在死亡的边缘，有一次是使用强心剂，还有一次用真空清除装置从肺部抽取3/4的积水，这需要时刻观察可能出现的紧急情况，当时积水几乎马上就要填满他的肺部了，如果不是医护人员及时发现，他就没法生存下来了，这次创伤也严重地打击了他的身体和精神状态。

父亲在病情危险期还发生过几次中风，此时他的身体对痴呆症的防御机制已经完全被破坏，尽管如此，顽强的父亲已经恢复到可以每天步行数英里，并且能够清楚谈话的程度，虽然他有很多事情都已经忘记了。那时候，他几乎忘记了1968年以后发生的所有事情。慢慢地，由于受到痴呆症的影响，他的长期记忆中只剩下了很久很久以前的一些事。他的病情已经恶化得让他只能认出极少数几个人，这也是典型的晚期痴呆症的表现。父亲健康状况的下降速度并不快，也没有什么规律，但是每过几个月我们就能明显地感觉到父亲的身体状况又下降了，父亲平时能认出来的人只有我和母亲两个人。当他第一次没能认出她最喜爱的儿子亚瑟时，我感到非常震惊，到现在他也只是有时候能认出来。他之所以记得我，是因为我跟他平常见面的次数最多。他在家里接受着家人日以继夜的照顾，由于卧床不起无法行走，他自然也就不能享受他生命中最喜爱的几件事情——步行、担心和工作。照料他的健康以及所需花费方面基本上都是由我来负责的。虽然母亲仍然非常健康，但是目前的父亲已经不再为我所熟悉，一点儿也不熟悉，我所熟识的父亲已经一去不复返了。

如今母亲仍一如既往地陪着他，但一直是在重压之下艰难地努力支撑。尽管总体而言，照顾父亲健康恢复的人做得非常出色，但是母亲一直觉得做得还不够，经常定期亲自出马，直到最后累得筋疲力尽。后来每次当母亲离开时，父亲就会想着把她叫回来。无论对母亲还是对任何人而言，照顾父亲都是一项非常艰辛的工作。当母亲最终去世的时候，我无法想象母亲是怎样一种心情，我也不该对此妄加揣测，我唯一可以确认的是，晚年的生活不适合柔弱的人。

父亲和母亲目前一共有11个孙子和4个曾孙。他们的长孙女，也就是唐纳德的长女，继我的姑姑之后又取了卡洛琳这个名字。第二个孙子是亚瑟的长子，继父亲之后，也取了菲利普A.费舍的名字。他们俩是家族中仅有的两个以先辈的名字取名的人。父亲经常后悔曾孙中没有一个人取母亲的名字，但是母亲对此并不在意，像她那种性格不会对这类的事情烦恼。父亲在拥有自已孩子的时候年纪已经比较大了，所以他跟他的长孙女最为亲密。母亲在她的家族中年龄最小，自然也就更喜欢较小的孙子，有两个曾孙是他们不怎么熟悉的，另外两个曾孙生活在很远很远的地方，他们从未见过面。对于父亲而言，跟他接触比较密切的孙辈只有少数几个。

5. 意义——镜子里的形象

父亲是个影响了很多投资者的伟人。受到他影响的人有大型企业的领导者，也有普通人，从国家的商业领导人，到在各行各业中工作着的他的学生们，以及他学生的学生。他在让别人明白用其他方式无法明白的事情方面有一些诀窍。父亲总是会通过启发别人思考，而不是直接告诉别人的方式，使他们产生了一些在遇到父亲之前绝不会产生的想法。有的时候他就像一面能把你的能力映射出来的镜子。

我都无法数清楚几十年来到底有多少人曾经这样对我说过这样的话："我见过他一次，虽然聊的时间不长，但是他说了他的很多想法，使我深受启发，甚至给了我在开办自己公司时秉承的理念。"当然，他们最终采用的是自己的理念，但是从某种意义上来说，其中很多观点是来源于父亲的创造。父亲将自己的本领传授给了其他人，他启迪了人们的思维，而不会让人们觉得自己的想法是从父亲那里照搬来的。同样，父亲的作品对很多人而言也是如此。数十年来，很多投资者告诉我，正是由于看到了《怎样选择成长股》或者《保守型投资者高枕无忧》两本书中的某些观点，他们才采取了某些特定的行为方式。当然，他们的做法并不是完全照搬于父亲的作品。无论他们做了什么都是基于自身的想法，但是他们认为书中的某些内容赋予了他们灵感。作品固然优秀，而它启迪出的灵感却更加有意义。

如果你阅读了我父亲的作品，一定会产生一些自己的观点和看法，这是一个非常好的现象，尽管我父亲他自己可能不曾预料到自己的作品会有这种效果；如果你受到了这些作品的启发那就更好了，这也是反复读他的作品会大受裨益的一个原因。从某种意义上说，父亲对很多人而言就像一面镜子：父亲用他们自己认为不可能的方式使他们认清了自己。目前离《怎样选择成长股》一书的出版已经45年了，父亲今后再也不会直接对任何人产生直接的影响，但是他作品的影响力会长期流传。如果你从来没有读过他的作品，那么我希望你能够喜欢；如果你之前已经读过，我很欢迎你再读一次。鉴于他的作品在45年的时间里收到的反响，我肯定他的作品将会在你的生活中占据一定的位置，并且会对你产生长时间的影响，就像父亲留给我的回忆那样。

肯尼斯 L.费舍

第一部分

普通股和不普通的利润

开篇语

在投资领域出版一本新书往往需要作者做一些有关的解释和声明。由于我的商业活动将在另一本面向投资公众的著作中做详细阐述，所以在此我主要是介绍一些我的个人情况，以便读者了解这本书的诞生背景。

我毕业于斯坦福大学新成立不久的商业管理研究生院。一年以后的1928年5月，我正式步入了商业社会。我进入了现在的旧金山克罗克-安格罗国家银行工作，并且20个月后在统计部这个至关重要的部门当上了主管，按照现在的说法，那时我的职位可以被称为证券分析师。

我在银行工作的时候，可以借机近距离观察各种巧妙的金融运作手法，这种情况一直持续到1929年的秋天，此后美国经济就此步入了衰退时期。我通过观察得以确信，如果我在西海岸经营一家专业投资顾问公司将获益颇丰，这样的公司与那些微不足道的传统证券经纪商截然不同，他们仅仅知晓股票的价格，但对股票的价值一无所知。

1931年3月1日，我创立了费舍公司(Fisher & Co.)，那时是一家服务于普通大众的投资顾问咨询公司，但是主要的盈利来源在于对几家成长型公司的投资收益。公司业务稳步发展，接下来二次世界大战爆发了。此后的3年半里，我被征召进入陆军航空兵团做一些办公室文职工作，处理公事之暇，我会反思一些自己曾经做过的成功投资，而对于那些不成功的投资我更会花时间反思，以往10年我见到的别人成功或不成功的投资行为也在我的思考之列。在这种参悟过程中，一些投资原则开始浮现在我的脑海里，而这些投资原则和一些在金融界普遍被奉为圭臬的原则有很大的差异。

当我从部队复员之后，我决定把这些原则尽量不受其他问题干扰地应用到实际的商业环境中。费舍公司并不是服务一般大众，因为十多年来，费舍公司的客户数量一直就只有十多个，而在这段期间内，这些客户大多也都没有变过。让资本大幅增值不能说是费舍公司的主要目标，而是公司的唯一目标。我注意到过去的11年里，股价呈现出普遍上扬的态势，任何人只要从事股票买卖都能赚到可观的利润。尽管这些从事股票交易的各路资金所获得的报酬一直在不同程度上领先于整体市场指数，但我发现在战后时期全盘遵循这些原则，要比战前10年我仅运用这些原则中的一部分时有更大的收获。或许更重要的是，在整个市场处于横盘震荡或下跌的年月里，运用这些原则所获得的报酬并不比市场急剧上涨的时候逊色。

我在研究了自己和其他一些人的投资记录之后，形成了两个非常重要的意识，也正是这两点意识促使了本书的完成。其中之一我在其他地方提到过多次，那就是想在投资中赚大钱就必须有耐性。换句话说，预测股价会到达什么价位，往往要比预测它多长时间才会达到这个价位容易得多。另一个意识就是股票市场本质上就有一种欺骗投资者的特性。如果你跟其他所有人做的事情都一样，或者是按照自己内心不可抗拒的渴望去做事，最后的结果往往会证明你的做法是错的。

这些年来，我发现自己总是需要孜孜不倦地向我管理的基金投资者解释我所采取的诸多行动背后的原因。只有这样，他们才能知道我为什么要买一些他们完全没听说过的股票，才不至于因一时冲动而从我的基金撤资，这样我才能有充裕的时间让股票通过市场价格来证明我的买入是正确的。

我渐渐地有了一个想法，想把我的这些投资原则编纂成文，以便查考。于是我开始探索着来组织撰写这本书。接下来我想到了很多中小投资者，他们大部分都投资了基金，所投基金的规模远不如我管理的这家只服务于少数投资者的基金。这些年来，他们时常来找我问到身为中小投资者的他们，怎样在股市做出正确的举措。

我想到无数中小投资者处境之艰辛，他们多年以来有意无意地吸收了各种各样的想法和投资观念，但事后再看其代价太过昂贵了，可能的原因是他们从来没有接触一些更基础的正确观念。最后我想到和另一群人的一些对话，他们对投资理念方面的事情也非常感兴趣，只是出发点与中小投资者不同。他们是股票发行机构的总裁、财务副总裁、上市公司财务主管等，他们也渴望尽可能多地了解投资理念与方法。

我所得到的结论是，有必要写一本这样的书。我希望这本书能够以非正式的写法，把我想讲的事情以第一人称的方式告诉包括你在内的广大读者。书中所用到的大部分言辞、例子以及比喻，和我把这些观念亲口告诉我基金的投资者时一样。希望我的坦诚和直言不讳没有冒犯到任何人。特别希望书中内容的价值，或能掩盖我文笔上的平庸。

菲利普 A. 费舍

1957 年9月于加州圣马特奥

第一章　往事中提供的线索

假设你在银行存了一笔钱，现在你想用它来买一些普通股。你之所以做出这样的决定，可能是因为你觉得买股票和以其他方式运用这笔钱相比能够取得更多的收入，也可能是因为你想与美国这个国家一起发展和成长。选股的时候，你也许会想到亨利·福特（HenryFord）创立的福特汽车公司（Ford Motor Company），或安德鲁·梅隆（AndrewMellon）创办的美国铝业公司（Aluminum Company of America），你也有可能想要投资一些初创型企业，这些企业虽然目前规模不大，但正在为今后的宏图伟业打下良好基础，也就是为你奠定雄厚财富的基础。也有可能是你心中的害怕甚于期待，希望手中有一笔钱以备不时之需，因此，你在听说了愈来愈多有关通货膨胀的消息之后，渴望找到一种既安全又能防止购买力减退的投资方式。

也许你真正的动机，是许多这类因素的综合体，可能是你知道了某位邻居在股票市场上赚了一笔钱，也有可能是你收到了一份邮寄来的小册子，上面解释了中西全麦面包公司的股票目前值得买入的理由。但是无论如何，在这些表面原因背后的基本动机只有一个，不管出于什么样的理由，或使用什么投资方法，你购买股票是为了赚取利润。所以，这样似乎就有一个合乎逻辑的做法，那就是在买股票之前先了解一下过去用什么方法最可能赚到钱。随意浏览美国股票市场的历史就能发现，人们曾使用两种截然不同的方法赚取了大量的财富。19世纪和20世纪50年代之前，很多人靠着预测企业景气周期而赚到了或多或少的财富。当时的银行体系不甚稳定，导致经济繁荣和萧条交替出现，如果在萧条时买进股票，在繁荣时卖出，则投资获得回报的可能性很高，而那些在金融领域具有良好人脉关系的人尤善此道，因为他们可以事先获得银行体系什么时候会出现紧张状态的消息。

但我们需要了解一个重要的事实，那就是或许在1913年联邦储备系统（Federal Reserve System）建立之后，运用这种方法在股市获利的时代已经结束，并在罗斯福总统任内初期通过证券交易管理法之后彻底成为了历史，而使用另一种方法的人，赚了远比以往更多的钱，同时承担的风险也大大低于从前。即使是在早些时期，如果能找到真正优秀的公司，坚定持有它们的股票，即使是在震荡波动的市场也不为所动，事实表明，运用这种方法赚到钱的人远比用买低卖高法赚钱的人更多，而且赚到的收益也会更高。

如果这段话令你感到吃惊，那么把范围扩大一点儿来说就更让人难以置信了。这种投资方法能够提供一把钥匙，打开投资成功的第一道大门。如今在美国各大证券交易所挂牌交易股票的公司，不是只有几家，而是有很多家。如果25～50年前在股市上投资10000美元，今天有可能增值为25000美元甚至是这个数字的几倍之多。换句话说，大部分投资者的一生之中，有大量的机会通过在合适的时机投资合适的几只股票，从而为自己或子女赚取巨额财富打下良好的基础。这些买入机会不见得非得是在大恐慌底部的某一天才会出现，这些公司的股票价格每年的表现都非常优异，每年都能让人赚得可观的利润。而我们作为投资者所需要具备的能力，就是从纷繁的市场中分辨出这类提供绝佳投资机会的少数公司，将它们与那些表现平平的公司和彻底失败的公司区别开来。

今天是不是有这样的投资机会，让我们在未来几年能取得与当年差不多的获利率？这个问题非常值得研究。如果答案是肯定的，则投资股票毫无疑问就是一条致富之路。幸运的是，有充分的理由表明，如今的机会不仅是和20世纪初相当，而且尤胜当年。

之所以会出现这种变化，理由之一是在这段期间内，企业管理的基本观念有所变化，处理企业事务的方法相应地也有所改变。一个世纪以前，诸多大企业的负责人通常都是拥有公司的那个家族的成员，他们把企业看作是私人财产，很大程度上忽视了外部股东的利益。如果真的要考虑到经营管理如何延续的问题，顶多也就是训练年轻人接替因年迈而不便亲自处理事物的老人，这样做的主要动机只是为儿子或侄儿着想，要他们继承企业掌舵者的位置。管理阶层很少会把任用最合适的人才以保护一般持股人的投资作为第一考虑。在那个独裁而专制的时代，陈腐的管理层往往倾向于反对创新和进步，经常会拒绝别人的合理建议与批评。这与当今广大企业不断竞相寻找各种方法，力争把事情做得更完美的作风大相径庭。今天的企业高管们往往会进行持续的自我分析，而且从不停止追寻进步的脚步，甚至经常求教于本公司之外的各类专家，以求得好的建议。

在以前的日子里，投资者总是会面临一个很大的危险，那就是当时最具吸引力的公司，往往不会在它的领域长久地保持领先地位，或者此公司的内部人会利用职权之便攫取所有的利益。虽然这样的投资风险如今也没有完全被排除掉，但是对于小心谨慎的投资者而言，所冒的此类风险远远低于以往。

目前的企业管理层有一个变化非常值得注意，那就是企业的研究机构和工程实验室在不断发展，企业管理层如果不勤于学习最新的知识与技术，那几乎就无法让持股人获得益处；反之，研究学习新的技术知识可以成为一种开启获利之门的钥匙，让持股人的利润持续增长。即使到了今天，许多投资者也只是略微知道这方面的发展速度有多快，发展到了什么程度，以及对基本投资决策的影响。

事实上截至20世纪20年代末，只有大概六家工业公司成立了真正意义上的研究机构。用今天的标准来衡量的话，它们的规模都很小。直到为了对抗希特勒而加速了出于军事目的的研究，才带动了工业企业中研究工作真正的成长。

此后企业中的研究工作不断发展。1956年春，《商业周刊》(Business Week)发表的一份报告，以及许多像麦格劳·希尔公司(McGraw-Hill)这样的专业刊物出版商都指出，1953年，私人企业的研究发展经费支出大约是37亿美元，1956年增长到了55亿美元，而依据当前各大企业的经营计划，该项经费支出在1959年将达到63亿美元以上。同样令人称奇的是，1956年的调查表明，到1959年，也就是仅仅3年之后，大多数知名企业有望将产品开发费用从目前产品总销售额的15%上升到20%以上，而这种情况在1956年以前是不会发生的。

1957年春，《商业周刊》杂志又做了一次类似的调查。如果说1956年发表的研究费用总支出数据大得令人惊讶的话，则仅仅1年之后所发布的数字足可以称为爆炸性增长：研究费用支出比前一年的总额增加了20%，达到了73亿美元！也就是说4年内几乎是翻了1倍，或者说12个月内实际增加的研究费用支出，比1年前预测的36个月总增加金额还多了10亿美元。与此同时，1960年的研究支出预计会达到90亿美元！此外，所有的制造业企业都预期1960年的营业额中，将有10%来自3年前还不存在的产品，而在前一年的调查中，只有少数几家制造业企业能够有这样的预期。而对一些特定的企业而言，在排除了销售新型号或新样式产品的情况下，这一比例还有望增加数倍。

我们不能高估研究经费支出增加对投资效果的影响，如果公司不善于从商业的角度来对日益增大的研究成本进行妥善处理，就极有可能在营运费用不胜负荷的情形下，陷入步履蹒跚的困境。此外，管理阶层或投资者往往找不到一种简单明了的方法来准确衡量企业研究的获利效果。即使是最出色的职业棒球选手，也不能指望每上场击三次球，就能至少有一次以上击出“安打”。同样的道理，从平均数法则的角度来说，一些支出额度庞大的研究课题或许根本无法创造利润。而且，如果不凑巧的话，即使是经营管理最好的商业实验室，也可能出现一种不幸的反常状况，那就是很多无利可图的课题在某段期间里集中出现。最后一点，一项研究计划从构思酝酿，到给公司带来显著的利润，动辄需要7～11年的时间，因此即使是利润最丰厚的研究项目，在没有真正实现股东利润增加之前，在财务上也是个不小的负担。

但如果企业的研究项目管理混乱、成本很高且难以察觉，那么即便是小规模研究的成本也可能很高。在未来的几年内，随着许多新型材料和新型机械的引进，成千上万家公司，甚至整个行业，如果没能跟上时代脚步，那么它们的市场就会日益萎缩。将电脑用于追踪记录，将放射技术用于制造加工，诸如此类的事情都将使企业的基本经营方式发生巨大变化。而有些公司会注意到这些趋势，并且充分利用机会获取大幅的销售利润。这一类公司的管理层，往往能够在行业趋势发生变化时继续维持最高的日常业务效率，同时也能在影响公司长远利益的事务上做出良好的判断，以便在行业内保持领先地位。幸运的持股人很可能因投资这类的公司而发一笔财。

除了企业管理层观念的改变和研究项目日益增长等影响因素之外，还有第三个因素使得今天的投资者比过去大多数时候拥有更多的投资获利机会。如果商业周期对投资决策存在影响，那么在后面有关应该什么时候买股票的章节中讨论这种影响似乎更加合适。但是，此时似乎也应该讨论这个问题的一部分内容。这主要是因为1932年之后，美国联邦政府的基本方针政策有所改变，使得持有某些特定类别的普通股变得更加有利可图。

在1932年之前和之后，民主、共和两党无论谁执政，如果经济出现繁荣景象，即便它为此次经济繁荣做出的贡献很小，它也都会将造成此次经济繁荣的全部功劳算在自己头上，或是接受别人的歌功颂德。同样，如果经济状况发生了严重的衰退，它通常也会遭到反对党和公众的一致声讨。不过在1932年以前，刻意制造出庞大的预算赤字以支撑萎靡不振的工商业的做法在道德上是否合理，以及这是否算是一种政治智慧，两党负责任的领导人对这个问题总是慎重对待。解决失业问题的方法往往只是设立面包供给站和免费餐厅，凡是成本远高于此的办法，不管哪个政党执政都是不会认真考虑的。

1932年以后，国家政策发生了180度大转弯。民主党可能比共和党更加关心，也可能更加不关心联邦预算的收支平衡。然而除了前财政部长汉弗莱(Humphrey)之外，从艾森豪威尔总统以后其他重要的共和党领导人一再声称，要是经济态势出现不景气，他们会毫不犹豫地降低税率，或者采用包括增加财政赤字在内的各种手段来恢复经济繁荣和消除失业。这和经济大萧条之前盛行的政策大相径庭。

即使这种政策上的转变没有被人们普遍接受，但还是有一些其他的转变带来了大致相同的结果，只是发生的速度可能没那么快。威尔逊(Wilson)总统在任的时候，所得税的征收开始变得合法化，但这项举措到了20世纪30年代才对经济产生了重大影响。在此之前，联邦收入主要来自关税和消费税，等等。虽然这些税收项目在一定程度上会随着经济的起起落落而有一些温和的波动，但大体上还算是比较平稳的。相反，如今大概80％的联邦收入来自企业和个人的所得税。这就意味着如果整体经济水平发生急剧下降，联邦税收也会出现相应的减少。

与此同时，农产品价格支撑和失业补助等各种措施也被写入了法律。在经济衰退使得联邦政府的税收大幅减少之时，法律强制政府在这些领域提高支出，政府的花费势必会急剧地增加。除此之外，为了扭转经济的不利状况而减税，增加公共建设以及向各种陷入困境的行业贷款，也会增加政府支出。也就是说，如果真的发生经济萧条，联邦财政赤字便会轻而易举地达到每年250亿到300亿美元。这样的赤字规模会引发通货膨胀率的升高，就好像战争时期的支出造成财政赤字引发战后的物价高涨一样。

这表示，如果现在发生经济萧条，它所持续的时间往往会比以前经济萧条的时间要短。而接下来几乎一定会发生通货膨胀率进一步上升，导致物价普遍上涨。过去的经验表明，这种情况会对某些行业有帮助，而对其他一些行业有损害。在这样的整体经济背景之下，对于财务状况不佳或收支刚刚平衡的公司股东而言，来自经济周期的威胁无论是现在还是过去都很严重，但对财力雄厚或有贷款能力以度过一两年艰苦时期的成长型公司持股人而言，在当今的经济环境下即使发生萧条，也只是会导致所投资公司股价的暂时性下跌，而如果是在1932年以前，这笔投资就可能面临着血本无归的危险。

另一方面，人们在金融投资中有一种倾向防范自发性通货膨胀的基本理念，这种理念已经植根于美国的法律中，以及大家所公认的政府经济责任观念中。对于普通的个人投资者而言，如果他们想要严格遵守长期持有准则，那么债券就不再是理想的投资对象。数年来利率总是呈现出上升的趋势，而到了1956年秋天，这种涨势更为猛烈，然而，高等级债券却出现了25年来的最低售价，许多金融专业人士都主张将投资从价格处于历史性高点的股票转向这些固定收益债券。如果把这些债券极高的收益率与股票正常状况下股利报酬率相比较，似乎会认为这种做法是绝对正确的。短期内，这种做法的确有利可图。因此，中短期投资者，也就是那些对进出时机感觉十分敏锐，善于判断何时应该买进和卖出的“炒家”而言，这可能蕴含着很大的获利机会。这是因为，如果经济衰退来临，肯定会导致货币市场利率的大幅下降，债券价格相对上涨，而股价就很难有所表现。这样一来我们就可以得到如下结论，高等级债券对投机者有利，而不利于长期投资者。这似乎跟大多数人在这个问题上的看法相反，不过一旦理解了通货膨胀的影响之后，就会完全明白为什么会发生这种事情。

纽约第一国民银行（First National City Bank of New York）在1956年12月给客户的一封信中列出一张表格，说明1946—1956年这10年间全球货币购买力贬值的现象。表格中包括自由世界的16个主要国家，其中每个国家的货币价值都出现了显著的下降，从程度轻微的瑞士到极为严重的智利均在此列，前者在这10年期结束时能买到10年前85%的东西，而后者则在10年内蒸发了95%的价值。美国的跌幅为29%，加拿大的是35%。也就是说，这段时间初期美国每年的货币贬值率是3.4%，加拿大则是4.2%。相比之下，这段时间的利率相当之低，美国政府公债所提供的收益率只有2.19%。这就意味着如果考虑货币的实际价值，持有这种高等级的固定收益证券的人实际上每年都要承受1%以上的负利率(或者说是损失)。

但如果投资者不是在初期利率非常低的情况下买进债券，而是在10 年后利率相当高的时候买进，那么正如纽约第一国民银行在一篇文章中提供了有关这个问题的数据，该文章作者预计在临近1956年的时候，美国政府公债的回报率会是3.27%，如果投资于它不但没有回报，甚至还有略微的亏损。然而，这篇文章发表6个月之后，利率急剧上升到3.5%以上。如果投资者有机会在1946年之初以25年以来的最高投资回报率投资，最后情形将会如何？在绝大多数情况下，他的投资仍然得不到实质性的回报，事实上绝大多数情况下会发生亏损。这是因为，这种债券的几乎所有买家都必须缴纳最低20%的利息所得税，除去这部分所得税才能计算出真正的投资回报率。许多例子中，债券持有人的税率很高，因为应纳税收入只有在2000～4000美元的那部分才适用20%的税率。同样，如果投资者在这个利率最高的时期购买了免税的市政公债，那么由于这些免税债券的利率较低，所以投资者依然无法获得任何实质性的投资回报。

当然，这些数字只适用于从1946—1956年这10年期间的情况。尽管如此，它们也确实说明了这些情况在全球范围内都会发生，因此，任何一个国家都不太可能运用政治趋势扭转这种局面。债券作为一种长期投资工具，其吸引力主要来自于预测出未来能否出现类似的趋势。在我看来，如果仔细地研究一下整个通货膨胀的机制就可以很清楚地看出，通货膨胀大幅攀升的根源在于信贷的大规模扩张，而信贷的大规模扩张又是政府庞大的赤字使得信用体系的货币供给量大幅增加造成的。赢得二次世界大战所造成的庞大赤字已经为后来的通货膨胀种下了恶因，结果就是在战前买入固定收益证券的投资者，他们投资的实质价值已经损失了一半以上。

正如前面所解释过的那样，我们的法律以及大家对经济衰退所持的观点，导致以下两种做法中的一种似乎不可避免。一种情况是维持企业良好的运营状态，让企业股票的表现继续优于债券；另一种就是发生严重的经济衰退。如果发生严重的经济衰退，债券的表现会暂时优于最好的股票，但接下来会引起一连串的政府大幅制造赤字的行为，导致债券投资的真实购买力再次大跌，经济衰退几乎肯定会进一步制造出通货膨胀。在这种令人心绪不宁的时期，决定在什么时机应该卖出债券是很困难的，我也因此相信，在我们复杂的经济态势中，这种证券主要适合于有义务对资金进行对冲的银行、保险公司以及其他机构投资者，或者是抱着短期投资目标进行交易的投资者。对长期投资者来说，它们不能提供足够的利益以消除购买力进一步贬值的可能性。

通过比较过去投资观点与现在的主要差异，我们可以得出很多投资线索，在继续讨论更深入的内容之前，我们最好简短概括一下通过这些研究所得出的投资线索。研究指出，运气特别好或者观察力特别敏锐的人，偶尔能找到一家多年来营业额和盈余成长率远超行业整体平均水平的公司，从而获得较高的投资回报。研究进一步表明，当我们确定自己已经找到这样一家公司时，最好是长期坚定持有它的股票。对过去的研究强烈地暗示我们，这样的公司不见得必须是年轻或规模小的。确切地说，不管公司规模如何，真正重要的是管理层不但有决心推动公司业务获得长远的大幅增长，而且有能力将他们的计划执行到底。对过去的研究也给了我们另一个线索，那就是企业业务的增长往往跟企业管理层是否懂得如何在各自然科学领域组织研究息息相关。我们可以很清楚地看出，各大高增长公司的一个共同特性就是，管理层不会因为重视长期规划就对日常事务的执行有任何松懈，他们仍会把日常的业务运营工作做得很好。最后，我们得到又一个重要的保证，那就是，虽然25年或50年前存在很多绝佳的投资机会，但在今天这样的机会数量之多可能尤胜当年。

第二章 “闲聊”的妙处

上一章所谈的内容作为应该选择何种股票的一般性描述自有其价值，但要想在实际的投资中借此以找到杰出的投资对象，显然光这些内容是不够的，它只是大体上描述出投资者应该买入哪种证券，但投资者如何才能寻找到特定的公司作为投资标的从而获得大幅盈利呢？

说到这里，有人立即会提出一个看上去合乎逻辑却欠缺实用性的建议。这种方法就是找出一个在管理的各个方面都足够熟练的人，让他来检查公司的每一个部门，详细地调查公司的高级管理人员、产品、销售组织、研究项目，以及业务运营中的其他每项重要职能，然后就这家公司是否具有良好的成长和发展潜力问题做出有价值的结论。

这种方法看起来似乎有道理，但遗憾的是，有几个原因使得它对一般的投资者没有什么太大的用处。首先，只有少数人具备完成这种工作的高级管理技能，具备这类能力的人士大多置身于高薪的高级管理职务，既没时间也没意愿把自己的时间和精力放在这类工作上。此外，即使他们愿意做这样的工作，然而我非常质疑美国那些真正有成长潜力的公司又有多少家愿意让公司之外的人获得那么多宝贵的内部资料，以做出准确的判断呢？以这种方式获得的一些消息和知识，对公司现有和潜在的竞争对手极为宝贵，如果公司没有义务为某人提供这样的信息，那么它绝不会轻易把这类信息泄露给他。

幸好广大投资者还有另一种方法。如果处理得当，这个方法能够为投资者提供线索，从而找到出色的投资对象。由于找不到更专业的词汇，我权且将这种做法称为“闲聊”。

下文会详细介绍这种方法，然而普通投资者往往会有一种先入为主的反应，他们会觉得这种“闲聊”法可能对别人有很大的用处，但对他们不会有多管用，因为他们根本没有太多运用这种方法的机会。我注意到大部分投资者没办法为自己做足那些必要的事，好从投资过程中获得最高的回报率。但是，我还是认为投资者应该彻底了解需要做些什么事，以及为什么要这样做。只有明白了这些，他们才能选择出最能帮助他们的专业投资顾问，同时也只有这么做，他们才能对投资顾问所做的事情做出准确的评估。此外，一旦投资者了解能做到什么事，也了解如何做到，则投资顾问已经为他们做好的一些有价值的事情时常能让他们获得更多的利润，从而让他们喜出望外。

商业世界中的“人际传播网”是个很奇妙的东西。与那些和特定公司以某种方式存在利害关系的人交谈，你可以从他们所发表的具有代表性的意见入手，获知关于某一行业每一家公司的相对强项和弱项，而且资讯之准确往往令人叹为观止。大部分人，特别是当他们知道自己所说的话没有被引用的风险时，都喜欢就他们从事的工作领域发表看法，并且坦率地评论竞争对手。如果找出一个行业中的五家公司，对每一家公司都巧妙地询问一下另外四家公司的强项和弱项各在哪里，十次有九次你都会惊奇地看到，全部五家公司的强项与弱项都详细而准确地暴露在你的眼前。

然而，竞争对手只是其中的一个信息来源，而且不见得是最好的信息来源。从供应商和客户口中，也能打听到他们的那些来往对象到底是什么情况，而且所获信息之丰富，同样会令人称奇。从大学、政府和竞争对手的研究人员那里也能够获得很多有价值的资讯，行业协会组织的高级管理人员也是一个重要的资讯来源。

对于很多消息来源而言，特别是对于行业协会组织的高级管理人员而言，有两件事十分重要，一是打听消息的投资者必须能够确保他们的资讯来源绝对不会曝光，二是此后他也必须严守这一点，否则，因提供资讯而惹来麻烦的巨大风险，足以使别人不敢表达相反的意见。

还有另一类人可以在投资者寻找高获利公司时提供很大的帮助。但是，如果投资者没有形成明智的判断，而且没和他人做足够多的交流工作以确认自己所听到事情的可靠性，则这类人带来的害处可能会多于益处。这类人就是公司的前雇员，他们对前雇主的强项和弱项往往有着非常深入的见解。同样值得注意的是，他们在透露信息时经常不负责任地信口开河而不考虑对错，因为他们很可能会觉得自己不知道为什么就被解雇了，或者只是因为说了句公道话就被迫离开，可能会心怀愤懑。所以在从这类人那里获得信息时务必仔细了解为什么那些员工会离开你所研究的公司，只有这样，才能确定他们内心对你所研究的公司所持的偏见有多深，在听取他们所说的话时，务必要考虑这个因素。

研究一家公司时，如果你拥有很多不同的资讯来源，那么所获得的每一份资料就不可能彼此完全相互吻合，实际上你也根本不必指望会有这样的事。对真正出色的公司而言，绝大多数的资讯都是非常清楚的，就连那些经验有限但充分了解自己正在寻找什么样的公司的投资者也能分辨出哪些公司是自己所感兴趣的，并且值得进一步的调查。下一步就是接触该公司的高级职员，以便设法填补整个研究过程中仍然存在的一些空白。

第三章　买入什么股票——寻找优良普通股的十五个原则

如果投资者想找到一只股票，并且通过投资这只股票在几年内获得数倍的利润，或者在更长的时间内获得更多的利润，那么他应该懂得哪些事情？换句话说，一家公司应该具备哪些特质，才最有可能为它的股东创造出巨大的投资回报？

我认为，投资者应该关注十五个原则。如果一家公司能够满足其中大部分的原则，那么它就有可能是很好的投资目标，如果在这些原则中公司无法达到的原则很多，我认为它将不值得投资。这些原则中有些是和公司战略有关，其他一些则与公司战略是否能够得以有效执行有关。这十五个原则中的一部分原则主要是运用从公司外部获得的信息来进行研究和确定，而其他一些原则最好是直接询问公司内部人士来确定。这十五个原则是：

原则 1：这家公司是否拥有一种具备良好市场潜力的产品或服务，使得公司的销售额至少在几年之内能够大幅成长？

对于那些销售额曲线呈静止不动状态，甚至呈大幅下降趋势的公司来说，偶尔获取一次大的利润并不是不可能的，如果成本控制得法也能带来一定幅度的净利润增长，从而推动公司股票的市场价格出现上升。许多投机者和逢低承接者渴望寻求到这种利润出现一次性大幅增长的公司。但对于希望运用自己的资金获取最大化收益的投资者而言，这并不能算是一个好的投资机会。

另一种情况有时能提供显著高出平均水平许多的利润，但一样吸引不起长期投资者的兴趣。这种情况就是商业环境的显著改变使得公司销售额在短短几年大幅提高，之后停止增长。许多无线设备制造商在电视机商业化进程中便明显地出现了这种情况，在短短几年之内，公司的销售额大幅增长，但时至今日有电力可用的美国家庭中大约90%都已经有了电视机，从而使得销售额曲线再度呈现出颓势。就这个行业中的大多数公司而言，很早买进这些公司股票的投资者赚到了很高的利润，但接下来销售额曲线止涨趋缓，大多数这类公司股票的吸引力也随之归于平淡。

即使是最出色的成长型公司，也不能指望它每年的销售额都能比前一年有所增长。在其他章节里我将试着解释为什么商业研究的错综复杂性和新产品营销方面的问题往往会使得销售额的发展趋势出现不规则的起起落落，而不是每年都保持平稳的增长。反复无常的经济周期循环也会对每天的情况产生较大的影响。所以说，我们不应该以年为单位来衡量销售额的成长情况，而应该以几年为一个单位来考虑。有些公司不只在未来几年内的成长可以高于行业平均水平，在更长的时间段内也有望达到这种水平。

那些数十年来始终保持着惊人的成长速度的公司大体可分为两类，由于没有更好的术语来形容，我称其中一类为“幸运而且能干”的公司，另一类是“因为能干所以幸运”的公司。对于这两类公司而言，其管理层的非凡能力都是必须的。没有一家公司仅仅是因为运气不错就能保持长期的高增长，它必须拥有，而且是持续地拥有杰出的经营管理才能干，否则将没办法掌控它的好运气，也没法保持自己的优势地位不受竞争对手的威胁。

美国铝业公司(The Aluminum Company of America)就是一家“幸运而且能干”的公司。这家公司的创始人有着极富前瞻性的眼光，他们正确地预见到了他们新产品的重要商业用途，不过他们和其他任何人当年都没有预见到后面70年铝制品市场的巨大市场规模。这家公司是行业技术发展和经济周期的受益者，而不是开创者，这两条是推动它经营成功的主要因素。美国铝业公司的管理层具备高超的才能，使得他们能继续充分利用这两个因素持续实现发展，即使公司的经营环境发生了些许改变，例如对空中禁运的严格限制，其带来的影响也没能完全限制住美国铝业开拓广阔新市场的能力，非常顽强地表现出增长态势，只不过速度稍微慢了一些。

美国铝业公司很幸运，它会发现自己所处的行业，比其早期管理层当年所设想的要更加富于魅力。众所周知，这家公司许多早期的股东因为长期持有它的股票而赚到了很多钱，连后来才买入其股票的一些人也都赚了不少钱，只是知道的人没那么多而已。我在撰写本书的第一版时，美国铝业公司的股价比它在1956年时创下的历史最高点低了大约40%。不过，即便是这个“低”价也比10年前，也就是1947年时候的平均股价高大约500%，达到这个涨幅仅仅用了10年而已。

现在我们来研究一下杜邦公司(DuPont)，我把它作为另一类成长型股票的例子，也就是我称之为“因为能干所以幸运”的公司。杜邦公司原本不是生产尼龙、玻璃纸、透明合成树脂、氯丁橡胶、合成纤维、聚酯薄膜，或者是其他能够吸引人目光、向投资者证明能够获得巨大利润的产品，多年以来，杜邦生产的只是炸药。和平时期，公司的成长速度大概和采矿业相似。最近几年，由于铁路建设的加快为它在这方面的业务带来了一些额外的营业收入，使得公司业务的成长率可能略高于以往水平，但如今这方面的业务只占它当前销售额的很小一部分，公司凭借商业和金融方面优异的判断力，加上出色的技术能力，公司的年销售额超过20亿美元。杜邦运用原有的炸药业务学得了新的技术和知识，不断推出新的产品，并且在市场上取得一个又一个的成功，从而成为了美国工业史上最伟大、最成功的传奇企业之一。

投资新手在刚接触到化工行业时可能会认为，那些有着最高投资回报率的公司，同时也正是那些生产许多吸引人的成长型产品的公司可能是一种幸运的巧合。这样的投资者混淆了原因和结果，就像一个单纯的年轻女子，第一次从欧洲旅行回来告诉朋友说，宽阔的河流总是流经那么多大城市的中心地带，这可真巧啊！仔细研究杜邦、道氏化学、联合碳业公司等企业的历史可以很清楚地发现，就销售额曲线来说，这些公司为什么会属于“因为能干所以幸运”的一类公司。

通用美国运输公司可能是“因为能干所以幸运”的这类公司中最典型的例子之一。50多年前这家公司刚刚成立的时候，铁路设备业似乎是一个成长空间非常宽广的行业，但最近几年时过境迁，已经很难找到什么行业的持续成长潜力比它更差的了。可是当铁路运输行业的增长潜力逐渐让位于货车运输行业的时候，该公司的管理层凭借着过人的创新能力和足智多谋，使得这家公司的收益稳定增长。管理层仍不以此为满足，他们开始运用从原有业务中学到的一些才能和知识，开始涉足于其他不相关的生产领域，从而获得了进一步的成长潜力。

一家公司如果未来几年的销售额有望出现迅猛的增长，则不管它像是“幸运而且能干”的公司，还是像“因为能干所以幸运”的公司，它都可能给投资者带来良好的财富回报。不过，从通用美国运输公司等公司的例子我们可以清楚地看出一件事，不管公司属于哪一类型，投资者都必须留意审视管理层是不是在目前，以及未来一直都很能干，如果不是，公司销售额将无法继续增长。

对于投资者而言，正确判断一家公司的长期销售额曲线是极为重要的，肤浅的判断会导致错误的结论。例如，我之前提到过由于美国家庭对电视机的需求已经趋于饱和，收音机、电视机行业股票的股价只是出现过暂时性的爆发，而没有呈现出持续的上升趋势。但是，近年来很多收音机、电视机生产公司出现了一个新趋势，它们运用自己在电子行业的技能，进入了诸如通信和自动化设备之类的其他电子行业领域，并且建立起了规模庞大的事业。这些工业电子产品以及一些军事电子产品，有望保持很多年的稳定增长。在一些诸如摩托罗拉(Motorola)之类的公司，这些新业务的重要性已超过了电视机。同时一些新技术的发展也可能会使现有的电视机机型到20世纪60年代初的时候显得非常难看而过时，就像原来挂在墙壁上通过曲杠操作的手摇式电话机一样现在已经过时。

彩色电视机作为一个潜在的发展机会，一直为大众所期待，这个发展机会是晶体管开发和集成电路发展所带来的直接结果，它将是一种荧幕式的电视机，其大小形状会跟我们现在挂在墙上的大型书画作品类似，现在那些外壳笨重而硕大的电视机将成历史。一旦这些技术能够得以商业化，那么现有的电视机生产者中的一些技术能力占优势的公司销售额就能够再次大幅增长，增幅和所持续的时间甚至能高于它们几年前所经历的那段时间。这些公司将会发现，除了工业和军事电子产品业务的稳定增长以外，这方面业务销售额的大幅增长也会让公司的整体销售额如虎添翼。希望在投资中获得最大幅利润回报的人，都应该优先考虑利用这类公司整体销售额大幅增长的机会而获利。

我之所以提到这个例子，不只是用于分析那些必定要发生的事，更重要的是用于分析那些很可能发生的事情。之所以这么说是因为我相信，当我们在分析一家公司未来的销售额增长曲线时，有一个因素应该是时刻牢记于心的。如果一家公司的管理层非常优秀，而且整个行业将会在技术上发生重大的变革，公司的技术研发也在稳步进行，那么精明的投资者就应该提高警惕，留意公司的管理层有没有能力妥善把握这些机会，为公司创造出理想中的销售额增长曲线。这是选择出色投资对象应考虑的第一步。

当我在第一版写下这些话的时候，一些有趣的情况值得我们注意。因为对于摩托罗拉公司而言，这些情况不是“注定会发生”或“很可能发生”，而是已经发生了。在20世纪60年代即将来临的时候，也就是最接近我所说的有可能发明出新的电视机机型，淘汰20世纪50年代那些旧机型的时候，对于全行业而言这种情况还没发生，近期内也不大可能发生。然而，此时让我们看看这家公司明智的管理层是如何掌握技术上的重大变革，从而创造出节节攀升的销售额曲线的。在前文中我曾说过，销售额曲线的上升，是选择杰出投资目标的第一条件。

摩托罗拉公司如今已经成为双向电子通信领域独占鳌头的领导者，而且现在似乎有无穷无尽的增长势头。双向电子通信器材最初是警车和出租汽车的专用产品，但后来将客户范围扩展到各个行业，包括货运公司、各类送货车队的经营者、公用事业公司、大型建筑工程以及管道运输项目，等等。与此同时，经过耗时几年且花费不菲的开发建设，摩托罗拉公司建立起了能够盈利的晶体管半导体业务部，在这个迅猛增长的行业中占据了一席之地。它在立体音响唱机这一新涉足的行业中也成为该行业内一个重要的角色，这一行业给它带来的收入已经成为其销售收入的一个重要来源。通过和全国家具制造行业的市场领导者德瑞希尔(Drexel)公司达成合作，摩托罗拉在高端电视机领域的销售额也是突飞猛进。最后，它用很低的价格并购了一家公司，从而进入助听器材领域，并且可能借此契机开发其他新型的专用器材。简单来说，下一个10年的某一时候，重大的刺激因素可能会使得公司原来的收音机、电视机业务再次出现大幅的增长。这种情况尚未发生，也不可能在短期内发生，但是管理层已经在充分运用组织内部的资源和技术，为公司未来的增长做好充分的准备。股票市场对这件事有什么反应吗？这本书的第一版写完的时候，摩托罗拉公司的股价是45.50美元，而如今是122美元。

当投资者注意到这种投资机会时，潜在的利润可能有多少呢？我们用刚谈过的电视机行业举例进行说明。1947年，我的一位在华尔街的朋友对当时正处于萌芽中的电视机行业做过一项调查。他研究了12家最主要的电视机制造商的情况，得出的结论是这个行业的竞争态势将趋于激烈，一些业内主要公司的地位将大幅变动，而且这个行业中的一些股票具有投机的机会。然而，调查过程中还发现一个情况，那就是制造显像管使用的玻璃真空管是缺货最严重的零部件，在这一细分行业最成功的制造商是康宁玻璃公司。在深入研究了康宁玻璃公司的技术能力和研发实力之后，我们可以清楚地发现这家公司非常有能力为电视机行业生产出合格的玻璃真空管。对潜在市场规模进行评估后发现，这块业务将成为康宁公司全新的主要业务来源。由于对该公司其他业务线也都非常看好，这位分析师建议散户和机构投资者买进这家公司的股票，当时它的价格大概是20美元，后来按照2.5：1的比例进行除权，之后的10年，股价上涨到了每股100美元以上，相当于除权之前的每股250美元以上。

原则 2：当公司现有的最佳产品的增长潜力已经被挖掘得差不多时，管理层是不是有决心继续开发新产品或新工艺，以便进一步提高总销售额，制造出新的利润增长点？

一部分公司因为其目前的产品有新需求，所以未来几年的成长预期非常好，但公司并没有进一步对产品进行开发的政策或计划，则公司良好的利润情况可能只是暂时的，它们没能在10年或25年内沿着公司财务成功最稳当的方法——依靠产品的持续升级，为公司赚得源源不断的利润。也只有采用这样的方法才能把科学研究和技术发展纳入企业蓝图，靠这条道路才能改良固有产品并开发新产品，公司管理层如果不想让公司的成长变成昙花一现，而希望公司日新月异地成长，通常也会采取这个方法。

公司如果能把它的技术和研究在很大程度上投入到当前业务范畴内的一些产品当中，则投资者的收获通常会达到最大。这个意思不是说理想的公司可能会有很多产品线和各不相同的业务部门，而是说一家公司的所有研究计划如果都能够围绕同一个最主要的业务部门开展相关多元化，就如同每棵树都有各自的树干，再从主干上长出很多树枝，这样做的成果通常比一家公司从事许多互不相干的产品生产要好得多。后一种公司往往会在新产品研发成功后立即开展一些与现有业务无关的新业务。

刚看到原则2的时候，你可能会认为它仅仅是原则1的重复，其实并非如此。原则1关注的是关于事实的问题，即对公司现有产品目前存在的销售额增长潜力做出评价。原则2谈的是公司管理层的态度。这家公司是否意识到，公司的增长规模总有一天会达到目前市场潜力的极限，届时如果想要继续成长，则必须在未来的某个时候再开发一片新的市场。一家公司必须要如同原则1要求的那样具备良好的增长率，同时又按照原则2的要求，管理层有着正面积极的业务态度，投资者只有投资这样的公司才能获得最大的利益。

原则 3：考虑到公司的规模，这家公司在研究发展方面做出的努力取得了多大的效果？

对于绝大多数股票公开上市的公司来说，知道其每年花在研究发展经费上的金额有多少，并不是件困难的事。基本上每家公司都会报告其每年的总销售额，只要运用最简单的算术，把研究费用除以总销售额，就能得知这家公司用于研究开发的费用在总销售额中的占比。很多专业的投资分析师喜欢把一家公司的研究支出和同行业内其他公司的情况做比较，有时候他们也会将这个数字和业界平均水平进行对比，得知业界平均水平的方法就是把许多同行业公司的研发支出加总起来再取其平均值。从这个数字就可以看出一家公司在研究开发方面所做的努力，相对于竞争对手是更多还是更少，也能看出投资者买入一家公司的股票时，每股所包含的研究支出金额有多少。

这样的数字可以当作一个粗略的衡量标准和线索，以便判断一家公司的研究支出是高得异常，还是研究支出根本就不够。但是，除非进一步结合更多的资料，不然这种数字很可能会造成误导。其中一个理由是，哪些项目应该被视为研究开发费用，哪些项目不应被视为研究开发费用，各公司之间的算法差异极大。一家公司可能把某种工程费用视为研究开发支出，然而一些来自政府的管理者却不这样认为，他们觉得该公司不过是把现有的产品稍作修改以符合某份订单的要求，换句话说，这只能算作销售工程费用。另一方面，有一些公司可能把某种全新产品的试验费用作为生产成本，而不是研究支出，然而大部分专家会将其看作纯正的研究费用，因为它直接关系到如何生产一种新的产品。如果所有的公司都以类似的会计基础来报告研究开发支出，则各大知名公司相对的研究开发开支数据，看起来也会和金融界常用的数据有很大不同。

在企业各项主要业务行为中，以研究开发方面投入产出比的差异最为明显。即便是那些管理最为优良的公司里，不同公司在这方面的差异比例可高达2：1。也就是说，对于一些经营优良的公司，花在研究上的每一份投入，最终所带来的效益是其他公司的2倍有余。如果把经营状况普通的公司也纳入比较之列，则研发投入产出比的差别会更大。其原因主要在于新产品和新工艺的迅猛增长不再是只靠某一位天才就能完成的事，而是必须让受过合格训练的工作团队里的每一个人各展其长，整个团队里一人可能是化学家，另一个人可能是固态物理学家，第三个人可能是冶金学家，而第四个人可能是数学家。每一位专家的技能只是所产生的优秀结果的一个组成部分。团队里当然也需要一位领导人，在这些不同背景、不同能力类型的研究者中发挥协调作用，使得他们为共同的目标努力。因此，即便是一家公司研究人员的数量很多并且声望卓越，如果缺乏好的研发领导人，那么它的团队运作所获得的效果和别的优秀公司比起来，可能会相形见绌。

管理层必须有能力协调在技术、能力方面各有所长的研究人员，从而形成有向心力的团队，并激励团队中的每一位专家发挥最大的生产力。然而，如果想要取得最佳的研究成果，这不是管理层唯一需要的协调工作，还有很多其他十分复杂的部门协调工作需要管理层去处理。对于每个开发项目而言，研究人员和那些熟悉生产销售问题的人员之间做出紧密、详尽的协调，也是十分重要的工作。而对管理阶层来说，如何让研究、生产和销售人员建立起紧密的沟通并不是件容易的事。如果不能有效沟通，最后形成的新产品往往不是生产成本不够低廉，就是在设计时没有能够抓住最重要的营销诉求，这样研究开发出来的产品往往禁不起更有效率的竞争对手的冲击。

如果想让研究费用获得最大的功效，最后还需要一项协调工作，这就是与高级管理人员的协调。也许这么说更为贴切：高级管理人员应该了解商业研究的基本特质。研究开发项目在经济景气的年头没办法扩大规模，经济景气差的年头则被大幅削减，因为公司往往不肯为了达成应有的目标而突然提高总成本。一些高级管理人员所青睐的“加急”计划，某些时候可能有其必要性，但往往代价过于昂贵。所谓加急计划指的是，将一些重要的研究人员突然从他们一直从事的工作中抽出来，集中完成一些当时看起来更加重要，但通常不值得如此兴师动众的项目。成功商业研究的精髓之处在于只选择那些投资回报有希望达到研究成本好几倍的项目。不过，一旦某个研究项目开始着手，基于预算上的考虑和研究项目本身以外的其他原因而对项目进行放缓或加速，难免会使研发总成本相对于预期收益而言有所上升。

有些高级管理人员似乎没有意识到这个问题。我曾见过一些成功的小型电子公司高级主管，对于来自一家行业领军企业的竞争不以为然，这种态度着实令人惊讶。他们不担心一些规模比他们大得多的公司能够生产出富于竞争力的产品，并非因为他们不尊重大公司研究人员的个人能力，也不是不知道大公司不惜耗费巨资的研究发展可能获得什么样的市场成果，相反他们知道大公司经常会叫停正常的研究项目，插入一些加急计划以完成管理层出于自身考虑而订立的暂时性目标。同样，几年前，我听说一位出色的负责技术的同事，私下劝告广大毕业生不要到某家石油公司找工作，原因非常明显，但他不希望有人到处张扬此事。这是因为，那家公司的高级管理人员喜欢雇用一些技术熟练的人，来做正常情况下需要5年才能完成的项目。而到了大约第3年，公司就会对这个项目失去兴趣，而将项目束之高阁，这样一来不但浪费公司的经费，也使得员工无法通过工作上的成就取得在专业技术上的声誉。

使得研究开发的投资评估更加复杂的另一个因素是，如何评价大量和国防合同有关的研究。很多这方面的研究通常不是由执行研究工作的公司来承担费用，而是由联邦政府来承担这笔经费的。有些国防领域的转包商也为那些作为他们客户的承包商做了很多有意义的研究。在评价这些研究时，投资者是不是应该将这样的研究项目看得跟公司自行支出所做的研究项目一样重要？如果不是，这种项目和公司本身的研究又如何进行比较？和投资领域中许多其他问题一样，这些问题没办法用数学公式来回答，每一种情形都各不相同。

国防合同的利润率低于跟非政府客户合作的商业活动的利润率，而且国防合同往往带有这样的特性：新式武器的合同容易遭遇政府规划下的竞争性出价。这就表明政府主办的研究项目所研发的产品，通常不能够带来稳定、多次购买的业务，但私人的研究项目却能够做到这一点，因为专利权和顾客满意度能够为公司带来持续的收入。由于这些原因，从投资者的角度来说，政府主办的各种研究项目虽然对国防事业的重要性来说大致相当，但是所产生的经济价值却有着巨大差别。下面列举了三个理论上的例子，投资者或许可以从中看出为什么这三个研究项目的价值大相径庭。

一个研究项目可能是研制一种重要的新式武器，但此武器不具军事以外的用途。这种武器的专利权完全是政府拥有，而且研制的过程非常简单，公司在对这份生产合同进行投标时，无法显现出相对于其他公司的竞争优势。从投资者的角度，这种研究项目可以说是没有一点儿价值。

另一个研究项目的内容是生产同样的武器，但制造工艺极为复杂，没有参与其最初开发工作的公司，将很难承担它的生产工作。对投资者而言，这种研究项目具有一定的价值，因为通过它能从政府那里持续不断地接到业务，只是利润率不会太高。

一家公司可能担任了一种武器的研发工作，从中学到了一些重要原理和全新技术，并且将其直接运用到利润较高的日常商业产品的生产中。这种研究项目可以给投资者带来很可观的价值。近年来有很多非常成功的公司都属于这一类，它们有一种非常过人的能力，这就是善于从政府花钱主导的这些复杂、技术极强的军事项目中，提炼出一定的技术知识并将其合理、合法地运用到利润较高的并且与公司现有业务有关的非军事领域之中。这些公司把政府国防部门所需的研究成果呈交给官方，但同时以很低的成本或者不需要任何成本取得项目中的非国防研究利益，而这些利益是它们原本必须通过花自己的钱才能取得的。这个因素很可能就是投资德州仪器公司的股票能够获得极高收益的一个重要原因。德州仪器公司的股票于1953年在纽约证券交易所首次挂牌交易，发行价是5.25 美元，4年内涨幅达到500%；安培斯公司(Anl-pex)的股票同年也首次公开发行，持有这家公司股票的投资者同期投资升值幅度达到700%，涨幅甚至高于了德州仪器，也可能是这个原因导致的。

最后，判断企业研究机构的相对投资价值时，还有另一类活动是必须加以评估的。这类活动在正常情况下一般不被看作开发研究——这就是和开发研究似乎毫不沾边的市场调查。市场调查被认为是连接开发研究和销售的桥梁。高级管理人员必须提高警惕，绝对不能花大钱去调研一些华而不实的产品，以及一些的确有市场存在，但是因为市场规模太小而难以产生足够利润的产品。所谓市场规模太小而难以产生足够利润，我的意思是说在这样的市场中销售额太小，根本无法收回研究成本，更别说让投资者去分得相应的利益了。公司的市场调查研究机构如果能够把公司的重大研究项目，从即便是技术上成功也难以回收成本的局面，扭转为将产品应用于更广阔的市场，从而获得相当于原先3倍的收入，则可以大幅提高那些投资于该公司持股者所能享受到的价值。

如果说一家公司每年的研究经费总额以及拥有工科学位的员工人数这两个指标只是判断这家公司是否具备优秀研究机构的粗略依据，那么投资者怎样才能最终判断出一家公司是否具备优秀的研究机构呢？“闲聊”法在此问题上同样有着神奇的效果。广大的普通投资者除非自己亲自尝试过，否则绝不会相信仅仅通过向各处的研究人员就某家公司的研究活动提出一些巧妙的问题，就能让这家公司所属研究机构的全面情况呈现在自己眼前。这些研究人员可能来自公司内部，也可能是竞争对手，或是大学、政府里相关领域的专业人士。一个比较简单但通常有效的方法就是仔细研究过去一段时间内，比如说过去10年，公司所属研究机构的研究成果对这家公司的销售额或净利润产生了多大的贡献。这样考虑到公司的业务规模，如果研究机构能不断地推出高利润的新型产品，则只要根据同样的常规经营方法继续运营公司业务，则将来可能能够产生与此相同的生产效力。

原则 4：这家公司有没有高于行业平均水平的销售团队？

在这个竞争异常激烈的年代，即便是某些公司的产品或服务极为优秀，但如果营销方面有所欠缺，就无法发挥出最大的市场潜能。在任何生意中，最基本的业务行为就是销售，离开了销售，企业不可能生存。公司基于顾客满意度而获得重复性的业务收入，这是公司经营成功与否的第一个判断标准。不过，奇怪的是，大部分投资者对公司的销售、广告以及分销渠道组织的相对效率重视程度远不如对生产、研究、财务等其他的业务部门，就算是最小心谨慎的投资者也不例外。

这种现象之所以存在，可能有这样一个原因。我们在比较公司的生产成本、研究项目、财务结构以及竞争对手的优劣时，构造出一个简单的数学比率以便提供一些指引并不是一件难事，然而谈到销售和分销效率的时候，计算比率却困难得多。对于研究项目，我们通过上文的探讨已经知道，这种简单的比率过于粗略，只能作为一个线索，告诉我们应该注意些什么，我们待一会儿就会讨论它们对于生产和财务结构的价值。然而，不管这种比率是否真的如金融界人士所普遍认为的那样有价值，广大投资者的确喜欢使用这些比率。由于销售方面的行为没那么容易量化，很多投资者并未对其形成重视，可是在判断一家企业是否真的具备投资价值时，它是一个基本的考虑因素。

面对这一难题，我们同样可以运用“闲聊”的方法将其解决。在公司业务的所有方面，没有什么比从公司外部的消息来源掌握公司销售组织的相对效率更容易的了，竞争对手和顾客都知道真实情况。同样重要的是，他们往往在表达自己看法的时候十分踊跃。小心谨慎的投资者如果肯在调查这个问题上花足够多的时间，则通常可以获得满意的回报。

相对于探讨公司的研究能力那一部分，我在探讨公司销售能力时用了更少的篇幅，这并不代表我觉得这部分内容不太重要。在今天这个激烈竞争的商业世界，很多重要的事情都关乎企业经营的成功，但是优秀的产品与服务、销售、研究或可称为企业成功的三大支柱，说其中一个比另外一个更重要，就好比说心、肺、消化道这几个器官中哪一个是维持人体正常运转最重要的器官。对于人的生存而言，所有的器官都不可或缺，而且只有所有器官都保持健康，人的身体才会强壮。你不妨看一下周围那些事后被证明是良好投资对象的公司，它们一定都具备积极进取的销售态度和不断提升的销售团队。

前面的章节中我曾多次提到过陶氏化学公司，后文中可能一再提及，因为这家公司多年以来为股东创造出了极高的投资回报，使得它成为一个完美的保守型长线投资的例子。一提到这家公司，在大众心目中浮现出的形象就是那些卓尔不凡的科研成果。但不为大众所熟知的是，这家公司甄选和训练销售人员的时候就如同处理化学研究和实验一样，一丝不苟。年轻的大学毕业生在正式成为陶氏化学公司的销售人员之前，他可能会受到邀请数次前往美国中部地带，一边尽可能确信他是否具备加入陶氏销售团队的能力和性格，一边接下来在他见到第一位潜在的顾客之前，他必须接受特定培训，这种培训的时间可能只有几周，也可能超过1年，以此来帮助他准备好面对更为复杂的销售工作。而这仅仅是他整个培训过程的开始，公司对他最大的考验是要求他努力寻求和发现更有效的方式来把公司的优质服务传递给广大顾客。

陶氏化学十分重视销售和分销工作，然而其他行业的一些杰出公司在这方面是否跟它有所不同呢？答案是没什么不同。在另一个与化学行业迥异的行业中，国际商业机器公司(International Business Machines，即IBM)是一家长期以来给予股票持有人优厚回报的公司，IBM的一位高级管理人员最近告诉我说，公司一般销售人员有1/3的工作时间是在公司举办的培训学校里边学习！培训所占的比例如此之高，主要是因为公司希望销售人员能够跟上一日千里的最新技术的发展。我相信这又是一个能够说明这个道理的证据：那些经营最成功的公司，一定要非常重视不断提升销售人员的素质。一家公司也许可以在缺乏强大销售组织的情况下依靠强大的生产制造能力或研究能力形成若干赚钱的业务，从而取得一时的高利润，但这样的利润相当脆弱。公司如果想要长期稳定地成长，一支强大的销售团队是不可或缺的。

原则 5：这家公司有没有足够高的利润率？

我们现在终于谈到这件重要的东西——数学分析，许多金融界人士认为数学分析是形成可靠投资决策的最重要方法。从投资者的角度出发，销售额只有在能够导致利润增加的情况下才有价值。世界上的任何投资，如果多年来利润都没有出现相应的增加，则销售额再怎么成长也不能算是一笔正确的投资。审视公司利润的第一步是研究公司的利润率，也就是看看每一美元的销售额中含有多少美分的利润。我们把这个数字算出来，马上就可以看出不同公司之间利润率的巨大差别，即便是同一行业的公司之间也有很大差异。投资者不应该只关注于一年的利润率，应该着眼于连续几年的利润率。当企业所处的行业整体处于蓬勃发展的趋势之中时，几乎所有的公司都有很高的利润率以及利润总额。不过，我们也能明显看出，经济处于上升趋势的时期，边缘型公司——也就是一些在业界利润率较低的小公司，其利润率增长的幅度基本上总是远高于那些以低成本为竞争优势的大公司，大公司的利润率在这一时期也是会有所提高的，只是提高的幅度不会像小公司那么大。因此，在经济情况较好时，行业内处于弱势地位的公司利润成长率往往高于较为强大的公司。但是，我们也应该留意，一旦经济情况转弱，小公司的利润也会骤然下降。

基于以上考虑，我认为投资于边缘型公司是绝对无法获得最高的长期利润的。如果想要在一家利润率极低的公司上做长期投资，唯一的理由应该是：有强烈的迹象预示着该公司的经营情况正发生着根本性的变化。例如公司的利润率正出现改善，但这种改善并不是业务量的暂时扩张所带来的。换句话说，这家公司已经不能算是边缘型公司，你购买其股票的核心原因在于，该公司经营效率增强，或开发出了新产品，使得它脱离了边缘型公司的行列。一家公司如果在内部出现了这样的变化，而且其他方面也符合长期投资的标准，那么它可能就是个非常理想的投资对象。

我们再来讨论一下那些历史悠久且规模较大的公司，真正能让投资者通过持股赚到高额回报的公司，它们大部分都具备相对较高的利润率，通常它们有着在各自所处的行业内最高的利润率。然而，很多初创的公司，有时也包括一些老公司，它们的情况会跟上述的规律有明显的不同，它们往往会选择将所有本来可以放进口袋的利润，或是其中相当一大部分利润用在更多的研究项目或是更多的促销活动上，试图加速公司的成长。如果这是公司利润率下降或无利润的真正原因，那么最重要的是确保公司真的是把这笔利润用在进一步的研究工作中，或是推动促销活动，或是其他任何为了赢得更美好的未来而动用当下资金的活动。

投资者最需要小心的地方是，导致利润率下降的诸多行为不仅是那些为取得规模扩张所需的行为，实际上还包括进一步的研究、促销活动，等等。如果一家公司真的是因为这些理由而导致利润率不尽人意，那它反而可能是非常好的投资对象。但是，很多公司蓄意拉低利润率而非进一步的规模扩张，希望在未来几年取得最大投资回报的投资者最好是远离这样的低利润率公司或边缘型公司。

原则 6：这家公司做了哪些举措以维持或提高利润率？

在股票投资中能不能赚到钱，不在于买入这家公司股票时这家公司发生了哪些广为人知的事情。相反，能不能赚到钱，主要依赖于买进股票之后所能知道的事情。因此，对于投资者而言，最重要的是将来的利润率，而不是过去的利润率。

在我们生活的这个年代，公司利润率似乎面临着接连不断的威胁。人员工资等成本支出逐年上涨，许多公司现在都订有长期劳动合同，使得未来几年的薪资都会有所上涨。劳动成本的上涨也会导致原材料和进货价格相应上涨。税率似乎也有逐步攀升的趋势，特别是不动产和地方税率。在这样的背景下，不同公司的利润率也将有不同的结果。有些公司似乎处于非常幸运的地位，只要简单地提高价格就能维持利润率。它们所处的行业通常有很旺盛的产品需求，或者因为一些与其有竞争关系的产品售价涨幅比它们更高。不过在我们的经济环境中，以这种方式维持或提高利润率往往只能保持极其短暂的时间。这是因为竞争对手很快会制造出能够与之相抗衡的产品，这些新产品足以抵消价格上涨所增加的利润，随着时间的推移，成本增幅再也不能转嫁到销售价格上，随之而来的就是利润率的下滑。

1956年秋天时，发生了一个利润情况大幅转变的事例。当时的铝市场在短短的几个星期内就从供不应求，转为各个厂商竞相抛售的情况。在此之前，铝价一直是随着成本的上升而上涨。除非产品的需求增长比产能的增加更快，否则价格涨幅就无法保持之前那么快速的增长。同样，在“所有的市场都将看跌”的观点盛行的背景下，一些最大规模的钢铁生产商在市场持续低迷不振的情况下提高了某些稀缺钢铁产品的价格，这可能在部分程度上让人们感觉到这种高利润只是暂时性的，只是生产商把成本的涨幅转嫁到了价格上而已。

同样是1956年下半年，在冶炼铜行业的一些生产者身上所发生的事情或许最能说明这种做法从长期角度来说的危险性。这些公司对自身相当谨慎，一直将价格压低在全球平均水准之下，以防止价格涨得过高。不过，尽管如此，铜价还是上涨到了相当高的水平，从而抑制了需求，并吸引新的生产厂商加入。而苏伊士运河的关闭，使得西欧供需情势失衡的局面更是雪上加霜。如果1956年的利润率不能算好的话，那么1957年的利润率则更是不尽人意。依此我们可以看出，当一个行业的利润率因为价格持续上涨而升高时，这对长线投资者而言并不是什么好事。

相比之下，包括铜行业几家企业在内的其他一些公司，不是靠提高价格，而是借助一些更有创意的方法提升了利润率。有些公司依靠产品更新与研发的业务部门保持了资本的高效利用，并取得了成功。这些部门唯一的作用是设计出能够降低成本的新设备，并以此抵消或者部分抵消逐渐攀升的人力成本。很多公司都在不断改善作业程序和方法，研究从哪些地方着手可以提高公司的经济效益。对于这种活动而言，一定要妥善处理好具体举措和相应的会计记录，这样才能看出其效果。运输方面也是如此，运输成本的涨幅往往会高于其他大多数种类的成本，因为和制造业相比，运输所使用的劳动力成本所占的比例更大。一些聪明的公司使用了新型的仓储箱，采用以前从未尝试过的运输方法，或是把货物存放于分公司以防止造成交互送货的偏差，从而降低了成本。

所有这些事情都不是一日之功，它们都需要事前详细的研究和业务规划。投资者想要对某家企业进行投资，应密切留意企业所采取的降低成本和提升利润率的新方法是不是富于创新意义。在这方面“闲聊”法可能会是有效的，但远不如直接咨询公司内部人士，不过好在大部分的企业高管都乐于详细地谈论这方面的事情。这方面做得最成功的公司，很有可能都建立起了一套专门的研发创新组织，使得它们在未来能够保持长久的创新能力，这样的公司极有可能为持股人创造最高的长期回报。

原则 7：这家公司是否具备良好的劳动人事关系？

大部分投资者可能没有充分意识到良好的劳动人事关系对于利润的重要性。然而，没人不知道恶劣的劳动人事关系会造成不良的影响。任何人只要稍微看一下财务报表，就能明白持续而又悬而未决的罢工对公司生产经营造成的重大伤害。

不过，在此我要强调的是，人事关系良好的公司和人事关系不良的公司相比，二者的利润差额要比罢工所造成的直接成本大得多。如果员工觉得雇主是在公平地对待自己，那么就形成了一个高效的工作环境，在这种环境中高效率的管理层可以大幅地提高每个员工的生产力。此外，对所有的新员工进行训练也需要相当高的成本。因此，人员流动过于频繁的公司就得负担这方面不必要的成本，而管理良好的公司不需为此而感到烦恼。

然而，投资者如何判断一家公司的劳动人事关系够不够好呢？这个问题没有简单的答案，我们找不到一套适用于所有情况的通用标准。我们能做的就是观察多种因素，然后将所有因素拼凑起来形成一个复合画面并据此判断。

在当今工会十分普遍的背景下，那些还没有工会，或是只有内部工会的公司可能会具备高于平均水平的劳动人事关系。如果公司内部没有工会，全国性的工会也会在很久之前把员工组织起来。像地处芝加哥这种高度工会化城市的摩托罗拉，以及位于达拉斯这种正处于工会化进程中的德州仪器，这些公司至少都会把劳动力作为公司的一个重要组成部分，并且能够很好地对待员工，如果一家公司没和国际性工会挂钩而又经营得十分成功，唯一的解释是公司具备非常成功的人事政策。

另一方面，企业内部有工会组织绝不是劳资关系不好的信号。很多劳资关系非常好的公司是完全工会化的，因为劳资双方已经学会了和睦相处，达成了相当程度的互相尊重和信赖。同样，尽管接连不断且悬而未决的罢工是劳资关系恶劣的体现，但完全没有罢工也不见得能证明劳资关系本质上没有问题。有些时候没有发生罢工的公司就像是个怕老婆的男人，没有冲突不代表婚姻生活幸福美满，只是因为当事人害怕冲突而已。

为什么员工对某些雇主表现出异常的忠诚，而对其他一些雇主则极为痛恨？这个问题的答案往往错综复杂，很难理清头绪，投资者最好观察一些能够显示出员工总体感觉的资料，而不必注意导致这种感觉出现的具体背景。一系列数字能够说明公司基本员工素质和人事政策的好坏，其中一个重要因素就是一家公司相对于同一地区的另一家同类公司的员工流动率的高低。同样重要的因素是一家公司的应聘人数相对于同一地区另一家公司应聘人数的多少。在一个从未出现过劳动力供过于求的地区，如果有很多应聘者都希望到某家公司工作，那么这家公司从劳动人事关系良好的角度通常是值得投资的。

不过，除了这些普遍的数据之外，投资者还应该注意一些特殊的细节。劳动人事关系良好的公司往往会尽一切努力化解员工的不满情绪，管理层如果不重视员工的小抱怨，而且拖很久才处理，那么这种不满就会慢慢地蔓延，最终导致出现严重的大问题。除了评估解决员工不满的方法，投资者也需要留意公司的工资等级。如果公司支付的工资在其所处地区高于行业平均水平，而且公司利润也高于平均水平，那么这家公司的劳动关系可能不错。如果公司的净利润中很大一部分都来自它所支付的工资低于所处地区的平均水平，那么投资者如果买入它的股票迟早会蒙受严重的损失。

最后，投资者应密切留意高级管理者对基层员工所持的态度。有的管理人员嘴上说得口若悬河，骨子里并不认为自己需对普通员工负起责任，也不关心这些普通员工。他们最关心的就是不能让营业收入流入普通员工的比例高于工会所争取到的那个标准；他们根据公司销售收入或净利润预期的微小变化任意大批量雇佣或解雇员工，员工的家庭会因此受到严重影响，导致生活困难，但他们不觉得自己应该对此负责任；他们没有让普通员工觉得公司需要他们、倚重他们，没能让员工觉得自己是公司的一部分，更没有让员工觉得在公司能体会到荣誉感。一家公司的管理层如果抱有这种态度，那么它通常不会是最理想的投资目标。

原则 8：这家公司的高级管理者之间关系很好吗？

如果说管理层与低阶层员工保持良好关系很重要，那么在高级管理者之间保持融洽的人际氛围就更为重要。这些人的判断力、创造力和团队协同力，对公司的运转有着举足轻重的作用，因此工作压力也会很大。所以，有些时候高级管理者之间彼此有矛盾，就很可能导致某些高级管理者离开公司，或者在工作时不那么竭尽全力。

高级管理者之间关系融洽的公司，往往能给投资者提供最好的投资机会。这样的公司中高管们对总裁和董事长怀有很强的信心。这意味着公司内部高低各个阶层的员工都能够意识到，在公司内晋升靠的是能力，而不是靠办公室政治。即便是掌握企业控制权的家族成员，也不会升迁到比他更有能力的人之上。公司会定期调整薪水，使得公司在高管们提出涨工资的要求之前就已经满足了他们的需求。公司薪水至少要跟业界、当地的标准看齐。除了最基层的工作，只有在组织内部无法找到适合的人选来填补位置空缺的情况下，管理层才会从公司外部聘用人员来担当工作。高级管理者必须明白，只要人们在一起工作就难免结党成群或发生一些摩擦，但绝对不能容忍有人不肯在团队中与他人合作，这样，人际摩擦造成的损失就会降到最小。只要与公司不同责任阶层的高级主管闲聊一下，问上几个问题，投资者往往就能了解到高级主管间的关系是否比较融洽，企业高管之间的关系越不融洽，那么这家公司就越不可能成为好的投资目标。

原则 9：公司管理是否很有层次？

如果其他因素都配合到位，小公司也能在一位很有才干的领导人的管理下表现出色，使得这家公司在多年内都有可能是很好的投资目标。然而，一个人的能力毕竟是有限的，即使是规模较小的公司，投资者也应该提防重要人物不在其位所带来的灾难。如今一些优秀的小公司的投资风险，其实并没有表面上看起来那么大，因为最近的一个趋势就是，那些管理人才云集的大公司时常会买下规模较小的公司。

真正值得投资的公司是那些能够持续成长的公司。一家公司或早或晚会遇到某种规模瓶颈，此时除非它在某种程度上培养出高级管理人才，否则将没有能力实现进一步的发展。这一点在不同的公司之间体现各异，根据它们所处的行业以及最高领导人管理公司的才能而定。通常情况会发生在公司年销售额上升到1500～4000万美元的时候。此时，正如原则8所描述的，高级管理人员之间的关系是否融洽，对于判断这家公司股票是否值得投资就有非常重要的意义了。

当然了，要达到原则8的要求，就必须深入培养起合适的管理者梯队。但是，除非实行某些额外的政策，否则就无法培养出这样的管理人才。其中最重要的是对管理者的授权，如果从最高级别到基层的管理人员没有真正执行分配的权力，那么这些优秀的管理者便如同生龙活虎的动物被关在牢笼之中，无法发挥出自己的才能和活力。他们没办法进一步发展自己的能力，因为根本没有施展的机会。

一家公司的高级管理者如果事必躬亲，试图插手日常的运营业务，则这家公司成为最富吸引力的投资目标的可能性就很小。这样的高管虽然本意是对公司好，但如果经常跨越自己授予部属的权限，就会把他们经营的公司排除优质投资目标的行列。无论一位高管处理具体事务的能力有多强，一旦公司达到一定的规模，他都会在两方面碰到问题：一是有太多的琐碎事情需要处理，令他无暇一一处理；二是有能力的人得不到锻炼，也就无法实现公司接下来的进一步增长。

在判断一家公司的管理梯队层次是否合适时，还有一件事是值得投资者注意的。这就是高级管理者是否乐于倾听并能够虚心接受、考虑员工提出的建议，即使这些建议有时会很尖锐地批判目前的管理现状。当今现代企业之间的竞争如此激烈，改善和变革的需求也如此强烈，如果高级管理者骄傲自满或无动于衷，没有能够及时采纳那些如同黄金般珍贵的新思想，那么处于这种氛围的公司就不应该被投资者所看好，这样的公司也不可能培养出一代又一代年轻有为的管理者。

原则 10：这家公司的成本分析和会计记录做得如何？

如果一家公司不能够准确和详尽地列出业务运营中的每个细节的成本状况，则这家公司一定无法在长时间内取得经营上的成功。只有详细地记录成本，管理层才能知道什么事情是最需要注意的。也只有这么做，管理层才能看出他们有没有恰当地解决了每一个需要注意的问题。除此之外，最成功的公司往往不只生产一种产品，而是生产许多种产品。如果管理层无法明确知晓每一种产品相对于其他产品的实际成本情况，那么公司就会处于极其不利的形势之中。在不允许过度竞争的情况下，想制定出能够确保最大限度地获得利润的价格策略几乎是不可能的，他们也将无法得知哪种产品值得在推广和促销上做出重大投入。最糟糕的情况是，管理层并不知道有些表面上看起来经营得很成功的活动，其实可能正在赔钱，使得整体利润逐渐减少，而并非节节攀升。这种情况下，想做出明智的计划更是不可能的。

虽然企业的财务控制在选择投资目标的时候十分重要，但对于小心谨慎的投资者而言，很少有机会能看清楚他想投资公司的全貌，以及知晓其财务控制与成本分析及相关活动的真实情况。在这方面，“闲聊”法有时候也能揭露出一家公司真正的缺陷所在。除此之外，“闲聊”法能提供给我们的其他信息并不多。如果直接询问公司里面的员工，通常能够得到非常真诚的回答和得到真实的成本数据。他们往往能给出详细的成本资料数据，来证明他们所说的话是真实的。但是，最重要的并不是那些详尽的数据，而是这些数据的准确性。就此来说，小心谨慎的投资者最好是承认财务成本控制的重要性，同时也要充分认识到自己在评估财务成本数据真实性方面的能力是比较有限的，无法给出绝对准确的评估。在这些限制之下，投资者往往得出一个大概的结论。也就是说，在公司高管认识到专门的财务控制和成本分析的重要性下，只要这家公司经营能力的大多数方面都高于行业平均水平，那么它在财务控制和成本分析方面的表现也可能远高于平均水平。

原则 11：公司相对于行业内的其他公司而言，在业务的其他方面是否具备竞争力，以便让投资者找出了解该公司相对于竞争者具备何种显著优势的线索？

按照定义，这是一个貌似包罗万象的问题。因为每家公司之间的差别必定是非常大的，有些事情在某个行业非常重要，而在其他行业则可能不怎么重要，或者是根本没有任何意义。举例来说，在零售业诸多重要的运营业务中，公司处理不动产事务的能力——也就是评估承租物的品质，是一项至关紧要的业务。但在其他很多行业，公司在这方面的能力是否高超，则并不是那么重要。同样，对某些公司来说，处理信贷事务的能力非常重要，而对其他一些公司来说就没有那么重要，或者根本无足轻重。在这些情况下，我们的老朋友——“闲聊”法，往往能让投资者非常清楚地了解全局情况。如果所研究的问题很重要，值得我们深入研究，那么所得出的结论往往可以用数学比率来加以验证，比如单位销售额的相对承租成本，或是坏账损失比，等等。

很多行业中，总保险成本在总销售额中占有的比例非常重要。有些时候，如果一家公司的总保险成本比同等规模的竞争对手低35%，那它的利润率将高出很多。对于那些保险对利润有非常大的影响的行业，如果我们仔细研究这些比率，并和信息丰富的保险业专业人士进行讨论，那一定会受益良多。对于了解某家公司的管理层能力是否出色来说，这些资料虽然只是一个辅助，但却相当具有指示性。这是因为低廉的保险成本不仅仅是由于处理保险事务的技能比较高，就像处理保险事务的技能一样，租赁成本也会低于行业平均水平的。它们反映了公司处理人事关系、存货和固定财产的综合能力，从而达到减少意外发生、物资损耗和浪费的目的，进而降低保险成本。保险成本的高低可以准确地指示出行业中哪家公司经营得更为优秀。

在不同的公司之间，专利权的重要性也有很大的差别。对大公司而言，掌握比较多的专利权往往能够带来许多在基本的竞争优势之外的好处。专利权多，就可以防止公司某些业务部门的运营遭遇激烈的外来竞争。通常情况下，公司相关业务的生产线将因享有专利权而具备较高的利润率，这又能进一步提升公司其他生产线的平均利润水平。同样，具备高壁垒专利权的公司通常能够以最简单、成本最低廉的方式生产出某种产品，而竞争对手必须付出更多的努力才能达到相同的效果。这样，拥有专利权的公司就占有了明显的竞争优势，虽然这种优势带来的好处通常不会很大。

在这个专业技术知识普及的年代，大公司在一个受到专利权保护的行业中所能做出的成绩往往是比较有限的。专利权通常只能阻止一少部分竞争对手获得同样的经营结果，但是没办法阻止所有的竞争对手。基于这一理由，很多大公司并不寄希望于利用专利权来屏蔽竞争对手的威胁，反而授权竞争对手使用它们的专利，而仅向竞争对手收取很低廉的费用，同时希望别人也以同样的方法投桃报李，允许它们使用自己的专利。如果公司要保持竞争优势，那么制造技术、销售和服务组织、顾客的口碑，以及对顾客与市场的了解等方面的重要性，要远大于专利权所形成保护的重要性。实际上，如果大公司维持利润率的主要方法是靠专利保护的话，那这通常是其投资价值减弱而非增强的表现。专利无法提供无限期的保护，如果公司主要靠专利来保持竞争优势，那么当专利保护到期的时候，公司的获利情况可能就会遭到重创。

如果是一家年轻的公司刚开始建立生产、销售和服务组织，而且正处于积累客户的初期阶段，那么情况则大不相同。如果没有专利，这种初创公司的产品就可能被一些树大根深的大公司所剽窃，大公司接下来就会运用它们已经形成的分销渠道和庞大的客户关系网络，将这些年轻的竞争对手打败出局。所以说，对于那些刚开始营销独特产品或服务的初创型小公司，投资者应密切审视它们的专利保有状况，应该得到其专利权保护范围的准确信息。获得某种产品的专利是一回事，通过阻止别人以相似的方式生产产品，从而在竞争中得到保护又是另一回事。不过，就如何在竞争当中得到保护而言，不断地通过提升制作工艺来改善产品，远比静态的专利权有用得多。

举例来说，几年前美国西海岸一家初创电子制造商，制造出一种新产品并且在市场上取得了成功，当时它的规模和如今比起来要小得多。有人跟我说行业内的一家大型公司将它的产品照猫画虎地抄袭过来，并冠以自己的品牌进行销售。这家初创公司产品设计师的说法是，那家大型竞争对手将这家小公司在产品研发设计上的缺点和优点不分好坏一概纳入自己的产品设计中。这家大公司将抄袭来的产品推向市场的时候，小型制造商正好消除了原产品的缺点，推出了新型改良产品。相比之下小公司的产品自然更受市场欢迎，大公司的产品却卖得不好，于是只得从那个领域撤退。我们对这样的例子可以说司空见惯，从中可以看出保持竞争地位最有效的也是最根本的方式，就是在产品的研发设计方面保持领先地位，而非仅依靠专利权。投资者至少应该明白不能过分强调专利权保护的重要性，评估某项投资是否理想的时候，专利权保护有些时候是个重要因素，但不应该过分看重。

原则 12：这家公司对利润有没有短期或长期的展望？

有些公司的业务运营目标是短期内追求到最大的利润，有些公司则刻意抑制近期的利润，以图建立良好的信誉，从而在更长的时期内获得较高的总体利润。通过观察公司对待客户和供应商的态度，我们可以发现很多这样的例子。一家公司可能总是以最严苛的态度来对待供应商；另一家公司则可能为了确保原材料来源的可靠，或是为了在市场情况改变、需求骤然变大的时候能够获得高品质的生产所需零部件，因而同意向供货商支付比合约价更高的价格。各家公司在对待客户方面的差异也同样很明显，有些公司在老客户碰到困难时很乐于向其提供帮助，这样一来公司在某一笔交易上可能没有利润，但从长期来看有望得到远高于平常水平的利润。

通过“闲聊”法往往可以很清楚地看出各家公司这种政策上的差别。投资者如果想要获得最高的利润，应该选择在利润方面眼光长远的公司。

原则 13：在可预见的将来，这家公司是否会通过大量发行股票来获取足够的资金以利公司发展，现有持股人的利益是否因预期中的股份数量增加而蒙受大幅损失？

典型的投资类书籍都会花很大的篇幅来探讨公司的现金状况、企业组织结构、各种等级的证券占总资本的比例等，很多读者可能会问，为什么这个涉及财务方面的要点在总共十五个原则中所占的篇幅仅仅是1/15？其理由正源于本书的基本信念：有眼光的投资者不应仅因股价便宜就买股票，而只有在它有望为你带来回报时才考虑购买。

在现实当中只有极少数的公司能够如数满足本章所谈的其他十四个原则，或是满足十四个原则中的一大部分。能够达到这些标准的公司很容易就能按照当时适合自身规模的利率水平得到贷款，并且达到本行业所允许的最高信贷额度。假设这样的一家公司在未来的营业收入成长、利润率、管理层素质、研究发展状况等符合本章讨论的其他各个原则的情况下，一旦达到了最高的负债上限或接近上限，此时它仍然需要更多的资金，而且它还能以某种价格发行股票来筹措资金，因为投资者通常会热衷于投资这种企业。

因此，如果投资者只愿意对杰出的公司进行投资，则最要紧的事情是这家公司的现金加上其继续借款的能力，是不是满足未来几年的资本需求，从而实现在未来几年内的最好发展。如果公司真的满足这样的条件，而且愿意按照最大信贷额度借钱，那么普通股投资者在很长一段时间内就不用担心了。如果投资者已经对当时的情势做出了恰当的评估，那么公司未来几年内可能发生的任何股权融资都能使股价上升到一个远高于目前价格的水平，投资者根本不必为股价担心。这是因为短期融资会导致利润的增加，几年后所需要的继续筹措资金的需求，会把股价推升到一个比目前股价高出很多的水平。

如果公司目前的贷款能力不甚充足，那么就有必要通过发行股票来筹措资金。这种情况下，判断投资对象是否具有吸引力时必须仔细核算如下问题：筹措资金后，企业的收益可能会增加，目前的普通股持有人将因此受益，但发行股票的增加额会导致股权的稀释，持股者的利益将蒙受损失。那么股票持有者的利益到底损失了多少？和发行普通股的股权稀释效果一样，发行可转换优先证券所导致的稀释效果在数字上是可以计算出来的。这是因为可转换优先证券是通过条款规定能以比发行时的市场价格高一些的价格行使转换的权利，这个价格通常比发行时的市价高出10%～20%不等。由于投资者一般不会对10%～20%的微小涨幅有兴趣，而是力图得到几年内十倍或百倍的涨幅，所以转换价格一般可以不予理会，应该在假设新发行优先证券完全转换的前提下计算股权稀释效果。换句话说，在计算真正在外流通的普通股数量时，最好假设所有的优先可转换证券都已经转换完毕，而且所有的权证、期权等也都已经行权完毕。

如果在买入普通股之后的几年内公司将通过发行股票来募集资金，而且在发行新股之后，普通股持有者的每股税后利润增加的幅度比较小，那么我们只能得出一个结论，这就是公司管理层在财务判断方面做得很差，所以这家公司的普通股不值得投资。除非这家公司在财务方面的判断非常糟糕，否则投资者不应该仅仅因为其在财务上的不足而将其放弃，因为一家财务判断不佳的公司如果在其他十四个原则上都可以获得很高的评价，那么也有望在未来有出色的表现。相反，如果一家公司为了在长期获得最大幅度的利润，即使财务面很强或者拥有很多现金，但是不符合其他十四个原则中的某一个，那么投资者也不应该选择这家公司作为投资目标。

原则 14：管理层是不是向投资者报喜不报忧？业务顺利时口若悬河，而在出现问题或发生令人失望的事情时三缄其口？

即使是经营管理最好的公司，有时也会碰到始料未及的困难，诸如利润的减少、市场需求出现萎缩或转向别的产品，等等。另外，如果有些公司年复一年地致力于技术研究，一直尝试生产新产品、研发新工艺，那么它就有望给投资者带来很高的利润，投资者应该买进这种公司的股票。依据平均数法则，有些新产品或新工艺的研发会在耗费巨资后遭受惨败，还有一些则会在投产阶段的早期出现不可预料的延误，从而出现令人心痛的额外花费。这些沉重的额外预算成本往往会持续好几个月，就算是规划得最谨慎的整体利润预测也会被它打破。就算是在一些最成功的企业中，这种令人失望的事情也是无法避免的。如果你具备良好的判断力而且愿意坦诚面对这种情况，就会明白这只是最后成功的代价之一，这种情况往往是公司实力强劲的象征，而非弱势的表现。

公司管理层面对这种事情的态度，是投资者考察公司的宝贵线索。管理层在碰到坏事情的时候可能出于这样或那样的原因三缄其口，而不像碰到好事时那样侃侃而谈，具体的原因分好几种，他们可能提不出解决眼下突如其来的难题的办法；或是管理层可能已经产生恐慌情绪；也可能是他们不觉得自己需要对持股者负责任，不认为自己有必要向持股者报告真实的情况。不管出于什么样的理由，一旦一家公司在设法隐瞒坏消息，那么投资者最好就不要将其纳入选股目标之列。

原则 15：这家公司管理层是否具备毋庸置疑的诚信、正直态度？

公司的管理层通常远比一般持股者更容易接触到公司的资产。在公司掌握经营最高权力的人们总是有无数种方法，能在不违反法律的前提下损公肥私，牺牲一般股东的利益来为自己和亲属谋利。其中一种方法就是给自己或是自己的亲属发放远高于他们实际工作贡献的工资。另一种方法是把自己拥有的财产以高于市场价的价格出售或租赁给公司。在规模较小的公司中，这种做法有时很难察觉，因为控制公司经营权的家族或重要高管，有时候买进不动产或向公司提供租赁的目的并不是为了获取不当利益，而是真心希望公司有限的运营资金能用在其他的正当目的之上。

再有一种可以让公司内部人士为自己牟利的方法就是要求公司的供货商通过某些中间商将产品销售给公司，而这些中间商的股东是这些内部人士自己，或他们的亲戚朋友，这些中间商并没有提供什么服务，但向公司收取一定的中介费用。对投资者而言，诸多损公肥私的方法中，可能对投资者造成损失最大的当属内部人士滥用发行普通股期权的权力，这原本是一种合法的方法，目的是奖励那些能干的管理人员，但某些人会滥用这种职权，给自己发放很多股票，而奖励的数量从一个公正的立场来看，已经远超于他们对公司的贡献。

当投资者面对诸多滥用职权的做法，只有一种方法能保护自己，就是将自己的资金只投资于那些管理层对股东怀有强烈责任心和道德感的公司。“闲聊”法对于寻觅这样的公司非常有用。关于已经介绍过的全部十五个原则，如果该公司没有能满足其中的某一个原则，但在其他的原则上都得到了很高的评价，则仍不失为一个值得考虑的投资对象。然而，不论其在别的方面得到多高的评价，如果管理层对股东没有强烈的责任感，那就是一个很严重的问题，投资者绝对不要考虑投资于这样的公司。

第四章　应该买什么样的股票

大多数投资者在投资领域并非专业人士。如果是男士，和花在本职工作上的时间和精力相比，往往只能抽出很少的时间和精力来打理投资。如果是女士，和料理日常家务相比，花在投资上的时间和精力也非常少。结果就导致大部分的投资者通常都慢慢吸收了很多半真半假的陈述、错误的看法，以及一些完完全全的假话，对如何在投资中获得成功一知半解。

一般人认为，专家级别的投资者都具备一些与众不同的特征。如果进行民意调查来看看大众印象中的投资专家是什么形象，我想这位投资专家的形象会是个深思熟虑的学者，擅长处理财务数据，终日与世隔绝地坐在办公桌前，刻苦地研究资产负债表、企业利润表以及股票交易的统计数字。通过这些资料，他以非凡的智慧和对数据的深入理解，获得了寻常人无法获得的资讯。他深入研究的结果就是得到了宝贵的知识，知道了哪些股票才是优秀的投资目标。

和其他很多常见的理解偏差一样，这个投资专家的形象勾勒得不够准确，而且可以说是相当危险，对于想通过投资普通股来获得长期最大利润的投资者而言，这种理解极为不利。

正如前文讲述十五个原则时所谈到的，除了靠运气之外，有很多原因决定了谁是投资上的大赢家，其中一少部分原因是靠埋头进行数学运算而确定的。此外，正如本书开头时所提到的，投资者如果具备足够的技能，则他在长期的投资生涯中获利，甚至有时候赚到巨额利润的方法不只一种。本书的目的不是要将所有投资获利的方法都罗列出来，而是在于指出最好的获利方法。所谓最好的方法指的是以最低的风险获得最高的利润。普通投资者往往都认为财务和数据统计是成功投资的核心技能，如果在这些方面投入了足够多的精力，就会找到一些价格非常低廉的股票。其中某些可能真的很适合投资，但其他一些股票所代表的公司可能在未来的经营上陷入困境，而这些未来经营上的问题仅通过统计数字是看不出来的，因此这些股票不但不能算便宜，而且与几年后的价格比起来，目前的价格其实是很高的。

不仅如此，即使是真正便宜的股票，它便宜的程度毕竟是有限的，股价通常需要很长的时间才能回归到反映公司真实价值的程度。就我目前的观察而言，在一段足以做出公平对比的时间期限内，比如说5年之内，那些最擅长运用统计数据发掘低估值股票的投资者最后所获得的利润，同运用一般的智慧，买进管理优秀的成长型公司股票的投资者所获得的利润相比要少很多。当然，这一研究结果考虑到了成长型股票投资者所买股票未能获得预期中的利润并且发生亏损的情况，以及寻求低估值股票者买上了并不便宜的股票时产生的损失。

投资成长型股票所获得的利润要高得多的原因在于，这些股票的股价似乎每10年就能增值100%。从寻求低估值的角度，这是一种股价低于正常价值50%的股票。这种简单算术的累计效果是很明显的。

谈到这一点我不得不说关于达到投资目的所需花费的时间这一问题，即将踏上投资之路的人必须开始修正他的看法，正确选股所需的个人特质更是需要重新考虑。也许他觉得每个星期花上几个小时舒舒服服地在家里研究一定量的文字资料，就能够开启获利的大门。如果一个人想使自己的股票投资获得最大化的利润，明智的方法是与各种各样的人接触交谈，但是很多人抽不出时间去进行这样的交谈。有的人或许有时间，但是他们从性格上来说不喜欢和之前不是很熟的人谈话。此外，仅仅和他们谈话还不够，必须将他们对所谈话题的兴趣和信心激发到一定程度，他们才会把自己所知道的事情倾囊相告。成功的投资者往往有一种与生俱来的本性，那就是对企业经营问题有很大兴趣。因此，如果他想要向某人探听一些资料，那么他谈论问题的方式本身就很容易引发对方的兴趣。当然，他必须具备非常良好的判断力，否则，即便他得到再多的资料也没有任何用处。

投资者可能拥有充足的时间，善于与人交谈并获取资料，以及良好的判断力，但在投资普通股时仍然无法获得很高的利润。因为地理位置也是一个重要的影响因素。举例来说，投资者如果住在底特律市内或附近，他将有很多机会了解汽车零配件公司的消息，但住在俄勒冈州的投资者，即使有同样的勤奋和才干，却没有这样的机会。现在，大多数大公司的分销组织都遍布全国(虽然这些公司的生产基地不见得如此)，分布在大多数的大城市，所以住在大型商业中心或附近的投资者，往往会有很多机会来练习寻找优秀投资对象的技艺。非常遗憾的是，投资者如果住在远离这些商业中心的地方，则不易获得这么多类似的机会。

不过，身处偏远地区的投资者，没有充足的时间研究，来获取资料，判断力也不是太好，在投资中无法获利难道是这些原因吗？事实上投资是专业性很强而又错综复杂的事情，并不是非要自己亲自处理，就像没有必要强迫一个人当自己的律师、医生、建筑师或汽车修理工一样。如果一个人对以上所谈到的这些领域怀有兴趣不妨可以试一试，不然的话根本没有必要成为这方面的专家。

但是有一点非常重要，这就是他必须对相关的法则有足够的了解，这样才能找到真正的专家为其服务，避免让那些一窍不通或一知半解的人来误人误己。从某些方面来说，一个对投资很外行的人如果能足够认真仔细，那么选到优秀投资顾问的概率要比选到同样优秀的医生或律师大得多。但从另一些方面来说，选到优秀投资顾问则要困难得多，因为近年来投资领域发展得比其他专业领域都要快得多，然而规范化的理念还没有形成，大家还缺乏一个统一的标准来区分真正的投资知识和故弄玄虚的谎言。投资理财这一领域目前还不像法律或医学那样有一道门槛，可以用来排除不学无术和能力不佳的人。就连一些所谓的投资管理机构之间也没有就投资人才的衡量标准达成共识，所以，不可能像设立讲授法律或医学知识的名校那样设立训练投资专家的学校。因此，政府管理机构也不可能发放执照给具备必要投资理财知识的人，由他们指导客户的投资，就像各州给合格的律师或医生发放执业牌照那样。目前，虽然美国的很多州的确给投资顾问发放了执业牌照，不过我们只听说过一个领不到执业牌照的人，原因是有过诈欺行为或未能履行债务，而不是因为欠缺必要的训练和投资技能领不到牌照。

诸多的因素导致了不合格投资顾问的比率可能高于法律或医疗等领域不合格从业者的比率，但仍然有一些补偿性因素能够使得本身不善于投资理财的个人也能选到优秀的投资顾问，这可能比选到同样优秀的医生或律师更加容易。通过观察哪位医生在执业期间其患者的死亡率最低，并不是选出优秀医生的办法。通过观察一位律师所处理辩护案件胜诉和败诉的记录，也无法看出律师的相对水平。因为大部分医疗救治并非一定关乎生死，而好的律师可能根本不需要开庭断案。

投资顾问的情况则与此有很大的不同。只要经过一段较长的时间，就会有足够多的投资交易记录可以用来看出投资顾问的投资能力。少数情况下可能需要5年的时间才能看出投资顾问的真正能力，通常情况下不需要这么长的时间。一些经验不到5年的所谓投资顾问，不论他是在自己当老板，还是在别人的公司那里当职员，投资者如果把自己的资金托付给这样的人，一般来说都是一种愚鲁至极的行为。所以，如果要想选到真正专业的投资顾问，一定要阅读他的投资记录，且内容一定要翔实，将他的投资记录和同时期的证券价格进行比较，就能了解到这个投资顾问的能力究竟如何。投资者在决定让某人或某家机构为其理财之前，还有两件必不可少的事情：一件是要确定这个投资顾问诚信正直，不存在信誉品质上的问题；另一件稍复杂一些，股票市场处于熊市期间，某个投资顾问交易记录可能会远高于市场平均水平，然而这也许并不是因为他才智非凡，而是因为他把自己所管理的大部分资金都用于了投资高等级债券。有时候股票市场长期处于牛市，一些投资顾问可能因为偏好买入投资风险较高的公司，而取得了高于市场平均水平的交易成绩。

前面讨论公司利润率时曾说过，这种投资风险较高的公司通常只有在牛市时期才有好的表现，牛市之后的表现便会相当疲软。第三种投资顾问可能在牛市、熊市时期都有好的业绩，因为他总会用尽一切方法来判断股票市场的未来走势。这种做法可能会让他在一段时间内有很好的业绩，但在真实的投资世界中不可能永远这样。

投资者在挑选投资顾问的时候，应该设法了解他的基本投资理念是什么，然后挑选与自己的投资理念相符合的投资顾问。当然了，我认为这本书里所阐述的投资理念是一个合格的投资顾问所应该遵守的。从过去那个金融时代中走过来的许多人都信奉“低买高卖”的理念，这与本书中阐述的理念有很大不同。

我相信，在投资中长期获得优厚利润的是所有操作普通股的投资者共同的目标，如果投资者真的希望做到这一点，那么不管他是聘请投资顾问还是自己操作，有一件事都是必须由他自己决定的，因为对于最能符合之前讨论的十五个原则的股票，它们的投资特性可能会有非常大的变化。

天平的一端是一些大型公司，这类公司具有进一步大幅成长的光明前景，财务状况也非常好，深深地植根于经济土壤之中，这类股票属于“机构型股票”，也就是指保险公司、专业受托人以及类似的机构型买家倾向于买入的股票种类，因为这些机构型投资者觉得自己对市场价格可能产生误判，所以在股票价格走低的时候只能卖出股票，导致损失一部分投资本金，但买进这一类股票，不会因公司的竞争地位出现下滑而导致大幅度的损失。

陶氏化学公司、杜邦公司和IBM公司都是这类成长型股票的最佳案例。我在第一章提到过，1946—1956年这10年间，高等级债券的投资报酬率是非常不尽人意的。这个时期结束时，陶氏化学、杜邦和IBM的股价都是1946年时的5倍左右。从这10年的当期收益来看，持有这些股票的投资者都未曾受到利益损害。例如，陶氏化学这只股票支付的股利相对于它当时的市场价格非常低，这几乎成了人尽皆知的事。但在这10年的早期阶段买进陶氏化学的投资者，到了这10年结束的时候，都在这只股票上获得了很好的收益。虽然10年之初买进时陶氏化学的股利回报率只有2.5%左右(这段时间内所有股票的股利回报率都处于较高水平)，然而在10年之后，该股票通过股利发放以及若干次的除权，按10年前买入时的价格计算，投资者享有的整体投资年回报率已经高达8%～9%。更值得一提的是，对于以这三家公司为代表的优秀公司而言，这10年的时间与其他时间段没有什么不同之处。在好几十年之中，除1929—1932年期间的大熊市，以及第二次世界大战等偶发的暂时性利空因素之外，这些股票一直表现得相当出色。

天平的另一端是在长期投资中十分值得关注的目标，它们是一些小型公司，往往非常年轻，这些公司每年的总销售额可能只有100万到六七百万之间，为了达到前面所说的十五个原则的要求，这些公司往往拥有市场需求广阔的产品，同时拥有非常优秀的经营管理人才和科技人才，而且抢先进入了前景看好的新行业或利润率较高的行业。1953年首次公开发行股票上市的安培斯公司可能就是这类公司的一个很好案例。这只股票的价格在4年内上涨了7倍之多。

1953年，年轻而高风险的安培斯公司以及如今树大根深的陶氏化学、杜邦公司和IBM公司就像是两个极端，在这两端之间，有许多未来前景光明的成长型公司，如果投资者现在要买入股票，究竟应该买入哪一种?

从目前的情况来看，年轻的成长型公司的股票最有可能让投资者获利，有时甚至在10年内上涨幅度可以达到10倍之多。然而，即便是技巧最熟练的投资者也难免有时会犯错。投资者千万要牢记的是，如果投资这类普通股的时候发生失误，那么投资所用的每一块钱都可能亏得无影无踪。相反，如果按照下一章所讲述的原则买入股票，投资于历史悠久、根基稳固的成长型股票，即使因为市场整体走势不好而蒙受了损失，那也只是暂时的。这种大型成长股的长期升值潜力远低于小规模的初创型公司，但总的来说算是非常值得投资的对象。即便是最保守的成长股，其高峰期的股价至少也会涨到其发行价的若干倍。

因此，如果投资者拿着一笔对自己和家人是非常重要的钱去冒险，很明显应该遵守这样的原则："大部分"资金所投的公司，即使不是陶氏化学、杜邦或IBM这样大的公司，至少也应该是接近这种类型的公司，而不应该是小规模的初创型公司。所谓"大部分"资金是指占投资资金总额的60%还是100%？这个问题要看每个人不同的需求和偏好。如果是一个没有子女的寡妇，她有50万美元的总资产，那么她也许可以把全部资金用来购买比较保守的成长股。另一个带着三个孩子的寡妇，她投资资金的总额有100万美元，她希望这笔资金能够增值，但是不希望让家人目前的生活水平出现下降，那么她就可以拿15%的资金投资于精挑细选出来的小规模初创型公司。假设一个商人有妻子、两个小孩，他目前可用于投资的资金是40万美元，他的年收入在缴纳所得税后每年能存下1万美元，这样他就可以选择将现有的40万美元全部投资于较为保守的成长股，而把每年1万美元的新增存款用于购买风险更高、收益更大的初创型公司的股票。

但是，在所有的这些例子中，投资于较为保守的股票资金，其长期增值幅度必须要大到足以弥补投资于高风险、高收益股票所带来的损失。同时，如果选股得当，这些风险较高的股票可能大幅提高投资收益总额。如果发生这样的情况，同样值得注意的是，初创型高风险公司本身也在不断发展壮大，它们会变得成熟，一段时间之后就会变得不再带有之前那么高的风险，而且可能发展到吸引机构投资者开始购买其股票的地步。

小额投资者的问题有点儿麻烦。资金充足的投资者往往可以完全忽视股利回报的问题，动用所有的资金致力于取得最高的价值成长，他们在投资之后还是能从那些股票上获得足够的股利收入，以达到理想中的生活水平，或者说股利收入和别的常规收入加在一起也能让他们过上理想中的那种生活。但是，不管投资所获得的收益率多么高，绝大多数资金量较少的投资者无法靠投资回报来生活得舒服，因为他们持有的股票总量太少。所以，对于资金量较少的投资者，面对当期股利回报的问题时，通常必须在两种情况中做出选择：要么从现在开始每年有几百美元的收入，要么在未来的某一天，得到数倍于此的投资回报。

在对这件重要的事做出决策之前，小额投资者必须正视一个问题：用于投资普通股的资金必须是生活开支以外的闲置资金，这并不意味着把日常生活开销所需资金之外的钱都用于投资，除非特殊情况，他手头应该有几千美元的资金以备不时之需，以便在发生急病或一些意外紧急事故的时候充当其花费，留出这笔钱之后才能考虑购买普通股等具有风险的资产。同样的道理，打算花在某种特定用途上的资金，比如说送孩子上大学用的钱，就绝对不应该用于投资于股票这种风险型资产。把这些问题考虑充分之后才能投资于普通股。

这样，小额投资者对闲置资金的运用方式，就成了他在特殊处境下的一种个人选择，包括其他收入的多少和来源。年轻人、有子女或是有其他特别喜爱的继承人的中老年投资者们，可能愿意牺牲每个月30～40美元的股利收入，以图在15年后得到10倍于此的收入。另一方面，对于没有继承人的老年人而言，当然希望以最快的速度得到较多的收入。另外，那些常规收入比较少，而且有很重的财务负担的人，只得把全部精力都用于应付其当前的生活需要了。

然而，对于绝大多数的小额投资者而言，是否将短期内获得收入作为目标纯属个人问题，不同的小额投资者会有不同的心理动机和需求。我个人意见认为，短期内从股票投资上获得少量的税后额外收入，还是在未来几年获得很高的收入让子女富有起来，二者相比当然是后者有着明显的吸引力。其他人对这个问题的看法也许不尽相同。本书所讲述的投资程序都是适用于拥有较多资金的投资者，以及在这个问题上的看法与我一致的小额投资者，他们希望根据我所描述的原则找到合适的方法，从而实现在未来几年获得高收入的目标。

任何人投资时运用这些原则能否成功，取决于两个方面：一是运用这些原则的熟练程度；二是运气的好坏。目前这个时代，某个研究实验室明天可能就会有前所未有的重大发现，但这个实验室和你已经投资的公司并无关系；一些当下看起来和你投资的公司毫无关联的研究项目，也许在5年后让你投资的公司盈利增长3倍，或者减至现值的一半。所以，就任何一笔投资来说，运气好坏显然扮演着重要的角色。资金规模中等的投资者，相较于资金很少的投资者占有优势，道理便在这里。如果你能精挑细选几家公司，则运气好坏大致可以相互抵消。

不过，对于希望几年后获得较高收入，而不求马上获得最高回报的大额投资者和中小投资者，他们最好记住在过去的35年里，各种金融机构通过无数的研究得出的结论——购买提供高股利公司的普通股远不及购买低股利但注重增长和资产再投资公司股票的收益。据我所知，所有这些研究都表明了相同的趋势：在未来的5～10年内，成长型股票的资本增值幅度要高得多。

更令人吃惊是，同一时间段内，成长型股票通常会提高股利，虽然这些股票的股价已经有所上涨，股利跟上涨后的股价比起来，回报仍然偏低，但和当初仅仅根据收益率所挑选出的股票相比，这时它们的原始投资股利回报已经是比较高的了。换句话说，成长股不仅在资本增值方面体现出优势，而且在一定时间段内，随着公司的不断成长，股利回报同样也有着优异的表现。

第五章　什么时候买进股票

前面几章试图说明投资成功的核心在于知道应该如何找到未来几年每股收益能够大幅增长的少数股票。既然如此，那么有什么理由拿出时间和精力讨论这个主题之外的问题呢？什么时候买股的问题重要吗？投资者一旦确定他找出的股票是个好股票，那任何时候不都是很好的买入机会吗？这个问题的答案，一方面取决于投资者的投资目的，另一方面也跟他的性格有很大的关系。

让我们举例来说明。根据事后的认知，我们不妨来看近代金融史上的一些极端例子。如果在1929年夏，也就是美国历史上最严重的股市崩盘之前不久，精选几家优秀公司的股票并买入，一段时间内，这些股票也许会带来不错的收益。但是，如果投资者在25年之后再竭尽其所能挑出优秀公司，并且稍微花一点儿精力学习一下成长股买进时机的几个简单原则，则所买入的股票涨幅，将远远高过1929年夏买进的。

换句话说，如果买到了正确的股票，并且长时间持有，那么通常总会赚得一些利润，甚至说可以创造可观的利润。不过，如果要获得最大幅度的利润，也就是前面所说的那种惊人利润，那就必须考虑买卖时机的问题。

我觉得一些传统上选取买股时机的方法，表面上貌似有道理，实则愚不可及。按照传统的方法，投资者必须先搜集大量的经济材料，从这些资料中对企业的中短期景气状况做出一个判断。如果是比较老练的投资者，除了判断企业的景气度往往还会预测未来的资本利率情况。接下来，如果所有的预测都表明投资的整体环境没有出现较大的恶化，他们就会得出可以放手去买股票的结论。而在有些时候，投资环境会出现一些预示着暴风雨将来临的疑云，此时运用这种方法的人就会延缓买进股票或干脆取消买入计划。

我之所以反对这种方法，不是因为它在理论上不合理，而是目前可以用来预测未来经济趋势的知识不甚充足，还不可能将这种方法应用于实际操作。用它预测的正确率并不足够高，拿自己的储蓄去进行有风险的投资时，实在不适合以这种方法为依据。或许情况不会永远如此，说不定5年或10年内就可能出现重大改观。目前有些编程能力比较强的人正试图用电脑来建立一种错综复杂的、类似于“已知—求解”的分析模型，也许在未来某一天，人们可能会相当精确地掌握即将到来的经济趋势。

如果真的发生这种情况，普通股的投资方法或许会出现重大的革新。然而在那之前，我相信人们会像看待中世纪的炼金术一样看待如今用于预测经济趋势的方法，那时以炼金术为代表的化学如同今天的经济趋势预测一样，刚刚从一堆神秘的符咒中显现出一些基本的原理。然而，当时的那些炼金术原理并不是十分完善，还不能将它们作为行动的依据。

经济偶尔会如同1929年那样脱离正常轨道，对未来的投机热情达到空前的程度。即使以我们现在这样缺乏对经济进行预测的有效手段，也有可能非常准确地预测出即将发生的事情。不过我怀疑猜对的年头能不能超过1/10，而未来猜对的比率可能会更低。

大多数的投资者已经习惯于相信经济预测，可能已经开始过度地信任这种预测。如果是这样的话，那我建议他去看一下二次世界大战结束后任意一年的《商业金融年鉴》。事实上，即使他知道这些预测事后被证明是错的，去翻阅这些档案对他或许仍然会有所帮助。不管他看的是哪一年的《商业金融年鉴》，他都会找到很多表述知名经济和金融权威人士对未来经济状况展望的文章。由于这份刊物的编辑似乎在刻意将乐观和悲观的看法交织在一起，以便使整个刊物的态度显得不偏不倚，所以很容易在这份刊物中找到相反的预测意见。真正令人称奇的是，刊物里这些专家所持观点的分歧程度非常之大。更令人吃惊的是，有些论点论证有力，条理清晰，令人叹服，但后来的事实却证明它们是错的。

金融行业的人们一直都在试图根据随机和可能不完整的事实资料来推测未来的经济形势，而且在此之上花费了大量的努力，令人不禁想到一个问题：如果能够把这些努力中的一小部分用在可能更有实效的事情上，将会有什么样的成果呢？我在前面已经将预测经济趋势比作了炼金术时代的中世纪化学。然而，在一件显然没办法做好的事情上投入大量精力，这种行为或许也跟中世纪的情形颇为相似。

中世纪时期，大多数西方世界的居民都生活于一个物资严重匮乏、苦难深重的环境之中，那是因为人们把太多的精力都投入到徒劳无功的事情上。人们花费了很多精力用于争论“针尖上可以站多少个天使”这一问题，如果人们能够把用于讨论这种问题的精力腾出一半来用于思考和探索如何消除饥饿、疾病、贪婪，那么将会发生什么样的情况？如今的投资界人士花了很多精力来试图预测出未来的经济周期与形势，如果将其中一部分精力用在更有建设性的目标上，势必会得到更加令人欣喜的成就。

那么，如果有关展望近期经济形势的传统研究方法，不能让我们确定出最恰当的买入时机，那有什么办法能让我们做到这一点呢？答案在于成长型股票本身的特质。

虽有唠叨重复的嫌疑，但我们还得回顾一下前面章节说过的理想的投资对象所具备的特质。这类公司通常在技术方面走在行业前沿。

它们通过实验室开发各种新的产品和工艺，并通过初步的试验生产为全面进军市场做好铺垫。这些都需要花费一定的成本，这就在所难免地会耗损其他业务的利润。商业生产的早期阶段，为了生产足够数量的新产品以达到目标利润率，势必会增加额外的销售费用，这种额外销售费用甚至可能高于试验生产的花费。

从投资者的立场出发，有两件事情具有重要的意义：其一是新产品开发的时间进度不可能完全按照一个确定好的时间表来进行；其二即便是经营管理得最好的企业，也有项目开发失败的时候，公司的整个经营成本中必须包括这部分的花费。如果拿体育比赛作比喻，就算是棒球联盟中最杰出的冠军球队也有输掉比赛的时候。

谈到购买普通股的买入时机，在开发新工艺方面最值得密切关注的地方，就在于企业全面进行商业化生产的工厂何时开始投入生产。即使是采用原有工艺或生产原有产品的新工厂，其试生产的时间可能也要6～8个星期，并且花费相当不菲。至少要花这么长的时间才能将设备调试到理想中的运转效率，并消除一些原来不曾察觉的弊病；现代化设备往往是错综复杂的，不经试运行很容易产生各种各样的弊病。如果工厂所采取的工艺是一种革命性的新工艺，则试产期所需要花费的时间，可能会比公司中最保守的工程师所估计的时间还要长很多。等到生产方面的问题终于得到解决的时候，不胜其烦的持股人还是无法在短期内立即获得利润。他们还需要再等好几个月，因为公司必须将原有产品线上的一部分利润用于开启针对新产品的营销攻势，以便让新产品被市场所接受。

正在做出上述努力的公司，其原有产品的营业收入可能仍在继续增长，使得一般的普通持股者发现不了利润的流失。不过，现实中的情况往往与此相反。一家经营良好的公司，它的实验室正在研发一项好的新产品的消息一经传出，如饥似渴的买家就会蜂拥而至，从而将公司的股价推升至新的高位。试生产工厂运转成功的消息传出后，股价则涨得更高。很少人会想到一个比喻：正在运转的试生产工厂，就像在崎岖的乡间小路上以10公里的时速开着的车，而正式步入量产阶段的工厂，则犹如一辆在同样的道路上以100公里的时速开着的车。

之后月复一月的生产过程中，商业化量产的工厂遇到的诸多困难慢慢都显现出来，各种超乎预期之外的费用支出使得每股利润大幅下滑，工厂运转陷入困境的消息此时传播开来，没有人能确定问题什么时候可以解决。原来如饥似渴地买进的人变得悲观失望，从而大量卖出股票，使得股价下跌。这段困难期持续得越久，股价跌得越多。最后，工厂终于步入顺畅运营的好消息出现了，股价在此利好消息的刺激下连续反弹几天，但是接下来的一个季度里，额外的销售费用导致净利润进一步下滑，股价应声跌到几年来的最低价位，而此时公司管理层犯下经营错误的消息也会在整个金融界传得人尽皆知。

当股票处于这个价位的时候，也许你感觉它很值得买进。一旦在营销方面的巨大努力营造出了足够的销售量，而且工厂凭此获得了利润，那么接下来只要使用正常的销售努力往往就足以推动营业收入上升好多年。因为使用的是相同的技术，第二座、第三座、第四座、第五座厂房可以以同样的方法立即建设起来，而且不必承担建设第一座工厂时那冗长的试生产期间发生的额外花费。到了第五座工厂能够正常运转的时候，公司规模已经相当的壮大，业务如日中天。此时，另外一种新产品的问世也可以按照同样的套路如法炮制，然而，此时公司的整体净利润不会因此受到拖累，公司股价也不会出现第一次那样的下跌走势。投资者已经在正确的时机进行了投资，并且能够在未来享受好几年的高增长。

在本书的第一版中，我用了以下的文字描述这类机会，我使用的例子是当时刚刚发生的实例。

“就在1954年国会选举前夕，一些投资基金充分利用当时的形势。在那之前好几年内，美国氰胺公司(American Cyanamid)在市场上的市盈率要远低于其他大多数的大型化学品公司。我想这是因为当时的金融界普遍认为，虽然该公司的利达(Lederle)业务部是全球最优秀的制药组织之一，但这家公司同时具有规模较大的工业和农业化学部门，这些纷乱的业务部构成一个大杂烩，使得整体费用支出沉重，效率低下，这种情况是在经济景气度极高的20年代股市并购热潮所造成的。一般人都会认为这家公司不具备理想投资对象的特质。

“但是大多数人忽视了一个事实，这就是新上任的管理层稳健而不张扬地缩减着生产成本、裁汰冗员并精简组织机构。人们注意到的只是这家公司竟然在路易斯安纳州的霍提尔(Fortier)花费巨资修建了一座非常大型的有机化学新工厂，这个手笔相对于它的公司规模而言无疑是一次豪赌。这座厂房的工程设计非常复杂，以至公司比原计划滞后了好几个月才达到收支平衡点，当然，这也没什么奇怪的。但是，霍提尔新工厂的问题仍然存在，这对于备受关注的美国氰胺股票无疑是雪上加霜。在这个时期，前面所提到的那些投资基金认为此股票已经到了买点，便以45.75美元的平均价位大举买进。该股票于1957年以2：1的比例拆股之后，价格变为每股22.875美元左右。

“此后又发生了什么？经过一段较长的时间，这家公司在采取了各种耗费巨资的经营措施之后，终于从1954年开始在霍提尔工厂的经营中获利。普通股每股收益从1954年的1.48美元，上升到了1956年的2.10美元，并且有望在1957年再略微提升一些，而此时的大部分化学类企业(不是制药业)的利润都已不如往年。至少同样重要的是，华尔街已经看清楚美国氰胺的工业和农业化学这两个业务部门是值得机构投资者投资的。这样，这只股票的市盈率发生了显著的改观。在不到3年的时间里，利润增长了37%，公司市值增加了大约85%。”

在我写下这些文字之后，金融界对美国氰胺公司的评价逐渐提高，而且这种情况仍有持续下去的势头。1959年的每股收益有希望超过1957年时每股2.42美元的历史最高纪录，该股票的市场价格稳步提高，目前股价格已达60美元，也就是说从本书第一版推荐买进这只股票时算起，该股5年内利润增加了大约70%，总市值上升了163%。

非常高兴能以这种快乐的口吻结束对美国氰胺公司的探讨。不过，在本书修订版的前言中，我曾经说到本书的修订版要做诚恳的记录，而不是只记录到目前为止看起来最有利的情况。你可能还记得在本书第一版中我提到过1954年“某些基金”曾买入美国氰胺公司的股票，这些基金已经不再持有这只股票，它们在1959年春以大概49美元左右的平均价格卖出了该股，这个价格当然是远低于目前的市场价格，但它们仍然大概有110%的利润。

这种获利的规模和卖出决定并无任何关系。这种卖出决策的背后有两个动机，一是从长期角度来看，另外一家公司的发展貌似更好。在下一章的讨论中，你会发现这是一个令人信服的原因。尽管还没有足够的时间来提供充足的证据并形成结论，但就目前情况而言，比较两只股票的市场价格就会觉得卖出行为似乎是正确的。

然而，改变投资决定的背后还有第二个动机，事后看来这个动机也比较缺乏说服力，这就是相对于同行业里最出色的企业而言，美国氰胺的化学(相比它的制药)业务并没有如同希望中的那样在扩大利润和建立可获利的新生产线方面取得长足的进步。除了这些因素叫人心生疑惑之外，该公司还企图打入竞争极为激烈的纺织业中的丙烯酸纤维市场，这项业务的前景非常不明朗，而且可能增加很多成本。这种想法或许是正确的，但事后来看可能仍然是个错误的投资决策，因为利达制药业务部的发展前景更加明朗。在卖出股票之后，它的远景就更加地清楚。从中期来看，利达的获利能力有可能进一步飞跃，这主要是因为:①它推出了一种市场前景非常好的新型抗生素;②口服“天然”小儿麻痹疫苗在不久的将来有望出现巨大的市场需求，而在这个领域，这家公司是市场领导者。这些情况使得局势变得错综复杂，只有将来才能看清楚抛售美国氰胺股票是不是一个正确的投资决定。因为回顾起来可发现，在研究中出现错误的几率要比获得成功的几率更多，我即使有出言狂妄的嫌疑，还是建议那些真正有志于丰富自己投资技巧的人把上面几段话标注出来，在看完下一章“什么时候卖出，什么时候不卖出”之后，再重新看看这几段。

接下来我再举一个时间上离现在比较近的例子，以便描述本书第一版中提到的这类买入机会。

“1957年下半年，发生在食品机械化学公司(Food Machinery and Chemical Corporation)的情况有些类似。一些大型机构投资者看好这只股票已经有一段时间了，但是似乎更多的人觉得，虽然他们对这只股票有兴趣，但必须看到有利于说明股价即将上涨的证据，才会真的去买入股票。如果想了解为什么人们会抱有这种态度，就得回顾一下当年的背景环境。

“第二次世界大战以前，这家公司只是生产各类机械类产品。由于出色的经营管理和工程开发设计，食品机械公司成了战前获利最为可观的投资对象之一。该公司在战争期间，除了制造其最为擅长的军用机械产品之外，还建立起了多元化的化学工业。这家公司这么做的原因是希望通过生产消费性产品，从而缓解机械事业在行业生命周期中的衰退期里的不利态势。因为公司已经在机械和军需品业务方面做得十分成功，所以可以将类似的研究方式用在消费品的生产上，消费性产品的销售能够持续扩张很多年。

“到了1952年，食品机械公司收购了另外四家公司，改成四个(现在是五个)事业部。把军需品部门加进去，合起来的销售额略低于总销售额的一半，如果只考虑正常的非国防事业，则略高于一半。收购之前和之后的几年之内，这些化学业务部门的改变非常大，其中之一在某个迅速增长的细分行业居于市场领导者的地位，具备极高的利润率和业界领先的技术能力；另一个被收购后仍是生产设施老旧、利润率低、员工情绪低落。客观地讲，这几个化学业务部门和真正在化学行业处于市场领导者地位的公司还是有很大距离的。这几家被收购对象中，有些是生产中间产品，但不生产基本原材料，有些则是生产很多种低利润原材料，但并不运用这些原材料生产利润率较高的产品。

“金融行业的人们根据所有这些情况做出一些十分肯定的结论。机械业务部每年在国内的增长率是9%～10%（和整个化学行业水平相当），它已经在年复一年的经营中证明了它们有能力设计并销售创意十足、具备极高商业价值的产品，并且在各自的细分行业建成了成本最低的工厂，这都说明这家公司可以获得最高的投资评价。但是，在化学业务部创出更高的整体利润并展现出其他内在价值之前，几乎没有人愿意投资于这家公司。

“与此同时，公司管理层也在积极设法解决这个问题。他们做了哪些事呢？他们首先采取的行动是通过内部提拔和对外招募建立起高级管理层团队，这一新团队将资金投入到旧工厂的现代化、筹建新厂以及进行新的实验和研究发展上。如果不在厂房支出方面进行一些常规化的资本投入，根本就不可能在不提高目前支出水平的情况下进行大规模的生产现代化和生产扩张计划。1955年、1956年、1957年异常的费用支出并没有降低那段时间化学业务方面的利润，这颇令人称奇。利润的稳定，明确地说明了公司过去所做的举措是很有价值的。

“在任何情况下，如果计划制订得当，则已经完成的工作形成的累积利润效果，迟早会超过那些所花费的异常支出。如果1956　年的研究费用支出没有比1955年的水平高出大约50%，那么就很有可能使利润超过成本支出。1955年，化学业务方面的研究费用支出也不是远低于业界的平均水平，机械业务部门的研究费用支出则远高于业界平均水平。虽然公司的研究费用支出连续处于较高的水平，但1957年下半年，利润仍然有望出现爆发性增长。年中的时候，该公司处于西弗吉尼亚州南查尔斯顿(South Charleston)的现代化氯制品工厂原本预计可以投入生产，虽然出现了预料之外的麻烦和一些化学行业常见的意外，但是这家公司的其他一些现代化改造和生产扩张计划大多已经完成，使得1958年第一季度的利润有望出现爆发性增长。

“我猜测在该公司利润改善、化学业务利润出现增长并在一段时间内持续上升之前，广大机构投资者往往不能预见到表面情况下的深层动态，大多都不会买入这只股票。如果真的如我所想，就像1958年和1959年情况明朗之后那样，在这一时期金融界人士的看法就会发生改变，认识到公司的基本面在几年前就已经开始大幅改善了。届时股票价格会出现上涨，原因之一是每股利润出现攀升，更重要的原因是投资者普遍都会重新定义这家公司的内在价值，使得公司市盈率出现改变，股价有望出现几年的持续上涨。”

我相信，过去两年的记录能够明显地证实上文的说法是正确的。广大投资者首次普遍意识到表面情况下的深层次状况，也许是在经济情况萧条的1958年，这一年几乎化学和机械行业所有公司的利润都大幅度衰减，食品机械公司财务报表中的每股利润却达到创历史新高的2.39美元，这一数据高于前几年总体经济形势更好时的平均水平。人们认为公司化学业务部门的利润终于达到了能与机械业务部门旗鼓相当的地步，它不再是微不足道的投资，而是非常理想的投资。尽管写下本书的时候该公司1959年全年的利润数据未曾公布，但是1959年前9个月的获利能力与1958年同期相比急剧增长，这进一步说明了化学业务部门长期以来的组织结构调整终于显现出了效果，并且收获颇丰。同时军需用品业务部的主要产品——装甲车和轻型两栖坦克，之前是用钢铁生产的，现在转为用铝制品生产，这样坦克就可以用降落伞投放，1959年的利润也因此出现了很大增幅。就过去不久的情况和不远的将来而言，军需用品业务部门虽然对公司1959年的总利润没有重大贡献，但是一个重要的全新获利高峰已经显现出来。

金融市场对所有这些情况有什么反应？1957年9月底本书第一版完成之时，这只股票的价格是25.25美元，如今股价已经升至51美元，涨幅高达102%。整体情况正如我在第一版中所言，金融界“认识到了公司基本面在几年前就已经开始改善”。事实证明此言非虚。

其他一些时间也证明了这个趋势。1959年，麦格劳·希尔出版公司

(McGraw-Hill Publications)开始了一样新的工作，他们决定每年评出一个化学业杰出管理成就奖。为了决定这一荣誉第一年的得主，他们选择了十名声望卓著、知识渊博的专家组成评审小组，其中四人来自知名大学企业管理研究所，三人来自持有大量化学板块股票的大型投资机构，另三人是著名化学行业顾问公司的高级管理者。有22家公司获得提名，其中14家公司最终提交评审。有些化学行业巨头公司的管理层出于某些理由一直受到华尔街的极力推崇，但这个管理成就奖并没有办法给这些行业巨头，而是由食品机械化学公司的化学业务部门获此殊荣，而仅仅两年前，大多数机构投资者还认为这家公司不是一个理想的投资对象，许多机构投资者之后仍然持此观点！

对长期投资来说，为什么这种事情那么重要？首先，它能够确保不论整体经济态势如何，这样一家公司未来的利润都会保持好几年的持续增长。如果行业内一家公司没有专门的研究部门、无法持续地开发出高价值的新产品，那么消息灵通的化学行业人士是不会把这一奖项授给这样一家公司的。第二，这一奖项可以让获奖公司在投资界留下好印象。正如我在本书第一版中对这家公司下结论时提到的，利润的上升对股价产生正面影响，加上每一美元的收益受金融市场重视的程度与日俱增，对投资者而言，再也没有其他事比这更值得向往的了。

除了新产品的推出和复杂的工厂正式开始运营，其他一些事情可能预示着买进优秀公司股票的良机已经来临。举例来说，美国中西部有一家电子公司向来以劳资关系融洽著称，然而其规模成长到一定程度时就不得不调整对待员工的方式。不幸的是，人员之间的相互影响导致了劳资关系出现摩擦、怠工与罢工、生产士气低落等情况，而这家公司前不久才因劳资关系良好、生产效率高而受到普遍好评。此时该公司正在探索一个新产品的潜在市场，进行此项工作时公司犯下了一个平日里几乎根本不会犯的错误，结果导致公司利润急剧下挫，股价也同时下跌。

一个非常能干和才智卓越的管理层马上着手拟订计划改善这种状

况。虽然计划几个星期内就能完成，但从付诸实施到产生效果所需要的时间远不止于此。当这些计划的成果开始反映到利润上时，股价会到达一个我们称之为买点A的价位，但所有的效果都充分体现到利润报表上则需花大约一年半的时间。这段时间快结束的时候，公司发生了第二次罢工，解决这次罢工的问题是公司恢复竞争效率的最后一个关键步骤。这次罢工持续的时间并不长，尽管如此，发生此次短暂且损失不大的罢工消息传到金融界，有流言说该公司的劳资纠纷愈演愈烈，虽然公司高管大量买进本公司的股票，但股价仍持续下跌，尽管股价下跌的时间并不长。从交易时机的角度来说，这又是一个正确的买入机会，我们可称之为买点B。愿意深入去研究公司到底发生了什么事的人，可以在便宜的价格买到股价会上涨好几年的股票。

我们来看一下如果投资者分别在买点A和买点B买进股票，有望获得多大的利润？我不打算使用最低价格来衡量，只要看看每个月的价格范围表，就可看出在这两个买点附近股价曾跌到什么样的价位。这是因为在价格的最低点，股票的成交量只有几百股。投资者如果买在了最低点，那么更多的是出于运气的因素。相反，我在一个例子中使用稍微高于最低价位的价格，在另一个例子中使用高于最低价位几美元的价格，两个价位都有几千股的成交量，我只使用那些重视实际研究的人能够买得到的价格来进行说明。

在买点A，这只股票在短短几个月内便从之前的高点下跌了约24%。如果在此时买入，则股票的市场价值会在一年内增加55%～60%。接下来的罢工潮带来了买点B，股价下跌了大约20%。奇怪的是，罢工结束后股价还在那个价位上盘桓了几个星期之久。此时一家大型投资信托公司的一位优秀员工对我说，他认为这时的情势再好不过了，他十拿九稳地认为接下来股价必然会出现上涨。不过他没有向他所在的公司财务委员会推荐买入这只股票，他说委员会的一些成员一定会向华尔街的朋友查证情况，最后不仅会驳回他的建议，还会指责他害得大家在一家管理松散、劳资关系毫无改善希望的公司上浪费时间!

当几个月后我写下这段文字之时，这只股票的价格已经从买点B上涨了50%，同时意味着比买点A涨了90%以上。更重要的是，这家公司的前景一片光明，无论从哪个角度来看，你都会觉得这家公司在未来几年将出现很高的成长率，就像那短暂而突如其来的、催生出了买点A和B的利空消息出现之前的几年情况那样，凡是在买点A和买点B买入股票的人，都在正确的时机选择了正确的公司。

简而言之，投资者应该买入的公司，是那些在非常能干的管理层领导下运营的公司。尽管他们所做的一些事情最终是要失败的，也有一些事情在最终获得成功之前会遇到预料之外的麻烦，但投资者心里一定要清楚地知道，这些问题都只是暂时的，不会永远存在。如果这些问题的出现导致股价大幅下挫，但仍然可以在几个月内好转起来，而不是说要低迷好几年，那么可以认为在这个时候买入股票是非常安全的。

并不是所有的买点都出现在公司经营出问题的时候。在某些行业，比如化学行业，需要投入大量的资金才能创造一美元的销售额，有时候会出现另一种买入机会。这种情况下的数学运算方式是这样的：建设一座新厂或几座工厂需要花费1000万美元才能盖好，这些厂房全面运转之后一两年内，公司的工程师前往现场详细检讨，建议再支出150万美元。他们指出，总资本投资增加15%，工厂的产量将比以前的产能提高40%。

很明显可以看出，既然新工厂已经开始获利，产量增加了40%，销售成本也只增加了15%，而且几乎没有增加额外的经常性费用，那么出现40%的产量增加将使利润率变得更高。如果公司的这个项目规模很大，足以影响公司的整体利润，那么在公司的获利能力提升反映到股票的市场价格之前购买这家公司的股票，同样是在正确的时间买到了正确的公司。

上述所举例子有什么共同点？那就是好的投资标的都具有这样的特点：利润即将大幅改善，但对利润增加的预期还没有造成公司股票价格的大幅拉升。我相信，这样的情况出现时，就是这些适合于投资的公司处于好买点的时候。相反，如果这样的事暂时不会发生，但只要买入的是一家优秀的公司，投资者从长线而言仍能赚到利润。不过，这样的话他最好多一点儿耐心，因为获利所需的时间要更长一些，而且和最初的投资金额相比，获利率远不如我们前面描述的那种。

我认为，如果在比较长的一段时期内，投资者手中所持有的股票都是精挑细选出来的好股，那么对这种风险就可以完全忽略。如果这些持股都是正确挑选出来的，这些股票在经济萧条来临之时应该已经有比较大的上涨利润。但是现在，或许是因为他认为手上持有的某种证券应该卖出，或者由于拿到了一笔新的资金，有钱购买新的股票，除非遇上股票市场中出现大量投机性购买、市场热情高涨的奇怪年份，或者是连续出现重大的经济风暴来临的信号(就像1928年和1929年时的情形)，我相信投资者应该忽略对整体经济态势或股市趋势的一切猜测，一旦出现合适的买进机会，就应该投入适当的资金买入股票。

投资者不应该去猜测整体经济或股市未来的发展方向，而应该发挥判断能力来较为准确地判断出他想买入的公司相对于整体经济会出现怎样的表现，这样从一开始他就具备了两个优势，首先，他把赌注压在了十分了解的事情上，而不是放在主要靠猜测的事情上。此外，他只根据买入法则而买入那些中短期获利能力出于某种理由将大幅提升的公司，这是他所得到的第二种支撑力量。如果经济保持良好的运行态势，则公司新显现出的获利能力最终会得到市场肯定之时，他所持有的股票会比一般股票涨得多一些。万一运气不好，在大盘下跌之前不久买入了股票，这种新的获利能力也能阻止他的股票像其他股票一样出现大跌。

但是，大多数投资者的处境并不乐观，因为他们手中的股票并不是精挑细选出来的，也不是以低于目前的价格买入的。也许这是他们第一次用资金进行投资，或许他们以投资组合的形式持有债券和相对静态的非成长型股票，他们想在一段时间之后将这种投资组合转化为能带来更多收益的股票。如果这类投资者拿到了新的资金，或是在长期的经济繁荣和多年的股价上涨之后，想要转向投资成长股，那么他们可以忽视可能出现经济萧条的风险吗？如果后来他们发现自己全部或大部分的资金在长期上涨后的高点，或是在大跌之前不久买进，那么他们将一筹莫展。

这就产生了一个问题，但是解决这个问题的方法并不是特别困难——跟股市中很多其他的有关事情一样，只要多花点儿耐心就可以解决。我相信这类投资者一旦确信找到了一只或多只适合买入的普通股，就应该开始买入。然而，买入股票之后，进一步加仓买入的时机把握是值得思考的。他们应该认真做好计划，几年之后，再将最后一部分可投资金投入进去，这样做即使市场在这段时间内出现了巨大的下跌，他们仍能保持一定的购买力，从而在跌势的底部趁机买进。如果股价没有出现下跌，而且先前买入的股票选得比较恰当，那么至少手中持有了一些涨幅可观的股票。这样他们就有缓冲的安全垫，真是遇上最糟的事情——也就是在最后一部分资金投入之后股价碰巧出现暴跌，即使先前买入的股票上涨所带来的利润不能完全弥补新买入股票的损失，至少也能抵消一部分。这样，投资所用的本金便不会出现严重的损失。

投资表现尚不如意的投资者，以及有足够资金可以再买入股票的投资者都应该这么做，这对他们来说很重要。此类投资者在用完自己的所有资金之前，有机会以实际行动来证明他们自己或他们的投资顾问擅长以合理的效率来运用各种投资技巧。要是仍不能取得满意的投资业绩，那么投资者就得修改自己的投资技巧，或者寻找其他专业人士替他理财，避免自己的资金全部损失。

所有类型的普通股投资者，大概都在心中保持着一个基本的想法，而且金融界也有类似的忧虑，这就是担心会发生经济衰退，从而使得很多有价值的投资活动失去原本应有的价值。在20世纪中叶，当前的经济态势只不过是影响股市的五种强大力量中的一种。所有这些力量，有的是通过影响大众心理来影响股价，有的是直接通过经济体系的运行来对整体股价水平产生重大影响。

另外四种影响股市的力量分别是利率趋势、政府对投资和私人企业的整体态度、通货膨胀的长期趋势，以及——或许是所有力量中最重要的一种——新发明和新技术对传统行业的影响力。这几种力量很少在同一时间把股价往同一个方向拉动，而且其中没有任何一种力量的重要性就长期而言总是远高于其他种类的力量。这些影响力是非常复杂和多样化的，看上去似乎风险最高的做法却是最安全的做法。当你认为一家公司值得投资时就放手去做，不要因为猜测而出现恐惧或贪婪的情绪，或者由于猜测而妄下结论，止步不前。

第六章　什么时候卖出，什么时候不要卖出

投资者决定卖出普通股的时候总是有很多听上去很合理的理由。他可能是要盖一栋新房子，或是给自己准备创业的儿子筹备资金。从追求幸福生活的角度来说，出于类似的理由而卖出普通股都是合情合理的。然而，在这些情况下卖出持仓的股票都是出于个人的动机，而不是出于金融操作方面的考虑，这就超出了本书的讨论范畴。在本书中所谈到的卖出理由仅是为了一个目标——那就是运用可用的投资资金取得最大的利益而卖出股票。

我相信，有三个理由，而且仅有三个理由，足以让投资者卖出根据前文所阐述过的投资原则所选出并买入的普通股。第一个理由对任何人来说都很明显，那就是最初的买入行为就是一个错误，而且当下盈利的情况越来越清楚地表明，所买入公司的实际情况并不像原先所想象的那么优秀。想要恰当地处理这种问题，主要是靠对情绪的控制。从某种意义上来说，也取决于投资者能不能坦诚地面对自己。

对普通股的投资有两个重要的特点，其一是如果处理得法，它能带来丰厚的利润；其二是若想把普通股投资做好，就必须有高超的技能、知识以及判断力。由于获得这些如梦似幻的利润的过程极为复杂，所以买入股票的过程中难免会犯下这样或那样的错误。好在从那些真正优秀的普通股中所获得的利润应该足够弥补正常犯错所造成的损失，弥补损失之后仍然应该有很大的涨幅。如果能够及早认识到所犯错误就会更

好。若能及早发现错误，那么损失的幅度也应会远低于买入错误的股票后长期持股所造成的损失。更重要的是，这样可以将被困在不利状况中的资金盘活，并将其用于购买其他精心挑选出来的好股票，从而带来较多的利润。

然而，有个很复杂的因素，使得对投资失误的处理更加困难。这种困难源于我们每个人的自尊心，没有人喜欢承认自己犯下的错误。如果我们买入股票时犯了错误，但卖出时能获得一点点利润，就不会觉得自己当初的买入是错的。相反，如果卖出时有小的损失，我们对整个操作过程就会相当的不满意。这种反应其实是人之常情，但在操作中却可能十分危险，因为它会让我们在整个投资过程中任性妄为。投资者死守一只本来不想再持有的股票，只因为希望有一天能够“至少回本”，却因此损失了更多的资金，这种赔钱的理由投资中可能多于其他任何一种赔钱的理由。如果在认识到发生错误时能够果断处理，认赔卖出，腾出资金转而投资于更合适的股票，并且获得相应的利润，这么算下来失去机会的成本更高。

此外，不愿意承担损失，即便是小的损失也不愿承担，这虽然是人的本性却不合逻辑。如果投资于普通股的真正目标是在几年内获得数倍于本金的利润，那么20%的损失和5%的利润之间的差距就显得不那么重要。真正重要的并不是会不会偶尔发生损失，而是投资者是不是经常没能赚得可观的利润，如果真是这样，投资者或他的投资顾问的理财能力一定会遭到质疑。

虽然投资者不该因为亏损而强烈地自责或出现情绪失控，但也不应该完全漠然视之。投资中若发生亏损就应该仔细审视，以便从每次的错误中获得教训。如果能透彻地了解在买入普通股时出现判断失误的成因，投资者就不会在下一次的投资行为中因为同样的原因而再次犯错。

我们现在来谈一下根据第二章和第三章所讲述的投资原则所买入的普通股何时应该卖出的第二个理由。如果一家公司的基本面情况随着时间的推移而发生变化，与第三章所述的十五个原则的契合度不再那么高，这时就应该卖出此公司的股票。这也是投资者必须时刻提高警惕的原因，也说明为什么持有一家公司的股票时，密切留意该公司相关情况的发展是多么的重要。

一家公司的经营状况走下坡路往往出于两种原因，要么是公司管理层的松懈退化，要么是该公司的产品不再像从前那样拥有一个有望逐步扩大的市场。有些时候管理层的退化是因为经营的成功冲昏了一个或多个重要管理人员的头脑，沾沾自喜和懒惰松懈取代了之前的干劲和创造力。发生这种情况的原因，通常是因为新的高级管理层不能达到他们的前任所设置的绩效标准，他们既没有继续奉行那些曾经让公司经营得十分出色的政策，也没有能力提出新的政策让公司的经营持续向好。一旦发生这样的事情，不管股市总体情况看起来有多好，或资本收益税有多高，都应该马上卖出该公司的股票。

同样地，有些时候一家公司经历多年来的惊人成长之后，到达了一个瓶颈阶段，此时继续成长的可能性几近枯竭。此后这家公司只能保持和行业内同类公司齐平的发展势头，增长率只能是和全国的经济增长率保持同步。这种变化可能不是源于管理层退化，很多公司的管理层非常擅长在行业内开发相关或近似的产品，以便充分利用所在行业的发展机会。但是，他们通常不会进入一个不相干的行业，因为他们根本没有任何独特优势可言。因此，如果一家公司在一个新型的成长性行业中连续多年有非常成功的表现，但在时过境迁之下，市场成长潜力几近枯竭，其股票无法再达到我们时常提到的十五个原则的要求时，就应该果断卖出。

如果真的发生了这种情况，那么和管理层退化的速度相比，卖出行动或许可以稍微放得缓一些，其中一部分的持仓可以保留直到找到更合适的投资对象再行卖出。然而，无论如何都不能再将这家公司视为合适的投资标的。至于资本收益税，不管税金有多高，都不能让它作为阻止你调仓换股的理由，因为换股买入新股票之后，新股票未来几年的成长情况也许会跟被换掉的股票从前的表现一样出色。

谈及公司未来会不会出现预期中的进一步增长和是否不再适合投资的问题时，有个办法可以对其进行检测。投资者要问一下自己，在下一个经济周期的顶部到来之时，不管此前会发生什么事，这家公司的每股利润(需将股利因素和股票拆分算入其中，但不必考虑用于筹措新增资本的发行新股)和目前的水平相比较，其增幅是不是至少和上一个已知的经济周期高峰期到目前水平的增幅一样大？如果答案是肯定的，也许该股票就应继续持有；如果答案是否定的，或许就应该卖出。

如果当初买入股票时是按照正确的原则买入的，因为第三个理由而卖出股票的情况则会极少出现，而且只有在投资者非常有把握的情况下才能执行卖出行动。这个理由之所以存在，是因为好的投资机会往往是千载难逢的。从买卖时机的角度，这种机会很少在刚好获得可供投资的资金时可以找到。如果投资者拥有一笔可供长期投资的资金，并且找到一只值得投资的股票，那么就很有可能把一部分资金或是全部资金，投入这家他觉得成长潜力非常广阔、管理非常优秀的公司。不过和之后发现的一些似乎更有吸引力的公司相比，这家公司的平均年度成长率相形见绌。在其他一些重要的因素上，目前持有的这家公司的股票，相比之下也缺乏吸引力。

如果证据十分明显，并且投资者对自己的判断有十足的把握，则卖出原有持仓并买入发展前景可能更好的股票，所带来的收益即使扣除资本利得税之后可能仍然非常可观。如果一家公司长时间内平均每年保持12%的增长率，对持股人的财富增长虽然也是很好，但与平均每年增长20%的公司相比，投资者则应该不怕麻烦，也不必为资本利得税的问题而忧心，坚决执行换股操作。

但是，如果投资者随时准备卖出持仓的某只普通股，希望把资金投向更好的股票，我对此做法持谨慎态度。在决策过程中往往会误判某些重要因素，这种风险时刻存在。如果发生这种误判，那么换股操作很可能达不到预期的效果。相反，警觉的投资者如果持续持有某只股票一段时间，一般就会熟悉它的优势、劣势。所以，为了将资金转向更好的股票而卖出一只令人相当满意的股票的做法，我们要对此慎之又慎，有必要谨慎而准确地评估整个形势中的所有影响因素。

说到这里，眼光独到的读者可能已经看出了一个基本的投资原则，这个原则似乎也只有极少数成功的投资者才能够了解：某只股票如果是精挑细选出来的，而且经历过时间的考验，则很少能够找到卖出它的理由。可是金融界总是会不断提出推荐和评论，给出各种卖出优秀普通股的各种理由。这些理由真的是正确的吗？

最常见的理由是相信在可预见的将来，整体股市在一定程度上会出现某种幅度的下跌。我曾在前面一章中说过，如果由于担心大盘出现整体性下跌而推迟购买有吸引力的股票，那么从长期的情况来看，这种做法将会损失惨重，因为投资者忽视了影响走势的诸多力量中的较强因素，反而担心其中的较弱因素；而其中的较强因素是依靠自己的知识能做出明确判断的，较弱因素大致上却只能依赖于猜测。我们在买入值得投资的普通股时，不应该因为担心熊市的来临而受到过多的影响。如果这个论点是正确的，那么不能因为害怕熊市而卖出优秀的股票就更加有道理了。前一章提到的所有论点也同样适用于此。此外，考虑到资本利得税的因素，投资者正确卖出所持优秀股票的概率则进一步降低。优秀的股票在持有若干年后将会产生很大的利润，资本利得税将使出售持股的成本显得更为沉重。

还有一个代价更为昂贵的理由，可以说明为什么投资者绝对不应该因为担心整体市场可能出现熊市而抛售手中优秀的股票。如果最初所选的股票的确很好，那么出现下一次牛市的时候，这只股票一定会创出新的股价高点，且远高于迄今为止的最高点。投资者如何知道什么时候应该买回股票呢？理论上，应该在下跌出现之后将其买回。但是，这种说法的前提是投资者知道跌势在什么时候结束。我见过许多投资者因为担心将来大盘出现熊市而抛售了将在未来几年有巨大涨幅的股票，结果是熊市往往没有预期而至，整个大盘却一路高歌猛进。如果熊市真的来临，我几乎没发现过多少投资者能够在当初的卖价以下买回当初卖出的股票，这样的投资者不足1/10。通常来说，他们要么是在苦苦等待股价跌得更多，要么是股价的确继续下跌，但他们却在担心会发生一些别的事情来阻碍股价的回升，因此一直没有将股票买回。

这就让我们见到了另一种常见的思维方式，使得本性淳朴但投资经验尚浅的投资者错过未来获得庞大利润的机会。这种思维方式就是一只优秀的股票价格涨幅过大，因此应该将其卖出。还有什么比这种说法更有道理吗？如果一只股票的价格过高，为什么要坚持持股而不是将其卖出呢？

在草率地得出结论前，我们要深入地探讨一下这种说法的正确性。价格到底多高才算是过高？我们到底应该如何操作？任何真正优秀的股票其价格与市盈率，都会稍高于那些获利能力稳定但尚未出现获利能力提升趋势的股票。毕竟，要想参与分享企业持续成长所带来的利益，显然需要付出得更多一些。我们在说某只股票的价格过高时，指的可能是它的股价相对于其预期获利能力高于我们预期其应有的水平；也可能我们的意思是，它的市盈率高于发展潜力与其类似的同行业公司。

这些说法都在试图以超出可能范围的精确度来衡量一些东西，实际上我们不能做到。投资者不能准确地确定出一家公司两年后的每股收益是多少，他顶多只能用一些定性的描述而不是做出定量的衡量，判断这些事情时他只能说“大致相同”“略有上涨”“上涨很多”“大幅上涨”等。其实，公司的高级管理人员也无法描述得比他们精确多少，要判断几年后每股利润会不会出现大幅上升，他们和普通投资者能做的基本类似。但是，具体到增加多少，或者说到底什么时候会出现这种增幅，通常就包含了很多的猜测。

在这种情况下，人们应该怎样判断一家飞速成长的优秀公司股价是否过高呢？假设目前某只股票的市盈率不是通常的25倍，而是35倍，该公司也许在近期推出新产品，但金融界人士还无法知晓这种新产品真正的市场价值，或许公司并没有这样的新产品，但是公司的成长性很高，10 年之后，这家公司的规模将达到当前规模的4倍，那么目前的股价是否被高估了35%还有那么重要吗？真正需要注意的是，不要轻易卖出未来价值将出现大幅提高的股票。

我们的老朋友——资本利得税的身影再一次显现在这个结论之中。成长型股票之所以被人认为价格过高而建议卖出，部分原因是因为在出售时持股人必须按规定缴纳金额很大的资本利得税。因此，如果卖出股票，除了会失去这家公司的股票，从而使我们无法在未来的几年继续分享其较高的成长，而且还必须缴纳很大一笔税赋。如果坚定相信这只股票的价格可能在一定时期内还能继续上涨，不是更为安全并且省钱吗？我们在所投资的那只股票上可以赚得更可观的利润。如果股价在一段时间内发生下跌，比如说比目前的市场价格下跌了35%，这又算是什么严重的事情吗？更进一步来说，如果能保持长久盈利的地位，那么暂时地失去小部分利润又能怎么样呢？

投资者有时还持有另一种论点，使得他们错失了原本可以赚到的那部分利润，这个论点也是所有错误看法中最荒谬的，他们认为自己所持仓的股票已经有了很大的涨幅，因此，仅仅因为股价有一定的涨幅就断定此股票大部分的上涨潜力已经被释放出来了，所以应该将其卖出，并将资金转向其他还没上涨的股票。我认为投资者只应该买入优秀的公司，而真正优秀公司的股票根本不会以这种方式运作。为了最为清楚地讲明白其中的道理，我用如下的例子来进行说明。

假定今天是你大学毕业的日子，如果你没上大学，就把今天当作高中毕业的那一天。就我们举这个例子的目的而言，是大学还是高中毕业并不重要。现在假定这一天，你班上的所有男同学都很急需用钱，他们所有人都向你提出同样一种交易方式，如果你给他们每人一笔资金，金额相当于他们毕业开始工作后一年之内总收入的10倍，那么他们就会将自己今后每年收入的1/4给你。最后我们假设，虽然你认为这种交易方式非常好，但你拥有的资金只能够与三位同学做此交易。

此时，你的推理方式与投资者运用有效的投资原则选择股票的方式极为类似。你会马上开始分析你的这些同学们，不是看他们的社交能力有多强，或者在哪些方面富于才华，只看他们日后能够赚多少钱。如果班上有很多同学，可能其中大多数人一开始就会被排除，因为你对他们了解程度并不够，没办法判断他们的赚钱能力到底有多强。从这一点来看，这又和明智的普通股购买非常类似。

最终，你选出了三位同学和他们进行交易，因为你觉得他们几个人在未来会赚到最多的钱。10年过去了，三位同学中的一位表现非常出色，他在一家大公司工作，不断地得到晋升，公司内部人员已经传出消息，说总裁非常欣赏他，并准备让他在10年之后接任总裁的位置，到那时候，他将拥有高额的薪水、股票期权和退休金。

这种情况下，那些总是建议投资者卖出“涨得过高”的好股票获利了结的股市评论家们不妨想一想，如果有人愿意给你相当于原始投资金额6倍的资金要买你和这位同学的合约，你会怎么做？如果有人建议你卖出这份合约，转而去和另一位年收入仍然跟10年前刚毕业时基本相同的同学签订合约，那么你一定会觉得提出这种建议的人是脑子有问题。有人可能觉得已经取得成功的同学收入已经达到顶峰，而财务上不成功的同学未来的成长空间还很大，这样的说法显得相当愚蠢。如果你对自己所持的股票了解得非常清楚，一定会认为时常听到的那些卖出好股票的建议也是一样愚蠢。

你可能认为这些论点听起来也不无道理，毕竟同学跟普通股是有所区别的。两者之间的确有着一个很大的不同点，这个不同点在于同学的生命是有限的，最终会离开人世，而普通股却没有类似的时间限制。同此，这个不同点更加强化了“绝对不要因为股价涨幅已经很大，而且在短期内股价过高而卖出优秀的普通股”这一论点。发行普通股的公司能够全面地甄选优秀的管理人才，并且在公司的策略、运用方法和技术方面训练这些人才，使得这家公司能够基业长青、传承数代。看看已经传承了两个世纪的杜邦公司，再看看陶氏化学公司在其才华横溢的创始人去世多年后的良好表现吧，在这个人类欲望无穷无尽、市场潜力惊人的时代，企业的成长是无止境的，而不像人类一样受到寿命的限制。

或许这一章蕴含的思想可以用一句话来概括：如果当初买进普通股时各项选择工作都做得很对，那么卖出的时间几乎永远不会到来。

第七章　股利的喧嚣

关于普通股投资的很多方面，有很多古怪的想法和被大众普遍接受的似是而非的陈述。但是，每每谈及股利的重要意义，大多数投资者的混淆就会变得更加严重。

这种混淆和似是而非的陈述，甚至蔓延到人们平常用来描述股利所用的词汇上。一家公司以前从不发放股利，或者发放很少的股利，后来公司董事长要求董事会发放大量的股利，该公司也真的这么做了。谈到发放股利这件事的时候董事长或董事常常会说，是时候该为持股人“做些事情”了。他们认为，如果不发放或不提高股利，公司就等于没为股东做什么事。这种说法或许是正确的，但是不能仅仅因为没有采取发放股利的措施，就是没为股东做什么事。如果公司利润不以股利的形式发放，而是用于建造新厂房、建成新的产品线，或是在原有厂房的基础上安装一些能够大幅节省成本的设施，那么这样管理层为股东创造的利益有可能会远高于将利润作为股利发放给股东所带来的利益。不管未作为股利发放的利润被用来做什么，只要所做出的行为能够增加股利，都应该被投资者看成“受欢迎的”股利行为。实际上，出于对公司运作更重要的原因减少发放股利或不发放股利，总是被投资者看成“不受欢迎的”行为。

大众投资者常常在对股利的看法上出现混乱的主要原因之一，就是每次当利润没有发放给股东，而是保留在企业内部时，股东之间获得的利益差距很大。有些时候，将利润保留于企业内部对某些投资者毫无益处；有些时候此举甚至带来了负效应。如果利润没有留存下来，他所持有股票的价值就会下降，但是保留利润并不能提高他所持股票的价值，因此它对持股人似乎并没有什么好处。最后，在很多的持股者由于保留利润而大受裨益的例子中，同一公司不同类别的股东所得到的利益大不相同，这更令投资者看不明白。换句话说，每当利润没有以股利的形式发放给投资者时，就必须检查这种行为的用意，看看到底发生了什么事。在此我们有必要透过表层深入观察，并详细讨论其中的一些差别。

持股者什么时候无法从留存利润中获得好处？一种情况是管理层储存的现金和流动资产远远超过了目前跟未来经营所需的量。管理层这么做或许并没有什么不良的动机，有些高级管理层需要从这种稳定积累起来的不必要的流动储备金中获得信心和安全感。他们似乎没有了解到自己获得这种安全感的代价是不能为股东创造出财富，而广大股东有权利以他们认为合适的方式来支配这笔财富。尽管目前仍然会发生这种不良情况，但是我们有办法来控制它的出现，所以它的危害性不再像以前那么大了。

此外，还有另一种更严重的状况，就是利润总是保留在企业里，但持股者往往没有从中得到什么利益。当管理层的能力不足，使得企业经营的回报率低于行业内正常回报率的时候，留存下来的利润被用来扩大原本就没什么效率的日常企业运营，而不是设法让其向更好的方向发展。管理层往往会适时地建立起一个规模庞大但缺乏效率的王国，然后以他们做了更多的事情为由，从公司成功地领取到更高的薪水。这样做的结果就是持股者最终所得到的利润微乎其微，或者根本没有利润。

如果投资者按照本书所描述的原则去做，就不可能受到这种情况的影响。他买进某只股票的理由是因为它是一家优秀的公司，而不仅因它价格低廉。如果一家公司的管理层能力欠佳，运营缺乏效率，那么它就无法满足我们所说的十五个原则。与此同时，如果一家公司能够满足十五个原则，那么它的管理层一定会为多余的现金找到适宜的使用方式，而不是只顾着将现金储存起来。

企业经营所必需的留存利润为什么有时候可能无法提高股东所持股票的价值？这里面包含两种原因。其一是当顾客或大众的需求改变时，每家公司出于竞争的需要，必须在购置某些资产上产生一定的花费，这些资产本身无法提高业务量，但是不花这些钱却非常可能导致顾客的流失。一个典型的例子就是零售店纷纷安装昂贵的空调系统。每家商店都出于相互竞争的需要而安装了这种设备，净营业收入并没有因此而增加，但如果某家商店没有像竞争对手一样安装空调系统，可能其顾客数量在炎热的夏日就会少得可怜。然而，因为某些奇怪的理由，我们现行的会计制度和税法根本不对这种“资产”和真正能够提高业务价值的资产加以区分，所以持股人在发现利润没有发放到他们手中，并且看不出留存在企业中的利润使得他们的持股价值有所增加的时候，持股人往往会觉得受到了不公平的对待。

留存利润没有能够使得企业盈利提高，还有另外一个更重要的原因，那就是会计法则上存在缺陷。在我们如今这个货币购买力剧烈而快速地变化着的世界里，标准的会计处理方式却似乎将每一美元的价值看成固定不变的。会计师会说，会计处理本来就是这样处理事情的。这种说法有可能是对的，但是，如果用资产负债表来体现其上所说的资产的真实价值，则会因此产生混淆，就好像工程师、科学家在我们的三维空间世界里做运算时却只用二维空间的平面几何一样。

当现有的资产不再具有其经济价值的时候，折旧费从理论上来说应足以置换现有的资产。如果折旧率计算得正确，而且资产的重置成本在它的使用年限内保持不变，就会发生这样的情况。但是，随着成本的节节攀升，总的累积折旧额很少能足以置换过时的资产。因此，如果公司还想继续拥有以前那种规模和数量的资产，就必须从利润中多预留出一些资金，用以补足二者的差额。

这类事情虽然对所有的投资者都有影响，但对成长型公司持股者的影响往往会低于对其他任何类别的投资者的影响。这是因为购买新资产(有别于仅仅置换现有的和濒临淘汰的资产)的速度往往是如此之快，以至于在最近获得的资产上，有更多的折旧属于最近购置的资产，而这些资产的价值比较接近当前的价值。资产中几年前的折旧部分比例较小，其成本远低于当前。

如果将留存利润用于建设新厂房和推出新产品，那么会在哪些地方对投资者产生巨大的利益这一话题已经反复阐述过了，但是谈及某类投资者相对于另一类投资者获益是多还是少，则值得继续深入探讨，这里有两个原因。整个金融界一直对这个问题有所误解，如果能够正确了解这件事，就能轻易而正确地评估股利的真正意义。

让我们通过一个虚构的案例来探讨一下人们对谁从股利中获益最多这个问题的一些错误观点。过去几年中XYZ公司的运营状况一向良好，利润保持稳定增长，而股利率维持不变。4年前，它需要拿出利润的50%用于发放股利，这4年里由于获利能力的提高，如今支付相同的股利只需要用年度利润的25%。有些董事会成员要求提高股利，另外一些董事会成员则指出，公司现在可以运用留存利润去进行投资，而且现在所面临的投资机会数量之多、机会之好，都是前所未有的。他们进一步指出，只有维持原来的股利发放，而不是将其提高，才能够充分把握住这些良好的投资机会。公司只有这么做，才能享受到最高的成长率。到底在股利发放的问题上应该何去何从，双方展开了激烈的争辩。

这个时候一定会有一位董事会成员会讲出金融界最常见的一种似是而非的观点：XYZ公司如果不提高股利，就会伤及小股东的利益，而对大股东有利。这个观点背后的逻辑是大股东的税率较高，缴纳税款之后剩下的钱占所享股利的百分比会远低于小股东，所以说大股东不喜欢提高股利，而小股东非常希望股利增加。

实际上，XYZ公司的任何一位股东对股利是否增加，以及是否愿意将更多的钱投入到能使公司继续成长中去的态度，与其个人所得税的多少并无多大关系，更多的是取决于每位股东是不是愿意拿出部分收入来进行额外的投资。所得税率较低的数百万持股者们，不管数量多少，每年都会拿出一些资金以增加投资。如果他们这样做，而且需要支付所得税的话(实际情况很可能如此)，那么用基本的算术也能算得出来，当有机会运用公司的留存利润抓住良机进行投资的时候，如果董事会提高股利反而会损害他们的利益。另一方面，提高股利可能对某些急着用钱的大股东有利，任何人都难免遇上急需用钱的时候。

让我们看一下为什么会出现这种情况。任何人只要有足够的额外资金投资于普通股，至少就会产生足以支付最低税率等级的税金收益。因此，扣除股利收入中免税的50美元之后的部分，即使是持股数量最少的股东，也必须为其所得股利的剩余部分缴纳最低20%的所得税。除此以外，他还必须为买进的所有股票向证券经纪公司支付佣金。由于买入零散股票的佣金较高，存在最小佣金等因素，因此这些成本在小额交易中占据的比例远高于大额交易。这样，实际上可用于再投资的资金会远低于所得股利的80%。如果持股人所处的税率等级较高，股利增加部分可用于再投资的百分率也会随之降低。

当然，有些特殊类别的股东，如大学和养老基金等是不必缴纳所得税的。还有一些个人持有的股票很少，其股利收入低于50美元，因此也不必为此纳税。对于这些特殊持股者来说，上述的情况有点儿不同，但是对绝大多数持股者而言，不管持股量多少，都没办法避免为股利而缴税这件事。如果他们能把所得股利收入都存下来而不是花掉，同时将自己任何一部分的收入正确地投资于普通股，则所投资企业的管理层把增加的利润用于再投资，而不是提高股利的发放量，则对所有投资者来说都更为有利。

股东获得的好处不仅是避免缴纳所得税和经纪商的各项佣金，资金100%留在公司将发挥更高效的作用。因此，与其被迫冒着犯下重大投资错误的风险去发现新的同样有吸引力的投资标的，还不如同意优秀公司的管理层将留存收益用于再投资，因为后者所冒的风险通常会小于前者。而正在考虑将收益留存还是派发给股东的这家公司越优秀，上述观点就越正确、越重要。这就是为什么即便是不必缴纳个人所得税的股东，以及并没有将所有收入用于投资的股东，都发现同意优秀公司将收益留存以抓住新的有价值的投资机会所获得的收益，不逊于派发股利缴税后的再投资收益。

基于以上分析，股利的真正意义开始显现出来。对那些希望运用资金来获取最大收益的投资者来说，股利并不像金融界的许多人所说的那么重要。不管是买入了机构式成长股的保守型投资者，还是愿意并且有能力为获得更高报酬而冒更大风险的投资者，情况均是如此。这个观点在某种意义上表示，高股利报酬率是一种安全因素。这种说法所蕴含的理论是，既然高收益的股票已经提供了高于平均水平的报酬，所以其价格不可能高估，也不可能跌得太多。没有什么事情能与事实抗衡。关于这个问题我可以说，看过的所有研究报告都表示，发放高股利的股票中价格表现不佳者，在数量上远多于发放低股利的股票。原本非常优秀的管理层，如果选择增加股利的发放，而不是把增加的利润用于企业的再投资，白白错失投资的大好良机，就如同一位农场主急着把最好的牲畜送到市场上卖掉，而不是把它们继续养到能卖到最高价格的时候。

前面谈的都是针对是否应该提高股利发放水平，而不是应该发放多少股利。我知道，有个别投资者不需要获得任何股利收入，但几乎绝大部分的投资者还是需要股利收入的。极少数非常优秀的公司在遇到非常好的成长契机时，管理层即使在发放一定的股利之后，仍有能力利用其余的留存利润，或是通过发行优先证券募集资金的方法取得足够的资金，来用以把握当下良好的成长契机。每个投资者都必须决定需要把多少资金投入于那些成长性很高但不发放股利的公司。然而，最重要的是所买的股票不能因为过于注重发放股利，以至于限制了实现进一步成长的机会。

这就让我们接触到一个股利问题中最为重要的，但很少有人谈及的问题，即规律性或可靠性的问题。聪明的投资者会为自己的事情做好规划，他会用一种有前瞻性的眼光去规划应该拿自己的资金做什么事、不做什么事。他或许不会在意收入会不会立刻增加，但希望能够保障其收入不会减少，以及自己的计划不受突发因素的冲击。此外，他还需要自己决定投资于哪类公司，是投资于把大部分或全部留存利润用于再投资的公司，还是投向成长性良好但是速度略慢、利润再投资比率较小的公司。

基于以上这些理由，制定明智的股东关系政策，在这种政策的刺激下享有较高市盈率公司里的财务人员和财务副总裁，通常可以避免陷入混乱的思考。他们确定了股利政策之后就不会改变，他们会让股东知道政策的内容，他们可能对股利做出大幅的调整，但极少会调整政策。

利润应该以一个什么比率来进行保留，才能使公司获得最高的成长。这是股利发放政策判定的基本原则。成立时间较短并且成长迅速的公司，也许持续多年都不会发放股利，但当资产规模达到足以让折旧金额提高的时候，利润中的25%～40%会发放给股东。历史较为悠久的公司股利派发比例会因公司的不同有很大的差异。然而，上述两种情况中实际的支付比例并不是那么固定，每一年的实际股利发放金额都会不同于往年，这正是广大股东所不愿意见到的。因为，如此一来，他们很难根据股利做出长期规划。他们希望能够依照一个固定的发放比例定期发放股利，比如每季度、半年或一年发放一次。随着利润的增长，派发金额有时会提高，可以提高到早期的发放比率，但也只有在下述情况才会这么做:①有足够的资金可以用来投资管理层发现的那些良好的成长机会;②有充分的理由相信这种新的定期股利发放率可以维持下去，随后可能出现经济衰退或是其他的一些成长机会。

如果管理层一直都以十分谨慎的态度提高股利，而且只有在股利政策可能继续维持下去的时候才提高股利，那么这样的股利政策在有眼光的投资者中会赢得广泛支持。同样，只有在最紧急的情况下才能降低股利。许多企业的财务主管同意一次性大幅提高股利，这种做法非常令人吃惊。即使这些预料之外的发放股利行为通常不会对股票价格产生长远影响，但他们还是要这么做，由此可以看出，这样的政策和大部分长期投资者的愿望是对立的。

无论公司的股利政策制定得明智还是拙劣，只要公司一如既往地坚持这种政策，总会引来一群喜欢这种政策的投资者。许多投资者坚持对高股利发放率的偏好，不论这种政策是否对自己最为有利。有些人则喜欢较低的股利发放率，有些人则不喜欢发放股利。一些人喜欢较低的股利发放率，即每年定期分红送股少量的股票股利；另一些人则根本不喜欢股票发放股利，只希望分红送股。如果公司管理层按照自己的需求定下某种股利政策，通常就会吸引到一群喜欢并希望这种政策持续下去的股东。聪明的管理层如果希望为公司赢得良好的投资声望，则应尊重投资者的期望，让这种政策持续下去。

制定股利政策和制定一家餐馆的经营策略颇为类似。一个优秀的餐馆老板可能会用策略取得餐馆经营上的成功，也有可能是以低廉的价格提供美味的菜肴吸引客人，或者他可以通过提供匈牙利菜、中国菜、意大利菜等特色菜品来取得经营上的成功，每一种特色菜都有可能引来一批特定的客户，客户们来到餐馆的时候，总是期望吃到某种特色菜。然而，如果这家餐馆老板某天供应价格昂贵的菜肴，第二天又卖价格便宜的，然后又在没有预兆的情况下经营异国风味，即使餐馆老板的才能再强，也很难建立起稳定的客户群。同样的道理，一家公司的股利政策如果不断地变动，就很难吸引到稳定的股东群，这样的股票也不是最好的长线投资对象。

只要股利政策能够始终如一，投资者便能够在有保障的情况下做好未来的投资计划，这样在整个投资过程中，股利情况如何就没有那么重要了，自然不必浪费口舌去讨论各种股利政策孰好孰坏。金融界一定有很多人并不认同这种观点，但他们没办法解释为什么不少股票预计在未来几年只能提供低于平均水平的收益股利，但是其持股者却从中获利颇多。前面已经提到过几只这样的股票，另一个典型的投资案例是洛姆哈斯(Rohm&Hass)。这只股票于1949年首次公开发行，一群投资银行家通过外国财产管理处(Alien Property Custodian)大量买入这家公司的股票，并向公众转售。公开上市时的价格是41.25美元，现金股利只有每股1.00美元，再加上一些送股。许多投资者认为此股票的收益较低，不能算是理想的保守型投资对象。但是，从发行的那天起，这家公司连续派发股票作为股利，并经常每隔一段时间就提高现金股利，尽管此时的收益仍然较低，但股价却远高于400美元了。1949—1955年间，洛姆哈斯公司最早的持股人每年能够领到4%的股票股利，1956年时是3%，因此总的投资回报率在10倍以上。

实际上，如果想要挑选出优秀的股票，就要尽可能少地考虑股利问题，不可在股利上花太多精力。股利这个备受人们关注和热议的问题，其最奇特的地方或许就在于考虑这个问题最少的人，最后却能得到最高的投资回报。我有必要在这里再说一遍：5～10年的时间里，最高的股利回报不是来自高股利发放率的股票，而是来自低股利发放率的股票。能力优秀的管理层在公司业务经营中取得了很大的成功，虽然继续实施原来的股利政策只从当期利润中派发较低比例的股利，但股利的金额却渐渐超过了高股利发放率的股票。这种既合乎情理，又自然而然的趋势将来又有什么理由不能持续下去呢?

第八章　投资者的“五个不要”

1. 不要买创业阶段公司的股票

有一个比较接近成功投资核心的说法，就是要在投资中找到正在开发新的产品与工艺，或者正在开发新市场的公司。刚刚成立或是即将成立的公司，往往正在尝试做这些事。许多这类公司的成立，为的就是开发各种各样的新产品。很多公司的创立，都是为了能够到一个成长潜力巨大的行业中去掘金，比如电子行业。另外，还有很多新公司则是意图在矿物开采或其他自然资源领域有所斩获，如果在这个领域取得成功，那将是十分诱人的。基于以上这些理由，乍看之下，这些尚未盈利的初创公司貌似颇具投资价值。

还有一种说法往往很能提高投资者对此类公司的兴趣：只有在公司股票首次公开上市时就买入，才有机会“占据有利地位”。一家经营成功的公司，其股票首次公开上市的市盈率仅有几倍而已，为什么要让别人来把钱赚走呢？我们为什么不使用像寻找优秀老牌公司的办法，通过询问和调查去找出正在推销股票的优秀创业型公司呢？

从投资的观点，我相信那些业务运营不足两三年、盈利年份不足一年的公司，根本无法与盈利稳定、根基稳固的老公司相比，即使这家老公司规模很小，年营业额不超过100万美元。在老公司中，所有经营方面的主要部门都在正常运营，投资者能够观察到这家公司的生产、销售、成本会计核算、管理团队的团队合作，以及业务运营等等一切问题。或许更重要的是，投资者能了解到其他有真知灼见的观察者的意见，因为这些人会定期观察该公司局部或所有的相对优势或劣势。相反地，如果一家公司尚处于创业阶段，投资者以及其他观察者只能通过看它的业务规划蓝图来猜测这家公司可能会出现什么问题，或可能具备什么优点。这种靠猜做起来比观察正常的老公司困难得多，做出错误结论的可能性也会高很多。

实际上，无论投资者的技巧多么好，这事做起来都是极为困难的。与老公司作为判断对象相比，从创业期的公司中挑选出能达到“安打”(棒球术语)的优秀公司的成功率极低。年轻的创业型公司往往由一两个在业务经营方面具备高超才能的人所主导，但难免会欠缺其他一些不可或缺的才能。他们可能是卓越的推销员，但缺乏其他经营能力。他们有可能是发明家或生产高手，却完全不知道即使是最好的产品也需要高超的营销方法来赢得市场。而投资者基本上无法使这些人相信，他们自身或他们年轻的公司缺乏其他的技能。投资者更不可能向他们指出，哪里能找到他们需要的人才。

基于以上这些原因，不管创业公司第一眼看上去多么吸引人，我认为这些公司应留给专业机构去投资。专业机构具备优秀的管理人才，在创业公司业务开展之初，一旦公司暴露出弱点便能及时提供支援。一般投资者却无法提供这种人才，更无法说服公司的管理层相信有必要利用这种支援。如果一定要投资于创业公司，往往会是一段梦想破灭的经历。在老公司当中有很多尚好的投资机会，普通投资者应该把“绝不要买入创业公司”当作一条原则来遵守，不管这些创业公司看起来多么的吸引人。

2. 不要忽视在“场外市场”交易的好股票

未上市交易的股票相对于已在证券交易所上市股票的吸引力，与一类股票相对于另一类股票的市场流通性有极为密切的关系。每个人都应该认识到市场流通性的重要性。通常情况，绝大多数的买入行为都是针对那些由于某种原因而卖出的股票，这个原因可能是跟金融市场有关，也可能是由于个人因素。关于哪些股票可以为投资者带来足够的保护，而哪些不能，投资者的心中会有一些混乱。对于没有在任何交易所上市交易的股票来说，市场对它们的需求反过来又产生了更多的混乱，这些股票通常被称为“场外交易”股票。

出现这种混乱的原因在于，25年来，普通股的买入从根本上发生了变化，这些变化使得20世纪50年代的市场和20年代时那令人难忘的市场有很大的不同。20年代的大部分时候，以及之前的所有时间，股票经纪人服务的客户都是有钱人，而且数量相当少。大部分客户买入的数量相当大，往往一买就是几千股。买主的目的通常是以更高的价格将股票卖给另一个人。这与其说是投资，不如说是赌博。融资买入，也就是借钱买股票的做法当时为人们所接受，而今天大多数的买入都是现金支付。

这些年发生的很多事情已经改变了原来多样化的金融市场，较高的所得税和遗产税是其中之一，更重要的是美国各个阶层的收入差距逐渐缩小，非常富有和非常贫穷的人，数量都在逐年减少，中产阶级的人数逐渐增加。这使得一次性大量买入股票的买方逐渐减少，而每次少量买入股票的买方则大量增加。此外，另一类股票的买方，也就是机构买入者数量急剧增加。投资信托、养老基金和分红信托，甚至某些大银行信托部门，不再代表少数的大资金买方，相反，他们是职业经理人，受托处理无数小规模买方聚集起来的资金。

我们的法律和机构投资者发生的根本性变化，也对股票市场产生了影响，二者互为因果。证券交易委员会的建立，是为了阻止过去发生的一些猖獗行为，比如引发股票市场投机交易的联合操纵。和以前的习惯性做法相比，目前的一些法律法规限制了融资买入。但是，正如之前所说的，最重要的是如今的公司与之前大为不同，如今的企业比以前更适合作为追求长期增长的投资标的，而不是仅作为随时买卖的投机交易工具。

所有这些情况都深刻改变了市场环境，尽管以牺牲市场流通性为代价，但是毫无疑问，这种改变是一种市场化的进步。大多数股票的流动性降低了，而不是增加。虽然经济取得了惊人的增长，再加上似乎无休止的拆股行为，但是纽约股票交易所的成交量还是减少了，小规模交易所的成交量基本消失。赌徒、高频交易的投机者，甚至“容易受骗的傻瓜”都试图猜透那些不利于经济发展的联合操纵，但是他们却构成了一个真实的市场。

我不想玩弄文字游戏。不过，我们必须知道这些事情会导致股票经纪人数量的日益减少，而股票销售员数量的日趋增加。就股票来说，经纪人是在竞价市场中工作，他必须接受一个已经决定好采取哪种投资行为的买入指令，然后将这张委托单和他自己或其他经纪人的卖出委托单撮合，这个过程不会花很长时间。如果拿到的委托单买卖的股票交易量很多，虽然经纪人处理每一次股票交易只收取很低的手续费，但全年下来还是有可观的利润。

销售员则与经纪人不同，必须花费较长时间才能说服客户采取某些投资行为。一天中能够运用的时间就那么多，因此，要想赚到与经纪人不相上下的利润，就必须收取较高的服务佣金，尤其服务的客户是很多小客户而不是大客户的时候。在今天的经济环境下，小客户是大部分销售员的服务对象。

证券交易所的运营方式主要仍需依赖股票经纪人，而不是股票销售员。他们的佣金比例提高了，但涨幅只和其他大多数的服务差不多。相对而言，场外交易市场的运营原理则完全不同。全国证券商协会的指定会员们，天天都会在地区性报纸上刊登一长串未上市而又有吸引力的证券行情报价，当地的股票交易者对买卖这些股票很有兴趣。他们和每一种证券的场外交易机构联系都很密切，从而编纂出这些行情报价。这些报价和证券交易所提供的数字的不同之处在于，它并不是实际交易的价格范围。他们做不到这一点，因为缺乏一个可以报告交易价格的集中结算机构。相反，这些场外交易的报价都是买价和卖价，理论上是指任何有兴趣的金融机构愿意买入每种股票的最高价格，以及愿意卖出股票的最低价格。

通过仔细的检查几乎总是能够发现，买方或卖方的报价总是很接近提供报价时股票的实际价格。卖方的报价比买方报价要高，差价通常是证券交易所中以同样价格所售股票收取的手续费的数倍。将这个差价计算出来，目的是让场外交易商能够以买价买入，支付给花时间推销证券的销售员一定的手续费，再去除一些日常费用后仍能获得合理的利润。另一方面，如果客户，特别是大客户，找到同一家金融机构，出价买入某只股票，这时就不需支付销售员的手续费，通常能以买价加上相当于证券交易所手续费而买到股票。一位场外交易商曾这么说过："买入的一边，我们有个市场。卖出的一边，我们有两个市场。我们有零售和批发市场，部分取决于买进的数量，部分取决于卖出的数量和包含的服务。"

如果碰到厚颜无耻的交易商，这套制度明显会遭到滥用。其他的制度也是如此。但是，如果投资者挑选场外交易商时，和选择其他任何为他服务的专家一样谨慎，这种制度就会运营得非常好。一般的投资者没有时间，也没有能力为自己挑选证券。交易商在严密的监督之下，允许他们的销售员只能销售某些证券种类，这种做法实际上等于让销售员扮演了投资咨询顾问的角色。因此，投资者投入一定的成本是值得的。

从更加老练投资者的观点来看，这套制度的真正优势不在于买进股票方面，而是它能够提高未上市股票的流动性或市场性。这些股票能够给交易商带来足够高的利润，因此大量的场外交易商会保有一定库存量的流通性非常好的股票，他们一点儿也不介意在市场上多买500股或1000股的股票。如果他们喜欢的股票所供销售的数量较大时，他们往往会开一次销售会议，多花点儿心思去推动这些股票在市场上流通。正常情况下，他们做这件事会要求特别的销售手续费。如果某只场外交易的股票通常有两家或更多优良的场外交易商进行买卖，那么这只股票通常会有充足的流通性以满足大部分投资者的需求。根据供售数量的多少，交易商可能要求获得特别的销售手续费，以便在市场上交易大量的股票。不过，由于手续费只相当于销售价格的一个相当低的比率，所以投资者希望卖出的股票能在不使市场价格下跌的情况下转换成现金。

与在证券交易所上市的股票相比，场外交易的股票流动性如何？答案主要取决于哪种股票以及在哪家证券交易所上市。在纽约证券交易所上市的那些发行数量较多和交易较活跃的股票，即使在今天的环境下，依然存在一个足够大的竞价市场，以保证几乎所有的股票都能以较低的手续费进行交易，而不致将市场价格压低。至于在纽约证券交易所上市交投较清淡的股票，市场性依然不错，但当巨量卖出委托单出现，并收取正常的手续费时，有时价格会大跌。在小型交易所上市的普通股，依我之见，市场性问题往往相当严重。

各大证券交易所已经认识到了这种状况，并且已经采取相应的措施。如今，交易所要是认为上市股票的某笔卖出委托单数量太大，而不能以正常的方式交易进行时，可能会允许使用“特别卖出”机制。这意味着所有的会员都将知道本笔卖出委托单的报价，而且卖出这些证券可以收取较高的手续费。换句话说，如果卖出数量过大，经纪人没办法以经纪人的身份对其进行处理，便以足够高的手续费以销售员的身份来卖出这些股票。

如今所有这些举措都在一定时间内拉近了上市和未上市股票市场之间的差距，比如越来越多的买入是由销售员而不是由只接受交易指令的经纪人处理。从市场流通的观点来看，这并不表示在纽约证券交易所里交易活跃的热门股票比那些较好的场外交易股票更有优势。但比较好的场外交易股票的流动性往往高于美国证券交易所和各区域性证券交易所上市的大多数公司的股票。我想那些与规模较小的证券交易所颇有渊源的人士一定十分不同意我的说法。不过，我相信，如果做一次立场公正的研究，那么研究结果会证明我的看法是正确的。这就是为什么近年来许多中小规模的公司在经历成长之后，不愿在小规模的交易所上市的原因。相反，它们先选择在场外交易市场上市，等公司规模成长到某个适合在“大盘”——也就是纽约证券交易所上市时，再选择上市交易。

简而言之，关于场外交易证券，投资者对其应遵守的投资原则和对上市证券的投资原则并没有太大的不同。首先，你应该十分肯定选到的是正确的证券，然后确定你找到了能干和和恪守职责的经纪人。如果投资者把这两件事都做好了，就无需在乎自己所买的股票是在场外交易，还是在交易所里上市交易。

3. 不要因为你喜欢某公司年报的“语调”而去购买该公司的股票

投资者通常都没有仔细分析为什么他们会买进某只股票而不买进另一只。如果仔细分析，可能会惊讶地发现自己的买入行为通常受到公司致股东年报中那些概括性评论的用词和格式的影响。年报的语调可能会反映出公司管理层的经营哲学、策略或目标，其精确程度不亚于经过审计的财务报表对一段期间公司业绩的反映。但年报也可以反映出公司的公共关系部门在大众心目中营造公司形象的能力。我们无法判断出那些总裁署名的文章是真的出于他本人之手，还是公共关系部门的员工代为执笔。那些具有诱惑力的照片和色彩绚丽的图表，不一定能反映出管理团队的才能出众、同心协力和激情饱满。

让年报里的遣词造句和语调影响买入普通股的决策，就如同因为见到广告牌上的广告很吸引人而去买某种商品。或许这件商品买回家后，用起来的确像广告中说得那么好，但也有可能并非如此。用这种方式购买低价的商品也许还算说得过去，因为买了之后才知道买得对不对，即便买错了，损失也不会很大。但是，在进行普通股投资的时候，很少人可以有钱到凭一时冲动而购买股票的地步。我们最好记住，如今的公司年报通常都是经过精心加工的，以便赢得股东的青睐。所以不能只看外表，重要的是应该深入探究事实。其他的销售工具也都倾向于只展示出公司最好的一面，它们很少平衡而完整地讨论公司经营中的真正问题和困难，通常总是会过于乐观。

那么，如果投资者不想让自己对年报语调的好感过度影响他后续的投资行为，反其道而行之行不行呢？他应该让不利的内容影响他吗？通常不可以，因为这就好像试图通过外部的包装来评价一个盒子里面东西的好坏。不过，这里有一个重要的例外，也就是当年报的内容未能够针对投资者真正有意义的问题给出合适的信息的时候，以及未曾适当揭露投资者觉得很重要的资讯或问题时。这么做的公司，通常不能够为投资者提供投资成功所需要的必要背景资料。

4. 不要认为一家公司的市盈率很高，就必然表示未来的收益成长空间已经反映在了价格上

有一种常见的错误投资推理值得我们特别注意，因为它会使投资者付出惨重的代价。我们用一个虚拟的例子来说明这件事。假设有一家叫作XYZ 的公司，多年来一直十分符合我们前文所述的十五个原则。30年来，它的销售额和利润不断增长，同时一直都在开发多种多样的新产品，强烈地预示着未来也能获得这种成长的速度，金融界人士也普遍称赞这家公司的优异表现。因此，XYZ公司的股票价格一直是当期收益的20～30 倍(市盈率20～30倍)，这大约是道琼斯30种工业股票价格指数平均市盈率的2倍。

今天，这只股票的市盈率正好是道琼斯指数的2倍，也就是说，它的市场价格和每股收益的比值，正好是道琼斯指数的平均市场价格与平均每股收益比值的2倍。XYZ公司的管理层刚刚公布了一项预测，预期收益将在未来5年后增长为现在的2倍。从目前已有的证据来看，这个预测看上去是可信的。

可是得出错误结论的投资者数量却非常之多，简直多得令人咋舌。他们说，由于XYZ公司的市盈率是一般股票的2倍，而且因为XYZ公司的收益需要5年的时间才会翻倍，所以XYZ公司目前的股价已经反映了未来的收益，他们非常确信股价已经涨得过高了。

如果一只股票的价格已经反映了5年后的收益，那么股价很可能已经被高估，对此没人能反驳，但他们这种推理的错误之处在于，他们假设5 年后XYZ公司的市盈率会和道琼斯指数的平均市盈率一样。30年来，这家公司在很多因素的共同作用下经营得非常出色，市盈率一直是其他股票的2倍，这个记录使那些对它充满信心的投资者获得了利益。如果公司秉承同样的政策经营下去，5年之后公司的管理层会推出另一组新产品，然后接下来10年的收益成长情况，就会像如今的新产品那样提高公司的收益，也可以说像其他产品5年前、10年前、15年前或20年前对公司收益所做出的贡献那样。如果事实果真如此，为什么这只股票5年后的市盈率不能是其他一般股票的2倍，就像今天和从前那么多年的情况一样？如果真的如此，并且所有股票的市盈率都保持在原来的水平，XYZ 公司5年以后的收益翻倍，也会使得它5年后的市场价格增长到现在的2 倍。从这个角度来看，这只股票目前的价格完全是在正常的市盈率水平上，根本不能说已经反映了未来的收益！

这是很明显的，难道不是吗？但是，回头看看你身边的人，有多少貌似精明老练的投资者在运用市盈率来衡量公司未来的成长时把自己搞得晕头转向，不知所以；如果赶上公司的背景发生变化，那么情况则更为严重。现在我们抛开XYZ公司来谈另一家叫ABC的公司，这两家公司各方面情况基本完全相同，只是ABC公司要年轻得多。过去2年，金融界人士认为该公司的基本面非常的出色，因此现在的市盈率也是道琼斯工业指数平均值的2倍。许多投资者似乎不太可能意识到，一只股票过去的市盈率并不是很高，而现在的市盈率却很高，这反映出的可能是它的内在价值，并且合理地反映了公司未来进一步成长的可能。

关于这个问题，最重要的是彻底了解一家公司的内在特质，特别是要参考几年后可能发生的情况。如果公司收益的急剧增长只出现了一次，并且公司从内在特质上来说目前的收益增长已经完全得到释放，尚未开发出新的增长来源，这样的情况则完全不同。目前的高速增长结束之后，股价将发生回撤，市盈率会下降到与其他普通股一样的水平上。但是，如果这家公司谨慎而持续地开发新的获利来源，而且公司所处的行业未来有望保持和现在相近似的成长动力，那么公司5～10年后的市盈率肯定会远高于一般的股票，就像如今的情形一样。这种股票的市盈率所反映出的未来收益，往往远高于大多数投资者所期待的水平。这也是为什么有些股票乍看之下价格貌似过高，但仔细分析之后，却会发现它们价格非常便宜。

5. 不要计较蝇头小利

之前我在阐述各类问题的时候，用的都是虚拟的例子，这次我要用个真实的例子。25年前，有位在很多方面都展现出了高超投资能力的绅士，他想买入100股纽约证券交易所上市的某种股票。在他决定买入的那一天，这只股票的收盘价是买盘35美元、卖盘35.50美元。第二天依然如此，但这位绅士不愿以35.50美元的价格买入。为了节省50美元，他把买入委托单的价格定在了35美元，并且拒绝提高买价。然而，这只股票此后从未跌到过35美元。25年后的今天，这只股票的成长前景似乎依然一片大好，如果把股利和股票拆分都算入在内，目前的股价已经超过了500美元。

换句话说，为了节省50美元，这位投资者少赚46500美元。不过这位投资者仍然赚得了46500美元，因为他曾以更低的价格买入过这家公司的股票。因为46500美元是50美元的930倍，所以这位投资者需要省50美元930次才能弥补这种损失。然而，很明显在投资上采取这种对自己极为不利的行为是非常愚蠢的。

这个例子绝对不是极端情况。我故意选了这么一只多年来涨势落后于大盘的股票，而没有选领先于大盘的股票。如果投资者选择了纽约证券交易所上市的前50只成长股里面的任意一只，那么为了节省下50美元而错失了每股价值3500美元的股票，损失将比46500美元大得多。

对于只想购买几百股股票的小额投资者而言，规则非常简单。如果想买的股票看起来是个正确的选择，目前的价位处于很吸引人的水平，那么以市价买入即可。多花1/8、1/4或1/2美元，与没买到这只股票所错失的利润相比，根本就是微不足道的。如果一只股票没有这种长期增长的潜力，我认为投资者一开始就不应该考虑买入它。

至于想要买入数千股的大额投资者，问题则没有这么简单。除了极少数的股票，大部分股票的供应量是有限的，即使按当时的市价只买入想买数量的一半，也很可能会引发市价的大幅上涨。价格的突然上涨又反过来产生了两种更深的影响，使得买入股票更加困难。价格大幅上涨可能促使别人也对这只股票感兴趣，从而争相买进；另外也可能让一些本来计划卖出的投资者转向继续持有，希望涨势持续下去。那么买入规模较大的投资者应该怎么面对这种情况呢？

他应该去找自己的股票经纪人或证券交易商，准确告诉他们自己到底想买入多少数量的股票。他应该告诉经纪人，尽可能多地买入股票，但授权允许经纪人忽略较小数量的卖盘供给，以免买入之后引来很多买家争相抬高价格买入。最重要的是，他应该完全允许经纪人以高于最近价格的某个价位买进。至于具体高出多少，就要和经纪人或证券交易商协商，协商时需要考虑想要买入的数量、那只股票通常的成交量、许多买家是否急着买进股票，以及其他任何有关的影响因素。

投资者可能会认为，自己没有一位具有良好判断力和辨别能力的经纪人或证券交易商可以托付此等大事。如果真是这样，他应该马上去找一位值得信赖的经纪人或证券交易商。毕竟，处理这种事正是经纪人或证券交易商的专业所在。

第九章 投资者的另外“五个不要”

1. 不要过度强调分散化投资

没有一种投资原则比分散化投资更受广大投资者的称赞(有人会说这个理念非常简单，连股票经纪人都理解它的含义)。可能正因如此，一般投资者很少能体会到非分散化投资的后果。“把所有的鸡蛋放在同一个篮子”的可怕结局往往是众所周知的。

但很少有人充分考虑到过度分散化的坏处。如果把鸡蛋放到过多的篮子里，那么一定会有很多鸡蛋没有被放进好的篮子，而且我们不可能在把鸡蛋放进篮子之后，时时刻刻盯着所有的篮子。举例来说，持有25～50万美元市值普通股的投资者中，所投资的股票种类达25种以上投资者的比例高得令人震惊。令人震惊的并不是25这个数字，而是在这些股票中，只有少数股票是投资者或他的顾问真正比较了解的好股票。投资者过分相信分散化投资的重要性，担心在一个篮子里放了太多的鸡蛋，从而使得他们买入自己非常了解的公司过少，而对很多自己根本不了解的公司买入过多。他们似乎从未考虑到，买进一家自己并没有充分了解的公司的股票，这往往比投资不够分散化要更为危险，他们的投资顾问更是不懂这个道理。

说到分散化投资，那么分散到什么程度是必要的？到什么程度是危险的？这就像步兵架枪，步兵架两支枪的稳定性和平衡程度一定比不上架五六支枪，但是架五支枪的稳定程度并不比架50支枪差。然而，谈到分散化投资的问题时，架枪和普通股之间有个很大的不同点。架枪的时候，需要架多少支枪才能保持稳定，和用哪一种步枪一般没有关系，但对股票而言，股票本身的性质和在分散化投资中的分散程度则有莫大的关系。

有些公司，比如大部分的大型化学品制造商，其公司内部各个业务之间本身就具备很高的分散化程度，虽然它们的所有产品都属于化学品，其中许多种类的化学品之间特性的差别就像完全不同行业中的产品一样。有些可能是再制造工艺上完全不同，它们可能处于截然不同的竞争领域，所面向的市场用户也全然不同。此外，有些时候某种化学品虽然其种类本身比较单一，但其客户群却分布十分广泛，那么其产品本身就具备很强的分散化效果。

一家公司管理人员的宽度和深度——也就是说公司距离一人独裁有多远——在判断需要把投资分散到什么程度以便对自己形成保护时，也是很重要的考虑因素。最后，如果持有的是强周期性行业的股票——也就是说股价会随着经济景气程度而大起大落的股票——和只是偶尔产生波动的股票比起来，投资时需要用较高的分散程度来形成平衡。

由于股票内在的多样性和复杂性程度，我们不可能制定出一套固定的规则来规定普通投资者需要把自己的投资最少分散到什么程度才能获得最好的结果。各行业间的关系，也是应该考虑的因素。比如说，一位投资者持有10种股票，每种股票的数量均相同，但其中8种都是银行股，这样他的投资分散化程度可能就不够。反之，这位投资者如果持有的每一只股票都属于完全不同的行业，则其投资的分散化程度可能远高于真正需要的程度。

因此，考虑到每种情况都各不相同，而且没有一套精确的规则可供遵循，下面的建议只能算是一个粗略的指引，除了资金极少的投资者之外，所有的人都可以将其作为投资所需的最低分散程度的参考。

A类型的公司。所有的投资标的都仅限于根基稳固的大公司，并在大公司中选出有成长性的股票，像前面已经提到过的陶氏化学、杜邦以及IBM公司。这种情况下，投资者可以将至少持有5只这样的股票作为目标。这表示，相对于最初的投资资金而言，任何一只股票所占仓位不应超过20%，但这并不表示万一某只股票涨得比其他股票快，10年后这只股票占他所有股票总市值40%的时候，他就需要改变自己的持仓计划。当然，前提是他自己很了解所持有的股票，而且这些股票的未来看起来至少和不久的过去一样光明。

投资者如果将最初投资资金的20%去投资每家公司，应该注意这5家公司的产品线最多只能略有交叉。举例来说，如果陶氏化学是这5家公司里面的1家，那么我找不出有什么理由说杜邦不能是其中另外1家。这2家公司的产品线很少有交叉以及竞争。如果他想同时买入陶氏化学和同一行业中与它很像的另一家公司，则一定要有充分的理由，这样的投资才是明智的。同时持有业务类型非常相似的两只股票可能使你在多年之后获利非常可观，但这种情况投资者应该心中明白，这样的多样化投资，本质上是不合适的，如果真的这样投资了就要时时提高警惕，注意是否出现了可能影响整个行业的问题。

B类型的公司。投资者所持有的一些或全部股票，可能介于风险较高的初创成长型公司和上文所说的大型公司之间。这些公司具备良好的管理团队，而不是仅由一个人管理，它们每年的营业额大概在1500万到1亿美元之间，并且在行业内的地位根深蒂固。至少需要两家这样的公司才能平衡一家前文所说的A类型的公司。换句话说，如果只投资于B类型的公司，则每一家B类型的公司所占总资金量的比例不应超过10%。这样一来，总共就持有10家公司。然而，这类公司之间风险差异非常大，内在风险较高的股票，只占总资金量的8%，而不能是10%，这样才是谨慎而明智的。无论如何，B类的每一只股票只占最初总资金量的8%～10%，相对于A类股票20%而言，也就是提供了一种适当的最低分散投资架构。

对投资者来说，B类公司通常比A类型公司要更难以确认。因此，有必要在这里简单说明一下我曾经深入观察过的一两家这样的公司，而且这一两家公司可以被视为典型的例子。

让我们来看一看本书第一版中提到的这类公司，以及它们目前的情况。我提到的第一家B类公司名叫马洛里公司(P.R.Mallory.)。

“马洛里公司的内部多样化程度极为惊人。它的主要产品是电子和电气工业的零部件、特殊金属和电池。它的一些比较重要的产品线的客户都是各相关行业的重量级公司，在某些行业中甚至是最大的制造商。如电气工业零部件和特殊金属，供应于美国一些成长最快速的行业，这表示马洛里公司的成长还会持续下去。10年内这家公司的销售额增长了将近4倍，1957年达到了8000万美元左右，其中大约1/3的增长来自审慎计划的外部收购行为，另外大约1/3来自内部的增长。

“这段时间的利润率略低于B类公司通常观点中令人满意的正常水平，但其中一部分原因是由于研究支出高于平均水平。更重要的是，公司已经采取措施，有迹象已经表明这个因素将得以大幅改善。在充满活力的总裁领导下，整个管理层表现得相当足智多谋，并且最近几年，在管理深度方面也取得了显著的进步。1946—1956年这10年时间中，马洛里的股票价值增加到了大约原来的5倍，价格通常是当期收益的15倍左右(市盈率15倍)。

“就投资而言，最重要的一个因素，或许并不在马洛里公司本身，而是预期它在马洛里-沙隆金属公司(Mallory-Sharon Metals Corporation)将拥有 1/2 的股份。马洛里公司计划将其占股份50%的马洛里-沙隆金属公司与国家蒸馏公司(National Distillers)同行业的原物料加工部门合并，并且承担经营风险。有迹象表明，合并后的新公司将是成本最低的综合性钛金属制造商之一，因此它可能在这个出现成长的新兴行业中扮演重要的角色。与此同时，该公司预计将于1958年首次推出具有重大商业意义的锆产品，而且公司内部对其他具有重要商业价值的新型“奇妙金属”，如钽和钶，也具备了相当丰富的技术知识。它在很多金属公司都拥有部分股权，这些金属公司不只在一种金属，而是在很多种类的金属上有望成为全球领先的厂商；这些类别的金属势必在原子、化学和未来的导弹时代中扮演越来越重要的角色。因此，它可能是一笔非常重要的资产，对马洛里公司的成长会有重大意义。”

如果我在约两年后的今天再次写下这些文字，我可能会写得有所不同。我会稍微降低占我 1/3 持仓的马洛里-沙隆金属公司在我总体仓位中的比例，因为我对它可能出现增长的热情有点儿降低。我想，两年前所说的所有事情还是有可能发生的，但是说到有关钛金属的问题，我目前认为这种金属寻找和开拓其巨大的潜在市场所需花费的时间，可能比两年前设想得要长。

另一方面，我倾向于增强我对马洛里这家公司本身的肯定态度，增强的程度和它的企业管理层调整幅度大致相同。这段期间，我提到过的管理层深度增加的速度极快。马洛里虽然是耐用品材料工业的零部件供应商，每一次经济衰退势必都会对其公司业务产生重大的损害，但公司管理层运用了非凡的灵活手段，躲过了1958年经济形势的影响，每股收益虽然不及前一年创历史新高纪录的2.06美元，但也达到了1.89美元。1959 年的收益上升得很快，全年有望创下每股2.75美元左右的新纪录。此外，这些收益是在若干新兴业务部门成本负担下降，但依然很沉重的情况下所创造的。这表示，如果整体经济形势仍然保持相当的繁荣，那么1960 年的收益将进一步大幅增长。

马洛里公司是本书所举的例子中到目前为止表现不如整体市场好，反而比整体市场还差的股票之一。但是，我认为在电子零部件业务方面，这家公司在应对来自日本的竞争对手时，做得比若干同业成功；日本同业的威胁，可能是市场反应相对不佳的一个原因。另一个原因可能是金融圈大部分人士对不容易归入某个行业，而是横跨好几个行业的公司兴趣不大。或许这个现象会随着时间的流逝而改变，尤其是当广大投资者逐渐认识到该公司的微型电池产品有可能应用于一些快速增长的行业；当今的电子产品呈现出日趋小型化的趋势，微型电池产品必然能够随着这种稳定的趋势而获得相应的成长。无论如何，本书出版第一版时这只股票的价格是35美元，考虑到发放过两次2%的股利，目前股票的价格是37.25美元。

现在我们再来看一下第一版中提到过的另一只B类股票：

“铍金属公司(Beryllium Corporation)是另一个B类股票投资的典型例子。这家公司的名称意味着此公司成立时间不长，不了解情况的人往往会以为这只股票具有相当高的风险，而事实并非如此。它是一家生产成本很低的综合型公司，其主营业务是制造铍铜和铍铝的母合金，也有一家加工厂，用以把这种母合金制成杆、棒、板和各种模具，也可以生产各种工具的最终产品。截至1957年，公司的总销售额增加到了10年前的6倍左右，达到1600万美元。销售于电子、计算机设备和未来几年有望迅速增长的其他行业的产品，占销售额的比例越来越高。铍铜模具等产品在总销售额开始占有越来越重要的地位，过去10年的高增长很可能在未来能够得以持续下去。这也说明了5年来该公司往往能保持20倍左右的较高市盈率是有一定合理性的。

“兰德公司(Rand Corporation)是一家隶属于空军的一流研究机构，新闻舆论引用了该研究机构的预测，表示当时还不存在市场应用方向的铍金属，将在1960年以后出现重大的市场突破，届时它将被用作一种重要的结构性材料。兰德公司曾经正确地预言了很多事情，它曾预言钛金属在战后不久将出现重大的发展。

“在作为结构性材料的铍金属形成应用市场之前，该公司将在1958年开始生产一种全新的产品，这就是用于原子能领域的铍金属。该产品是在远离原先的母合金产品线的另一家工厂生产，和美国原子能协会(Atomic Energy Commission)签订了长期合约。有迹象表明，它在核工业将具有非常美好的未来，因为不论是政府还是民间工业都可能有这方面的需求，管理层正在密切注意市场动态。事实上，我们所说的十五个原则中，除了其中一点之外，这家公司的表现都很好。该公司已经了解到自己的缺点，并已采取了更正的措施。”

就马洛里公司的例子来说，两年来我所描绘的景象因为一些事情而被强化，同时也因为一些事情而被减弱。但是，到目前为止，有利的发展似乎超过了不利的发展，该公司证明了自己是一家适合投资的公司。从不利的方面来说，两年前所描述的铍铜模具的美好前景仿佛失去了不少光环，而且整个合金业务的长期增长曲线可能也不如当初所说的那么好。与此同时，目前来看，未来几年核能项目对铍金属的需求，似乎也不如那时所预测的那么乐观。不过，有迹象表明，航空用途的铍金属需求可能急剧增长，而且这种急剧增长态势有稳定加强的迹象，远超过上述不利方面的影响。这方面的需求已经开始显现，出现在很多应用领域和很多不同种类的产品上，很难预测它的需求量到底是多少。这事或许不如表面上看到的那么有利可图，因为这个领域可能变得太有吸引力而引来目前不在这一行业的公司在技术上取得重大进展，从而带来竞争威胁。幸好，这家公司在十五个原则中唯一的弱点可能已经得到了很大的改善，这就是它们的研发工作。

股价对这些事情有什么样的反应呢？考虑在那之后每次发放的股利，本书第一版正在撰写期间其股票价格是16.16美元，今天则是26.25美元，涨幅为64%。

其他的几个好例子，虽然我不是那么熟悉，但我相信以它们的管理层素质、业界地位、成长前景以及其他特质，都足以让它们被归为B类公司。它们包括佛特矿业公司(Foote Minerals Company)、佛里登计算器公司(Friden Calculating Machine Co. , Inc.)、史普雷格电机公司(Sprague Electric Company)，等等。如果持有这些公司的股票好几年，一定会获利很高。1947—1957年间，史普雷格电机公司的股价大约增长了4倍。佛里登公司的股票于1954年公开发行，但股价市值在不到3年的时间内增加了约2.5倍。坊间传说在股票公开发行前约1年，有大量股票私底下换手，以当时的价格买进，到1957年就增长了4倍以上。这两只股票的价格涨幅，对大部分投资者而言似乎是令人满意的，但和佛特矿业公司的股价涨幅比起来则会相形见绌。佛特矿业公司的股票于1957 年在纽约证券交易所上市流通，股票交易价格约为每股40美元。在此之前该股票在场外市场进行交易，1947年首次公开发行。如果把股票股利和股票拆分计算在内，1947年首次公开发行时买进其股票的投资者，将100股持有到今天，则持有的股票总数量将在2400股以上，该股票的最近价格大约为50美元。

C类型的公司。最后则是有可能经营成功从而有可观的获利，但经营失败将血本无归或损失大部分资金的小型公司。我曾经在本书的其他地方指出，为什么我相信投资清单上如果有这类证券，持有的数量多少应该视投资者所处的环境和其投资目标而定。然而在投资这类股票的时候有两个不错的准则值得遵守。其中一条已经提过，就是千万不要把无法承担损失的钱拿去投资，另一条是资金较多的投资者首次投资这类公司时，投资每家公司的金额不要超过总资金量的5%。正如我在别的章节中所说的，小额投资者所冒的风险之一，是他的资金总量太少，无法在享有这类投资的美好前景的同时又享受到分散化投资的益处。

本书第一版中我曾提到1953年的安培斯公司和1956年的艾洛斯公司都是潜力很大但风险较高的公司，属于C类股票。这两只股票后来的表现怎样呢？本书第一版完稿之时，艾洛斯的股价是每股10美元，如今为7.125 美元。相比之下安培斯的市场表现算得上非常出色，这也解释了为什么只要管理层的能力出众，而且公司基本面情况没大的变化，绝对不要仅仅因为股价涨幅较大，价格看起来似乎暂时过高而卖出持仓的股票。第三章探讨公司的研发工作时，我提到该股票1953年公开发行后的4 年内，股价涨了700%。本书第一版完成时，它的价格是20美元。如今，销售额和收益年复一年急剧增长，而且销售额中的80%来自4年前还不存在的产品，目前的股价已经高达107.50美元，在两年多一点儿的时间内上涨了437%，6年内的涨幅更是高达35倍以上。换句话说，如果1953年投资1万美元来购买安培斯公司的股票，如今的市值将会超过35万美元。这家公司已经证明它有能力在技术和商业经营上取得一次又一次的成功。

还有其他一些我不是特别熟悉的股票也可以归为这一类，包括首次公开发行时的立顿工业公司(Litton Industries, Inc.)，以及氢化金属公司(Metal Hydrides)。然而从分散投资的观点来看，请将这类公司的一个特点牢记在心，那就是它们包含很大的风险，也有比较美好的前景。最后，这两件事情里面迟早有一件会发生：要么经营失败，要么在业界地位、管理深度和竞争优势方面不断成长，直到从C类转化为B类。

这种事情发生时，这些公司的股票市场价格通常会大幅上涨。根据这段时间内投资者持有的其他股票的价值变化情况，B类股票在整个投资组合中所占的比例可能远高于以前，然而B类股票的安全性远高于C类股票，投资者可以持有较多数量的B类公司，而且仍然可以达到分散化投资的效果。因此，如果C类公司以这种方式变成了B类公司，那么则仍然没有卖出的理由，至少不能说是由于市场价格的上涨使得这家公司在总持仓中所占比例太高而决定卖出。

例如，从1956—1957年间，安培斯公司就像这样从C类公司转变成了B类公司。这家公司的规模增长到了最初的3倍，收益增长则更快，而且随着公司的磁带和零部件业务的下游市场囊括了越来越多的成长性行业，这家公司强烈的内在增长性让它可以被划归为B类，它不再具有很高的投资风险。实现这一步后，安培斯公司的持仓在总持仓中所占的比例可能会大幅提高，而不违背谨慎的分散化投资原则。

以上提到的所有比例，只是最低或最谨慎的分散化投资标准。如果低于这个比例的限制，就如同以超过正常情况的速度开车，驾驶者可以更快地到达目的地，但他应该时刻记得，以这种速度开车必须格外地警惕，如果忘记这一点，不但可能无法更快地到达目的地，甚至可能永远也到不了。

问题的另一面是什么？会不会有什么理由使得投资者在投资中的分散化程度低于如上所述的分散化投资的最低程度呢？没有什么不可以的，只要在两个问题上新增持有的股票看起来和持仓最低的股票一样吸引人，就可以这么做。新增持有的证券其所包含的风险和未来增长的匹配程度，应该能够和其他所持股票大致相当。投资者增加持股之后，也必须有能力时时注意和追踪他投资的所有股票。但是，务实的投资者通常都明白，他们的问题在于如何找到足够出色的投资机会，而不是在众多的投资中做出选择。有时候投资者的确能够找到多于自己投资需求的好公司，但很少有时间密切注意所有新买进公司的动态。

如果一次性投资很多种类的股票，通常不是明智的投资者该有的作风，这样只能透露出他对自己的想法没有把握。如果投资者持有的股票太多，无法直接或间接地掌握相关公司管理层的情况，那么他的最终结局一定会比持有较少的股票坏得多。投资者应该明白，在投资中难免犯错，所以应适当地将投资分散化，以免因一些偶然的错误让自己一蹶不振。但是，超过了这一点，就应特别小心谨慎，不要总想着持有很多种股票，而是要去持有最好的股票。对于普通股来说，持有更多的股票绝不会比仅仅持有少数出色股票更好。

2. 不要担心在战争阴云之下买入股票

富有想象力的人通常对普通股会很感兴趣，但现代战争的恐怖往往会使我们犹豫不决。因此，每当我们的世界出现国际紧张态势，带来战争即将爆发的威胁或是真的爆发战争时，普通股总是对此有所反应。这是一种心理现象，跟投资行为本身关系并不大。

战争中的大屠杀带来的灾难和痛苦，令普通人惊恐不已。在今天的原子时代，我们更加担心亲人和本身的生命安危。对未来可能爆发的战争的这种担心、恐慌和厌恶，往往会扭曲我们对纯粹经济因素的评价。对大量财物遭到毁灭、几乎相当于没收一样的极高税率、政府干预商业行为等事情的忧虑，决定了我们在投资事务方面的想法。在这种心理状态下进行投资的人，往往会忽视一些更重要的影响经济的基本面因素。

结果总是一样的。整个20世纪，除了一次例外，不管每次的大规模战争在世界什么地方爆发，或者美军卷入了哪一场战斗，美国的股票市场总是急剧下跌。例外的一次是1939年9月第二次世界大战爆发之时，那时人们认为中立国将因为战争中接到的军火订单而有可观的获利，股价因此而出现短期的反弹，几个月过去以后，随着德国在战争中获得优势的消息开始日渐增多，马上又变为典型的下降走势。不过，不管是第一次世界大战还是第二次世界大战，再或者是朝鲜战争，所有实际发生的战争尘埃落定之后，大部分股票的价格都会远高于战前人们认为会爆发战争的时候。另外，在过去22年里，至少有10次国际危机带来了爆发大规模战争的可能，每一次股价都在对战争的恐惧之下发生重挫，对战争的恐惧消除之后又会发生强劲的反弹。

广大投资者在对战争的恐惧和战争实际爆发时抛售股票，但等到战争结束时，股价总是涨得更高，而不是下跌，他们到底忽视了什么呢？他们忽视了股票的价格是用金钱表示的。要想进行现代战争，政府在战争期间的花费往往远高于从纳税人身上征收的收入，这使得货币发行量大大增加，结果每一单位的金钱(如1美元)，变得不如从前值钱。买进同样数量的股票，花的钱远多于以往。当然了，这是典型的通货膨胀形式。

换句话说，战争总是使货币变得不值钱。因此，在人们产生战争预期或实际爆发战争时，卖出股票换成现金，是一种在投资方面极度无知的行为。其实，该做的事情恰好相反。如果投资者原本决定好了要买入某只普通股，然而此时全面爆发战争的阴云突然袭来，导致股价出现重挫，那么他应该忽略此时的恐惧心理，坚定信心开始买进。这是保有多余投资现金的人最理想，而不是最不理想的时候。但是这里有一个问题，他应该以什么样的速度买进？股价会跌得多深？只要影响股价下跌的因素是可能爆发战争的预期，而不是战争本身，我们就无法知道这些事情。如果战争真的爆发，股票价格无疑会跌得更低，而且可能比现在低很多。因此，我们应该做的事情是买入，但是慢慢地买入，如果面对的只是对战争的预期，则应小幅度地买入。战争一旦真的发生，则大幅加快买入的速度。所买公司生产的产品或提供的服务，必须在战争时仍然有需求，或者能转换设备，以适应战争时期的公司运营。在如今全面战争和生产弹性的条件下，绝大多数公司都满足以上的条件。

到底是股票在战争时变得更值钱，还是说只是因为货币的价值下跌？这要看具体的情况。幸运的是，美国参与战争时还从没有打过败仗。战争时期，特别是现代战争期间，战败一方的货币可能变得一文不值或元气大伤，普通股将丧失大部分的价值。当然，如果美国被苏联击败，那么美国的货币和股票都会变得没有价值。这时，不管投资者做什么，结果都没有差别。

相反，如果赢得战争或者战事陷入僵持状态，则股票的真正价值要看具体战争和具体的股票而定。第一次世界大战期间，英国和法国的大量战前储蓄流入美国，大部分股票的真实价值上涨幅度甚至会比如果当时是和平时期都高，但这种现象只会有一次，不会重演。如果以固定价值货币，也就是实际价值来表示，第二次世界大战和朝鲜战争期间，美国的股票的确不如当时如果是和平时期更好。除了极高的税率之外，太多的人力、物力从和平时期获利较多生产线，转向了利润率非常低的国防事务。如果花费在这些利润率极低的国防项目上的大量研究工作，可以投入到和平时期的生产线，那么持股人的获利应该会高出很多。当然，这种情况的前提是美国仍是个自由国家，持股者能分享企业创造的利润。应该在战争时期或者存在对战争的预期和恐惧的时候买入股票的原因，并不在于战争本身可能再次让美国的持股者得到利润，而是因为在此情况下持有现金的收益较差，相比之下以货币单位表示的股价总会上涨的。

3. 不要忘了你的吉尔伯特和沙利文[①]

吉尔伯特和沙利文(Gilbert &Sullivan)很难被视为股票市场的权威。不过，我们应该牢记他们告诉我们的这句话：“花儿在春天盛开，可是它跟春天本身却毫无关系。”很多投资者往往把一些肤浅的金融统计数字看得非常珍贵，将它们与吉尔伯特和沙利文所说的春天盛开的花儿相类比，或许有点儿夸张了。我们不是说它们之间没有任何关系，而是说其中的关系不大。

这些统计数字中，第一重要的就是一只股票前几年的市场价格表。出于某些理由，很多的投资者考虑买入一只股票的时候，首先最想看的第一样东西是一张表，这张表列出了过去5或10年中股票每年的最高价和最低价。他们在心里经过一番细细思索，终于得出一个大概的数字，愿意以这个价格买入股票。

这是不合理性的做法吗？这么做会对投资理财造成危险吗？这两个问题的答案明显为“是”。这种做法是非常危险的，原因在于强调了不怎么重要的事，而把注意力从真正重要的事情上转移开了。这往往导致投资者只能获得一些小利，而错失了大的利润。为了理解这一点，我们必须看看这种心理过程为什么是不合理性的。

是什么决定了一只股票的卖出价格？它取决于所有对一只股票有兴趣的人，当时认为这只股票应有的正确价值的综合估计值。潜在的买方和卖方首先对这家公司的前景做出综合的评估，再对每一个买方或卖方打算买入或卖出的股数进行加权，然后相对于同一时间一些其他公司前景的类似综合估值，从而得到一个特定的价位。偶尔会有些因素，如被迫抛售持股等，会使价位小幅度地偏离这个数字。市场中的大买家出于某些理由，比如交纳遗产税或偿还贷款等，而在市场上抛售股票时，便

---

①吉尔伯特(Wiliiam Schwenck Gilbert)是英国剧作家，沙利文(Arthur Seymour Sullivan)是英国作曲家，两人曾合写过大量的轻歌剧。

会发生这种事情，这可能和卖方对这只股票真实价值的判断没有直接关系。这种压力通常只会使价位小幅度地偏离所有投资者对这只股票的综合评估价格，因为想购买廉价股票的投资者往往会趁此机会买入，从而使价格自身产生调整。

真正重要的事情是，价格是以投资者对当前形势的评价为主。一家公司业务方面的变化为人所知之后，投资者会对其做出将使公司趋于有利或不利的判断。于是这只股票的价格相对于其他股票就会发生上涨或下跌。如果对这些因素做出了正确的研判，这只股票相对于其他股票的价值就会永远较高或较低，于是保持上涨走势或下跌走势。如果更多类似的因素相继出现，整个金融界就会逐渐认清它的价值。这样一来股价的上涨或下跌趋势就会进一步继续。

因此，4年前某只股票的价格可能和目前的价格关系很小或者根本没有什么关系。这家公司可能新培养出了许多能干的高级管理人员开发出了一系列能获得高利润的新产品，或者具备其他类似的特点使得它的股票本质上相对于其他股票的价值是4年前的4倍。这家公司也有可能落入工作缺乏效率的管理层手中，使得公司相对于竞争对手严重退步，恢复活力的唯一方法是筹集大量新资本。但这样一来股权就会被稀释，使得如今的股票价格可能不到4年前的1/4。

根据以上所述的场景，我们可以看出为什么投资者经常会为了追求一些蝇头小利而错失可能带来巨大利润的股票。一些投资者由于过分强调“还没上涨的股票”，从而无意中养成一种错觉，以为所有的股票都会上涨类似的幅度，已经上涨很多的股票不会再继续上涨，而还没上涨的股票，则“理所应当”发生上涨。没有什么事情能够违背真理。关于现在是否要买入某只股票的决策，跟它过去几年是否已经出现上涨的情况根本没什么关系。真正与投资决策有关的是近年来公司的各项业务是否得到足够的改善，或者将来会发生足够的改善，以证明价格高于目前的水平是高得有道理。

类似地，许多投资者在决定是否要买入某只股票时，太过于重视过去5 年来的每股盈余。他们观察每股收益，并且非常看重四五年前的收益，就像试图让一台没有和任何可以使之运转的设备相连接的发动机继续发挥作用。仅仅知道一家公司四五年前的每股收益是如今收益的4倍或1/4，我们仍很难凭此判断应该买入或卖出某只股票。同样，重要的是对公司的背景状况有足够的了解，了解未来几年公司可能发生什么事是最要紧的事情。

投资者总是能收到一大堆报告和所谓的分析，内容主要是探讨过去5 年的股票价格。他应该牢记于心的是，现在对他而言真正重要的事情是未来5年的收益，而不是过去5年的收益。之所以会有人发这些报告给他的原因在于，放入报告中的那些资料，在当时的背景下肯定是正确的。如果放入更重要的数字，将来的形势发生改变，那份报告就可能看起来很可笑。所以说，撰写报告的人往往都强烈地倾向于使用尽可能多的篇幅填入大家没有什么争议的事实材料，而不论这些事实材料是不是真的重要。然而金融界有很多人都倾向于强调往年统计数字，理由有很多种。他们似乎无法理解一些现代企业的真实价值在短短几年之内可能发生多大的变化，所以他们强调过去的收益记录，十分相信去年详尽的会计描述记录能反映出明年到底将发生什么事情。对于一些受到高度管控的公司，如公用事业类公司，这可能是正确的。但是，如果投资者想要利用手头的资金获得最大回报，这样就是错误的。

这方面有个典型的例子，我有幸熟悉了解事件发展的整个过程。1956 年夏，有个很好的机会，能够从德州仪器公司的一些重要高管手里买到很多该公司的股票，同时这些人也是德州仪器的最大股东。仔细研究了这家公司之后，我发现它不只是恰好符合我们的十五个原则，而且表现非常优秀。这些高级主管卖出所持股票的理由似乎也非常合理，真正的成长型公司往往会出现这样的事。他们持有的股票价值已经增加了很多，就他们持有的自己公司的股票来说，其中有些人早就成了百万富翁。相对于股票而言，他们的其他资产微不足道。因此，这样一来他们只卖出一小部分持股就能达到分散投资的效果。对这些重要的企业高管来说，不管公司前途如何，单从财产税方面考虑，他们卖出股票的行为就算得上明智。

总之，经过买卖双方的协商，最后的成交价格是14美元。这是1956年预估每股收益——70美分的20倍。在那些特别重视往年统计数字的人眼里，以这种价格买入肯定是不明智的。从1952年到1955年的4年内，公司报告的每股收益分别是39、40、48、50美分，这种记录并不能让人感到兴奋。对于那些认为管理层的能力和当前的经营趋势等重要因素不如表面的统计数字重要的人而言，更令他们沮丧的是，这家公司通过兼并收购活动而取得了若干亏损递延的好处，在这段时间的大部分时候承担较轻的所得税，这就使得以历史统计数字为基础计算出来的价格显得更高。最后，即使把1956年的收益也纳入评价之中，粗略研究一下当时的情况，还是会得出看空的结论。没错，这家公司目前在半导体这个前景光明的行业做得非常好，但是，如果撇去半导体行业整体增长这一因素，像德州仪器那种规模的公司，和规模更大、历史更悠久、财力更为雄厚的公司相比，其目前的优势地位能维持多久？

当人们通过正常的证券交易管理委员会(SEC)渠道知道了德州仪器的高管们要出售所持股票的消息之后，德州仪器股票的成交量突然暴增，但价格几乎没有变化。我猜测，大部分的卖盘是各证券经纪公司的评论引发的。大多数证券经纪公司引用历史统计记录，并对股票的历史最高价、未来的行业竞争和公司内部人员卖出持股发表评论。有份报告甚至说德州仪器的管理层完全同意它的说法。这份报告指出，那些出售所持股票的高管们说：“我们同意他们的看法，并建议采取相同的行为！”据我所知，这段期间的大部分买盘都来自一家消息灵通的大型机构。

接下来12个月里发生了什么事？不管投资者们是如何议论纷纷，德州仪器的地球物理和军事电子业务还是在继续增长。半导体（晶体管）业务部门的增长速度更快。然而比晶体管业务的迅速增长更重要的事情是，能干的管理层在研究方面进行了大刀阔斧的行动，推动机械化进程，并在半导体这个非常重要的业务领域当中建立起分销组织。越来越多的证据可以表明，1956年的经营业绩并非昙花一现。反之，这家规模并不大的公司，有希望在美国这样一个增长最迅速的工业行业中继续保持其最大、成本最低的制造商之一的身份。因此，金融界人士开始向上调整买入这家经营良好的公司所需要的合理市盈率。1957年夏，公司管理层公开发表讲话，宣布那一年的每股收益大约为1.10美元，增长了54%，以致在短短的12个月内，股票市值上涨了约100%。

我在本书第一版中写道：

“我怀疑，如果这家公司主要业务部门的总部不是设在达拉斯和休斯顿，而是设在拥有一大批能够更多地了解这家公司业务的金融分析师和重要基金经理人的大西洋北半部沿岸，或洛杉矶大都市区，那么这段期间内它的市盈率或许会更高一些。如果未来几年德州仪器的销售额和收益能够继续大幅提高，我们就可以注意观察一下这种持续性的成长是否能推动市盈率的继续上升。如果真的发生这样的情况，它的股票价格会再次以快于收益增长的速度增长。两者互相产生影响，总能带动股价快速上涨。”

这个乐观的预测有没有被证实呢？那些在评价投资机会时仍坚持根据过去的收益情况做表面分析的人，可能会在看到德州仪器的价格表现之后极为震惊。公司的每股利润从1957年的1.11美元上升到了1958年的1.84美元，1959年有望超过3.50美元。自从本书第一版完稿以来，这家公司获得了无数的荣耀，这势必会吸引金融界的注意。1958年，面对一些众所周知的电子和电机设备业巨头的竞争，全世界最大的电子计算机器制造商IBM公司选择与德州仪器开展合作，共同研究半导体在电子设备上的应用。另外，德州仪器于1959年宣布在技术上取得了突破，利用和当时的晶体管几乎同样大小的一块半导体材料，不只可以取代一个晶体管，甚至能替代整块集成电路！这个超乎想象的发现开启了机器设备趋于小型化的趋势。随着公司的成长，公司里这个能力十分出众的产品研究发展部门随之壮大。今天，没有哪个消息灵通的人士会怀疑这家公司在技术和业务经营上的若干个“第一”能在未来持续好几年的优势。

该公司股票的市场价格对这些情况有什么样的反应？我在22个月之前就说过市盈率可能会持续上升，如今这件事是不是真的发生了？从记录上来看是肯定的。1957年以来，每股收益增长了3倍多一点儿。股价从本书第一版完稿时的26.50美元上涨了5倍以上。顺便说一下，本书第一版里提到，不到三年半以前，有人买进相当数量的该公司股票，进价为14 美元，而目前的价格已经上涨到这个数字的10倍以上。尽管股价已经大幅上涨，但我们很有兴趣知道未来几年的销售额和收益的进一步增长，能不能引发股价的继续上涨。

这又让我们想起另一种思维方式，这种思维方式导致很多投资者过分注意过去的价格运动范围和每股收益等不相干的统计数字。他们认为过去几年发生的事一定会无限期地延续下去。换句话说，有些投资者会找出过去5年或15年中每年每股收益和市场价格都在上涨的股票，并且得出结论说，这个趋势几乎肯定会无限期持续下去。我承认这种情形有可能发生，但是公司为了取得成长，必须进行新产品的研发，而取得成果的具体时间是很难断定的，而且研发新产品花费不菲，所以即使最优秀的成长型公司，收益增长率也难免偶尔会发生1～3年的下跌。收益增长率的下跌亦会导致股价的重挫。所以说，过多地强调以往的收益记录，却忽视能决定未来收益曲线的公司运营状况，可能让投资者付出很大代价。

这是不是表示在决定是否要买某只股票时，可以完全忽视过去的收益和价格范围呢？并非如此。我的意思只是说投资者重视它们的程度，不应高到给自己招致危险的地步。只要投资者认识到它们只是适用于特殊目标的辅助工具，而不是决定一只普通股是否具备投资价值的主要因素，它们就是有用的。比方说，研究前几年每股收益的波动情况，可以了解一只股票的周期性，也就是企业收益在经济周期不同阶段受到其影响的程度。更重要的是，比较过去的每股收益和价格范围，可以了解一只股票过去的市盈率，这可以作为衡量未来市盈率的基础。但是，同样也应该牢记，决定股价和市盈率的是未来，而不是过去。也许一只股票过去几年的价格一直稳定维持在只有收益8倍的水平，但现在，管理层发生变动、公司建立起了一流的研发部门，诸如此类的事情使得股票目前的价格达到了收益的15倍左右。如果有人估计出了未来的收益，并推算这只股票的预期价值只有收益的8倍，而不是15倍，那么未免也是过分依赖于过去的统计数字。

我把这一小节的标题命名为“不要忘了你的吉尔伯特和沙利文”，或许我应该写成“不要受无关紧要之事影响”。前些年的收益统计数字，特别是股票的价格范围，往往都是“无关痛痒之事”。

4. 买进真正优秀的成长股时，除了考虑价格因素之外，不要忘了时机

我们来谈谈投资中经常会发生的一种情况。有一家公司非常符合我们所建立的十五个原则的标准。此外，从现在算起的一年之后，公司获利能力将有很大的进步，但是金融界人士还没有完全搞清楚将导致收益大幅增加的原因。更重要的是，有强烈的迹象表明新的获利来源至少将带来公司业绩好几年的大幅增长。

正常情况下，这只股票显然应该买入，但有个因素会令我们迟疑不决。由于前些年在其他业务方面经营得很成功，这只股票备受金融界人士的欢迎，若不考虑那些大家都不得而知的新的影响因素，这只股票的合理市场价格应该是在20美元左右，但目前竟然涨到32美元这个不合理的价格。假设5年后这些新影响因素能使股价轻而易举地涨到充分反映其价值的75美元，那么我们现在是不是应该以比我们印象中这只股票应有的价格高出60%的32美元买入？新的情况总有可能不如原先设想得那么好。而且，股票价格也有可能回撤到我们心目中的真实价值20美元。

面对这种情况，许多保守型的投资者会密切关注行情。一旦股价跌到接近20美元的位置，他们就会积极买入，否则便不考虑这只股票。这种常见的情况值得我们进一步分析。

20美元这个数字是什么金科玉律吗？非也，因为它没有考虑未来价值中一些重要的元素——我们知道但其他大部分人不知道的因素，而且我们相信这些因素在未来几年会促使股票的价格涨到75美元。这里真正重要的是，我们要找到一种方法来以接近最低价的价格买到股票，而且股票能从这个低价位的基础上不断上涨。我们关心的是，如果以32美元买进，后来的股价可能会跌到20美元左右，这不只是让我们有暂时的损失，更重要的是，如果股价后来涨到75美元，则同样的一笔资金在32美元能够买到的股票数量，比耐心等它跌到20美元再买入少了大约60%。假设20年后，其他新的业务推动股价上涨到了200美元，而不是75美元，则同样的资金能够买到的股票数量便格外重要。

幸好在碰到这样的情况时，还可以依赖另外一个方法。保险业和银行业的一些朋友甚至会觉得，即使在面对市场的风险也是一样的安全。这个做法就是不在特定的价格买入股票，而是在特定的日期买入。只要研究这家公司过去其他经营成功的业务，就可以发现这些业务的成功在发展阶段的某个时间点便会反映到股价上，或许这个时间就是这个业务生产线到达试产阶段之前大约一个月的时候。假设股价现在仍然是32美元左右，那么为什么不准备在5个月之后，也就是试产工厂开始步入生产之前的一个月买入股票？当然，那时买入股票后，股价仍然有可能下跌。不过，即使我们在20美元时买入，还是不能保证股价不会进一步下跌。如果我们有相当不错的机会能在尽可能接近最低点的价位买入，即使我们觉得，就大家都知道的信息而言，股价可能继续下跌，我们不是仍然能达到目标吗？这种情况下，在某个日期买入，不是比在某一个价位买入更安全吗？

基本上这个方法一点儿也没有忽略股票的价值，只是表面上看起来有所忽略。如果不是该股票未来价值有可能大幅上涨，那么我的一些金融界的朋友声称应该在某个日期买入，而不是在某个特定的价位买入这一做法就会显得很不合逻辑。但是，如果有明显的迹象表明股票价值一定将会提高，那么在某个日期买入，而不是在某个价位买入，就有可能在最低价位或非常接近最低价位的价位买到价值即将进一步大幅增长的股票。卖股票的时候也是这样。总之，在买卖任何股票的时候，这都是你应该去尝试的方法。

5. 不要盲目从众

接下来我要描述一个重要的投资观念，如果没有相当丰富的投资经验往往不太容易理解这个观念，因为它很难用精确的文字解释清楚，也无法简化为数学公式来表达。

本书屡次谈及影响普通股价格上涨或下跌的各种不同因素，比如企业净利润的升降、公司管理层的人事变动、新的发明或新的发现问世、利率或者税法的改变，等等，这些随便举出的一些例子，都是促使特定普通股的价格上涨或下跌的诸多因素中的一部分。所有这些影响因素都有个共同点，那就是它们都是我们这个世界中真正发生的事情，它们已经发生或是即将发生。现在我们要探讨一种截然不同的价格影响因素，这种因素纯粹发源于心理层面。外部或经济世界根本没有发生任何变化，只是绝大多数的金融界人士从不同于以往的视角来观察完全相同的情景。由于判断同样一组基本事实的方式发生了改变，结果同样一只股票，人们愿意支付的价格与市盈率也跟着发生改变。

和女性服装领域一样，股市里面有时尚和流行款。这些时尚和流行款式可能持续好几年，扭曲了当下的市场价格和股票实质价值的关系，其影响之大，类似于一个商人在流行齐脚长裙的年份里，不得不忍痛放弃一大批高品质齐膝短裙。举个实际的例子：1948年，我曾和一位具备极强投资能力的先生聊天，他当时担任纽约证券分析家学会(New York Society of Security Analysts)董事长，这个职位通常只授予金融界比较出色的人才。那个时候我刚拜访过位于密歇根州米德兰的陶氏化学公司总部，刚刚到达纽约，我向他提及，即将结束的那个会计年度里，陶氏的收益会创下新高，我认为这只股票非常值得买入。他回答道，他觉得对于陶氏这样一家能保持那么高的每股收益的公司而言，这个数字可能只具有历史意义，或者只能在将来用于统计研究。换句话说，他认为这种收益水平不会使陶氏公司的股票变得更有吸引力，因为明显可以看出，这家公司只是在享受战后暂时的繁荣期，并不能维持长久。他进一步解释说，除非发生美国内战或第一次世界大战几年后那样的战后经济大萧条，否则不可能判断一只股票的真正价值。非常遗憾，他的推理完全忽视了这家公司当时正在开发的众多有趣的新产品对股票价值可能产生的进一步推动作用。

后来陶氏化学的收益从来不曾低于过这个大家当时以为异常的峰值，股价也从当时大家所认为的高价继续上涨了好几倍。这些事情不是此处探讨的重点。我们想知道的是，为什么这位能力卓越的投资专家面对相同的事实，却对陶氏化学股票的内在价值得出和几年前截然不同的判断。

答案就是从1947年到1949年的3年之间，几乎整个金融界都陷入了集体错觉。事后判断从前发生的事往往很容易，所以我们现在能够坐而笑看那些在1492年让克里斯多夫·哥伦布的广大船员们感到极其恐怖的那些事情。哥伦布的圣马利亚号(Santa Maria)上的大部分船员夜夜无法安然入眠，因为他们感到非常恐惧，害怕所乘的船随时可能从地球的边缘掉落而永远消失。1948年，投资界不重视任何普通股的收益，因为大家普遍认为没有什么能够阻止近期内将出现的严重经济萧条，股市的大崩盘在所难免，因为此前两次大规模战争后几年内都发生了相同的情况。1949 年的确出现了小幅度的经济萧条。当人们认清经济萧条的程度并没有想象的那么严重之后，金融界发现随后的趋势是上升，而不是下降，从而在评判普通股的时候在心理因素上产生了重大转变。接下来的几年里，由于心理因素的改变，许多普通股的价格上涨了一倍以上，有些普通股同时受益于外部条件的改善和基本面的改善，涨幅要比一倍更多。

在不同的时间，金融界人士对相同一组事实的评估方式相去甚远，绝不仅限于股市大盘，也存在于一些特定行业和这些行业中的特定公司。由于投资环境的不断变化，金融界的偏爱也不断变化，使得他们对同样的事实却产生了不一样的解读。

举例来说，在某些特定的时间段内，国防行业被投资界认为是一个缺乏投资魅力的行业。国防行业的最突出特性之一在于它只有一位客户，也就是政府。这位客户在某些年份大量采购军事装备，有些年份却缩减军费开支。因此，我们无法得知这个行业下一年会不会有大合约取消，导致业务枯竭。

除此之外，还要考虑到承包政府项目的利润率通常很低，而且法律在重新修订后有这样的倾向：为政府工作可以拿走大部分的利润，但是决不允许出现会导致损失的计算错误。另外，承包厂商必须不断运用最新型的设备竞标，这就需要在这个领域中不断改进工程设计，所以高风险和混乱是行业内常态。然而，不管工程设计做得多么出色，都不可能给出一些标准化的东西，帮助你的公司在面对积极进取的竞争对手时保持长期的优势。最后，一旦和平状态来临，行业盈利就会衰退，从而使得行业内公司的业绩发生下跌。过去20年里，这种看法在投资界非常盛行，从而使得国防类股票的价格相对于每股收益来说是偏低的。

不过，最近金融界人士有时候会从同一组事实资料中得出其他结论。从目前的全球形势来看，在接下来的若干年里，国家必须花费大量资金来研发防空设备。虽然每年的花费总额可能有所变动，但工程设计的变化速度之快，使我们需要越来越多的昂贵设备，因此，这方面支出的长期趋势是上升的。这表示买入了这一类证券的幸运投资者，将自己置身于不会被下一波经济萧条所影响的少数行业之一，然而其他的大部分行业早晚会身陷经济萧条的窘境。虽然利润率受到法律的限制，但经营良好的公司还是可以做很多的业务，因此净利润总量并不会受到限制。当这种观点在投资者中流行开来之后，基于同样的事实便有了截然不同的判断结果，股票的市场价格也与从前大为不同。

我们可以举出很多行业的例子，说明过去20年里金融界起初以某种方式观察某个行业，后来又用另一种方式观察，结果让股票的价格随之起起落落。1950年，人们普遍认为制药类的公司具有工业化学公司那样令人满意的特质。优秀的研发成果以及人们生活水平的稳步提高，带来的是无止境的发展潜力，这使得最好的制药行业股票和最好的化学行业股票的市盈率一样高。后来，某家生产商从前销售得非常好的一款产品出现了问题，金融界的所有人马上觉得这个行业中不能保证当前居于领导地位的公司，明天仍然居于领导地位。于是他们重新评价了整个行业，从而得出了完全不同的合理市盈率的标准，原因不在于事实本身发生改变，而是对相同的事实的解释方式上发生了变化。

1958年的情况恰好相反，虽然这一年发生了经济衰退，但是制药行业是少数产品需求不跌反增的行业之一，行业内大部分公司的收益有所上升并创下了新高。与此同时，化学品制造商的收益却大幅下滑，主要是因为刚完成的大规模生产扩张行动导致了产能过剩。善变的金融界再次开始大幅提高制药类股票的市盈率，同时有一种观点开始滋生，越来越多的投资者开始觉得化学类股票不如原先想象的那么具有吸引力。所有这些不过是金融界人士看法上的改变，并不是行业与公司基本面或内在条件发生了变化。

一年后，投资者们这种新的看法又发生了转变。一些优秀的化学品公司率先恢复了一度下跌的盈利能力，在行业增长趋势的带动下业内公司的利润迅速上升并创下新高，它们很快重新获得了暂时失去的声望。

在政府严控对制药类企业的定价政策和专利政策的不利环境背景下，重要的新药品数目仍是越来越多，这将为制药企业带来长远的效益，从而有望进一步加强制药类股票的优势。因此，我们很有兴趣来观察最近重新夺得优势地位的制药类股票，在未来几年是进一步成长或是开始步入衰退。

在本书的第一版中，我又提到了一个当时最新的例子，用以说明金融界方式改变的情景：

“现在又有一个行业预期改变的例子。多年以来，机械工具制造商的市盈率相对于其收益一直保持在较低的水平。大家几乎一致认为，机械工具行业是一个繁荣与衰退交替出现的行业。不管收益有多好，都没有太大的意义，因为那不过是眼前的一时繁荣造就的，无法保持长久。但最近有个新的理念，虽然还没有在这个问题上取得主流地位，但却有越来越多的人信奉。这个理念相信，第二次世界大战以来，该行业的基本面已经有所变化，并影响到这些公司。整个行业的资本支出计划已从短期规划转为长期规划。因此，使得机械工具制造行业兴衰波动巨大的原因已经消失。行业工资水平偏高，而且还在上升，即便是不能永久改变，也能使让整个行业多年内不再出现兴衰交替剧烈的情况。工程设计进步的速度一向很稳定，并且已经有所加快，这将进一步加速行业内产品更新换代的速度。因此，机械工具制造业在战前的强周期性趋势有望发生改变，取而代之的是最近出现的稳定增长趋势，并且这个趋势会在未来继续延伸下去。自动化技术可能使这种稳定增长趋势表现得十分惊人。

“受到持有这种想法投资者的影响，如今那些比较优秀的机械工具制造类股票相对于整体市场而言，得到了比几年前更好的评价。这类股票的市盈率相对于收益而言仍然偏低，因为仍有一部分人认为这是一个兴衰波动巨大的周期性行业，不过这种思想不如以前那么强烈。如果金融界逐渐认为机械工具制造不再是周期性行业，而且具备乐观的成长预期，那么这类股票的市盈率就会再次上升。这样它们的表现就会远好于市场平均水平。若要是认为此行业兴衰交替剧烈的传统观念再次兴起，那么它们的市盈率就将会低于目前的水平。

“普通股投资者如果希望在买卖股票中获得最大的收益，看过这个机械工具制造业的例子之后就可以明白很多。他必须根据事实来分析探讨当时金融界对整个行业和他打算买入的特定公司的主流观点。如果他能找出某个行业或者某家公司当时金融界对它的主流看法远比实际情况表现得要差，那么他就可以摆脱这些世俗观点的干扰，积极买入并获得超额的收益。如果买入的公司和行业是当时金融界疯狂追捧的，那他就应格外谨慎，要确定它们真的值得买入时才买入。有些时候的确是值得买入，而且由于有时候对基本事实的解读非常乐观，以至于后市股价大幅上扬，使得投资者能够以事后来看并不很高的股价买到当时金融圈中炙手可热的股票。”

当然，关于机械工具制造业从本质上来说还算不算是一个兴衰交替剧烈的行业这个问题，我们已经知道了答案。1957年的经济衰退，彻底粉碎了一个观点，那就是“长期企业规划可以作为缓冲，使得机械工具制造业不再受制于经济循环的衰退阶段”。但是，今天科技的进步速度越来越快，解决了一个这类问题，又会面临更多的问题，聪明的投资者如果能摆脱群体干扰而独立思考，在绝大部分人的意见偏向一致时得出自己独立的正确答案，那么他将获益颇丰。“奇特的”能源类股票和一些小型的电子类股票，从公司的内在素质来说，今天得到那么高的评价，是理所应当的吗？超音速设备制造商的发展前景真的那么好，以至于不能再用普通的市盈率水平对其做出评价？一家公司如果有很大一部分的收益来自海外业务，这对美国投资者是好事还是坏事？投资大众对所有这些问题的想法目前可能过偏，也可能还没有过偏。聪明的投资者想要买入受这些因素影响的公司股票时，必须确定哪些是会得以延续的基本趋势，哪些只是一时的热点。

这些投资热点和对事实资料的不正确解读可能持续好几个月，或者是好几年。但长期而言，真实状况不仅将会终结这些现象，而且往往能导致受影响的股票往相反的方向走得更远。一个人如果能够看透绝大多数人的想法，并且发现事实真相如何，那么将在对普通股的投资中获得丰厚的回报。不过，我们身边的人不容易形成能够强烈影响所有人看法的综合性的意见，但是有一个因素是我们每个人都能看得出来的，而且非常能够帮助我们摆脱随大流的错误思维，这就是金融界通常需要很长的时间才能发现基本面已经发生变化，除非牵扯到知名人物或非常引人注目的热点事件。美国广播公司所处的行业虽然具备吸引力，但因为经营不善，它的股价一直都很低。如果有个知名人物当上该公司的新总裁，股价通常不仅会应声上涨，还可能备受市场的追捧。这是因为一开始就爆发出的激情如此之高，以至于让人们忽视了基本面的改善是需要时间才能完成的。相反，如果在此之前由默默无闻的人接管经营，很有可能几个月、几年过去了，公司在金融界的口碑仍然不是很好，市盈率依然处于较低的水平。在金融界人士修正对公司的评价从而导致股价激涨之前认清这些情况，是经验尚浅的投资者用以练习独立思考的最简单方法。

第十章　如何找到成长型股票

《怎样选择成长股》第一版发行之后，我开始收到全国各地读者的大量来信，数量之多非常惊人。最常见的一个要求，是希望提供更详细的资料来说明读者(或他的投资顾问)应该怎么做，才能在市场中找出股价涨幅较大的股票。鉴于有那么多人对这个问题感兴趣，我在这里就对此发表一些评论或许会对读者有所帮助。

做这件事要花很多时间，需要很高的技巧以及警觉性。资金规模较小的投资者可能觉得所花费的时间超过了个人所能承担的极限。如果有一种简单、快速的方法，可以选到获利丰厚的股票，那么无论是对资金规模大还是小的投资者都是好事。但我非常怀疑是否存在这种方法。当然，每个人应该花多少时间在这些事情上，要取决于自己有多少资金可用于投资、对投资的兴趣有多大、个人的投资能力如何？每个投资者都需要自行做出判断。

我无法保证只有我的方法可以找到赚钱的股票作为投资目标。我也不能完全认定它是不是最好的方法，但是很明显，如果我认为其他的方法更好，就不会使用这个方法。多年以来，我一直遵循以下所说的步骤来进行股票投资，对我来说，这个方法不但有用，而且效果非常好。当然，有些人在处于投资生涯初期这一重要阶段时，就拥有了较丰富的背景知识、有优势的人际关系，或者有能力将这些方法加以变通改良，从而能够取得更好的整体成果。

下面的内容分为两个阶段，每个阶段所做的决策的质量好坏，对于最终所获得的投资成果具有非常重大的影响。这两个极其重要的观点中的第二点是："我现在应该买入这只股票，还是不买？"所有人都能立即看出，投资者对这个问题所做的决策十分重要。投资者可能不容易理解的是，在选择普通股的初始阶段也必须做一些决策，这些决策直接关系到你能不能发现一只10年后能够增值20倍的股票，而不仅是找到一只涨幅还不到1倍的股票。

所有想要开始着手寻找高增长股票的人，都将面临着这个问题：在几十个行业中，有数千只股票都有可能值得花费大量精力去仔细研究。除非你投入大量心血，否则将无法确定哪些股票是值得投资的。不过，即使只研究其中一部分，也没有人有那么多的时间。你如何选出其中一只或者少量的几只股票作为花时间深入研究的目标呢？

这个问题远比表面上看到的那样要复杂。你所做的决策，可能轻易淘汰一些几年后能够给你带来大量财富的股票；你做出的决策，可能让自己把获利的种子撒在了贫瘠的土壤里，当你搜集的资料越来越多的时候，情况就会变得越来越明朗，你的研究一定会得到一个与绝大多数的研究工作相同的答案，这个答案就是那不过是家平平庸庸的公司，也可能情况略好一点，但绝不是会带来大量利润的公司。从投资的观点看，这个重要的决策，决定了你能够挖到一座富矿，还是因为对事实缺乏了解而只能找到贫矿。这是因为你在做大量研究工作之前，必须先决定自己的时间要花在哪里，不能花在哪里，这样再去做足够多的事情，以便得出正确的结论。如果你做的准备工作非常充分，为决策提供了充足而恰当的背景资料，这样，由于你花了很多时间研究每一种状况，那么在做第一个重要决策时你的速度会很快，不知不觉间你便已经形成了决策。

几年前，我一定会很真诚地告诉你，我用了一种看起来非常简捷高效的方法解决了这个问题，但可惜这个方法是错的。由于我经常去各家公司做调研，特别是跟我管理的基金公司相熟的公司，我借此机会和很多能力优秀的企业高管、研发人员建立起了很好的关系，能和他们聊起别家公司的情况。我相信，在与这些消息灵通人士接触时所得到的意见和线索，能让我得到很多值得调研的候选对象，而且其中相当一部分公司具备我所一直寻求的优秀特质。

我有一套改善自己生意的分析和实证方法，我也期望我所投资的公司也用这套方法去改善其经营活动。因此，几年前我做了一项研究，探讨两件事：①我如何选定接下来将要研究的公司？②根据事后的回顾，我探讨了某一种来源和另一种性质完全不同的来源所提供的原始信息，并以这两份原始信息为源头各自展开深入调研，最后带来有价值的成果(也就是之后买到投资收益非常大的股票)所占的比例，两者之间是不是有很大的差异？

我发现到的事实令自己惊讶不已，但分析起来却又完全合乎逻辑。我本来认为企业高管或是科学家这一类人才是我的原始信息的主要来源，他们的观点促使我去研究调查某家公司而不是另一家。但他们提供的线索，算起来大概只有1/5能够引起我的兴趣并进行更深一步的研究。更重要的是，这些线索并没有让我发现高于平均水平的优秀投资对象。他们提供的线索只占我全部研究调查线索的1/5，而这1/5，只带来了大概1/6 有价值的投资成果。

相反，完全不同的另一群人所提供的原始信息与线索，引发了我大概4/5 的研究调查，并且带来的收益大概占我最终投资成果的5/6(以我买到的有价值的股票来衡量)。在全国各地，我慢慢开始认识并尊敬这些人，他们在挑选成长型普通股方面做得非常出色。这些能力卓越的投资专家分散居住在很多地方，比如纽约、波士顿、费城、布法罗、芝加哥、旧金山、洛杉矶、圣地亚哥等。有好几次，其中一些人对他自己所特别喜欢的股票所下的结论，我可能完全不认同，甚至觉得那只股票根本没有什么值得研究的。有那么一两次我甚至怀疑他们的思虑是否周全。但是，因为我知道他们每个人的金融思维都很敏锐，投资记录不同凡响，所以我非常乐于倾听他们详细地向我解说那些他们认为增值潜力雄厚、极具吸引力的公司。

此外，由于他们是训练有素的投资专家，在我决定一家公司是不是值得深入研究的时候，我通常能够在我认为最重要的事情上面很快得到他们的意见。这些重要的事情是什么？本质上说，所谓重要的事情就是一家公司对前面所说的十五个原则的符合程度，并且在初步的研究阶段还需要特别强调两个问题：这家公司所处的行业，或者即将进军的行业是否面临着高速成长的机会？随着整个行业的成长，一些属于后起之秀的公司是不是很容易就能经营起这方面的业务，并取代原来的处于市场领导者地位的公司？如果这些业务的特质难以防止后起之秀的公司涉足这个领域，缺乏行业壁垒，那么这种增长的投资价值就很是微不足道的。

采用投资方面成就较低或投资能力较差的投资人士的意见作为原始的信息或线索，从而找出值得研究调查的对象，这种做法的效果如何？如果找不到更合适的人选，我肯定会找他们多谈一些。我总是试着找时间听一次任何类型的投资者的意见，同时特别留意那些在业内锋芒初现，踌躇满志的年轻人，以确保自己不会错失任何人的意见，但是能够花在这方面的时间非常有限。如果事实证明某位投资专家的投资判断出现谬误，我会把他的投资判断或他的可靠性降级，并且倾向于花更少的时间来调查研究他所提到的公司。

从书面资料中寻找原始信息线索从而找出值得研究调查的公司，这种做法好不好呢？我偶尔会受到最可靠的证券经纪机构所发布的报告的影响，而能够影响我的都是未曾到处散发、专供少数特定人士阅读的报告。但就整体而言，我觉得证券经纪商向大众公开发表的印刷资料不会有太多的资料线索，它们不准确的地方太多，更重要的是，大部分此类报告只是将金融界已知的事实再重复一遍。同样，我偶尔会从最好的金融贸易类期刊中得到有价值的信息（我发现它们在完全不同的目的上有很大的用处)；但因为我觉得它们在我最感兴趣的一些事情上有一些先天上的限制，没办法报道，所以我发现，在寻找值得调查研究的好公司的时候，这些书面资料算不上是新信息的有效来源。

还有一个可能提供原始信息线索的来源，熟悉科学技术或能力较强的人也许能从中受益，尽管我自己没能成功地运用它。这个信息来源就是大型顾问研究公司，如亚瑟 D.李特(Arthur D.Little)、斯坦福研究所(Stanford Research Institute)或贝特尔(Battelle)。我发现，这些机构的员工对于商业和技术发展有着很深入的了解，他们应该算得上是一个非常有价值的原始投资信息来源。从他们那里，应能得到有价值的原始投资点子。但我发现这些人有个倾向，他们都不愿讨论他们所知道的大多数信息，因为这有可能打击到客户公司对他们的信心(这个做法非常值得赞许)，这样他们对我而言的价值便大打折扣。如果能有比我聪明的人找到一种方法，在不损害其客户公司的前提下，打开这些机构所拥有的投资信息宝库，便可以在寻找成长股的过程中将我的方法更进一步，发挥更强的功效。

第一步的内容就这么多。通常找优秀的投资专家，也偶尔找企业高管或科学家花几个小时谈上一谈，我就能确定一家公司是否具备潜力，并开始针对它做研究调查。接下来我该干什么？

我要特别强调有三件事不能做。这个阶段，我不找(我想，理由马上会很清楚)公司任何管理人员；我也不会花费大量时间翻阅旧年报，并详细研究资产负债表每年的细微变动；我更不会找我认识的那些股票经纪人，问他对一只股票持什么样的看法。但我会浏览公司的资产负债表，确定其资本结构和总体财务状况。如果公司有证券管理委员会(SEC)的招股说明书，我会仔细阅读其中有关总销售额、竞争态势、公司高管或其他大股东持有公司普通股的情况(通常这些信息也能从代理投票说明书中获得)，以及所有的收益报表，从中了解折旧、利润率、企业研发活动的进程，以及前些年业务运营中的一些异常或非经常性成本支出情况。

现在，我已经做好准备要真正开始了，我将尽可能运用前文所说过的“闲聊”法。我认识的企业高管和科学家们虽然不能直接当作原始的投资信息来源，但在这里却有难以估量的价值。我会试着去拜访（或通过电话联系）我认识的每一位重要顾客、供应商、竞争对手、以前的员工，或相关领域的科学家，也可能通过共同的朋友和他们会面。但是，如果我并不认识很多能够提供给我所需的背景信息的人，即便是通过朋友的朋友也不能找到足够多的这类人，那我应该怎么样去做呢？

坦白地说，如果我没办法在某家公司上得到足够多的我想要的信息，我会放弃对它的研究调查并另觅目标。要想在投资中赚大钱，你不需要对于每一笔投资都得到一个答案。反之，你需要的是对少数实际购买的股票得到足够多的答案。由于这个原因，如果取得的有效信息太少，而且将来获得大量有效信息的希望又极为渺茫，那么我认为最聪明的做法就是把这家公司放到一边，另寻研究对象。

不过，假设已经得到相当多的背景资料，你已经和自己认识的以及容易接触到的人交谈，但你必须另外找到一两个和你彻底敞开心扉畅谈的人，这样对你整个计划的完成将大有裨益。我不会在大街上和他们进行交谈。大部分人不管对自己所从事的行业多么有兴趣，都不愿意对完全陌生的人谈论他们对于顾客、竞争对手或者供应商优势、劣势等问题的真实看法。如果我想见某个人，我会去查他与哪家商业银行有业务关系，如果你是为了这类的事去找一家认识你的商业银行，坦白地告诉他们你想要找谁，为什么要找，你会很惊讶地发现，大部分商业银行都乐于帮忙，只要你不过于频繁地去麻烦他们。然而你会更惊奇地发现，大部分企业界人士也很乐意帮忙，只要你是他们经常往来的银行引荐的。当然，银行工作人员只有在对你获得信息的目的没有怀疑的情况下才会提供帮助，而且你得到的信息仅仅用于决策是否进行投资，在任何情况下，你都不能利用得到的利空消息给他人造成损失。如果你遵守这些原则，那么银行有时能够帮助你更好地完成研究调查，如果没有他们的帮助，可能你永远都无法得出有价值的研究成果。

只有在“闲聊”之后，你才可能得到所需要的大部分数据与信息，我曾在本书论述十五个原则的那一章指出，在充分获得这些资料以后，你就可以准备下一步，考虑接触公司管理层。我认为投资者都应该彻底了解这项工作的必要性。

好的管理层回答有关公司劣势的问题时，往往会和回答公司的优势一样坦诚相告。但就公司劣势这件事而言，不管管理层多么坦诚，他们考虑到自身的利益，绝不会在你没有提问的时候就主动告诉你一些投资者最关心的事情。如果你对一位公司副总裁说：“我有意愿投资你们公司的股票，你觉得关于贵公司，我还有什么别的事情需要知道的吗？”那么他不可能回答说：“其他高级管理人员表现非常出色，但我当副总裁几年以来，营销工作没做好，使得公司的销售额开始出现下跌。”他也不可能主动提及：“势态可能没那么严重，因为营销部门的一位年轻员工的能力非常强，再等6个月便会接管营销部门，局面就可以得到掌控。”他当然是不会主动提及这些事情。不过，我发现，如果他知道你已经发现营销方面的劣势，他就有可能以官方口径回答你。但是，如果你找到的管理层非常通情达理，而且他们对你的判断也很有信心，他们才会就有没有采取什么补救措施的问题给你实实在在的答案。

换句话说，在接触一家公司的管理层之前，只有通过“闲聊”法才能知道拜访这家公司时，应该去了解些什么事。如果不能得到相关的资料，你也许就没办法确定跟员工有关的那个基本要点——高级管理人员自身的能力。即使是一家中等规模的公司，核心管理人员的数目也能达到5 个人。前一两次拜访时往往不容易见到所有的人。即使真的见到了所有的人，和其中某些人谈话的时间可能也相当短暂，没办法确定他们的相对能力到底如何。5个人中往往有一两个人的能力比别人好很多或差很多。如果不靠“闲聊”获得的背景信息作为指引，而只依赖于你和他们的会面，那么你对整个管理层的评估可能会远远高于或低于实际情况。“闲聊”之后，你可能会对管理层中谁强谁弱有非常准确的了解，因而能够在一个更好的视角上求见更多你想了解的管理人员，以便验证在“闲聊”中形成的印象正确与否。

在我看来，几乎在所有领域中，除非把事情做对才有其价值，否则这件事根本不值得去做。就选择成长股这件事来说，正确的举措带来的回报很大，判断错误遭受的惩罚也很大，所以不可以只凭一些肤浅的理解去选择成长股。投资者或投资顾问如果想选到合适的成长股，我认为他必须一直遵守的一个原则就是：对于投资某只股票所需要的所有信息中，除非事先收集到了至少50%，否则就不要去拜访公司的管理层。如果在没有做到这一点的情况下贸然去见公司管理层，那么投资者就处于了一个很不利的境地，因为他对自己应该知道的事情了解甚少，和管理层见面时能不能得到正确的信息很大程度上取决于运气。

我觉得拜访一家公司之前，至少应该先取得一半的必要信息，这件事之所以重要，还有另外一个原因。在各行各业的公司中那些杰出的管理人员，往往需要花很多时间来应付投资界人士，因为公司股票价格的高低在很多方面对他们都非常重要，所以重要的管理人员通常会腾出时间接见这些来访的投资者。但是，我从很多公司都听说过一个相同的说法，他们不想对任何人报以粗鲁无礼的态度，然而在会见投资界访客的时候，到底是派出真正重要的管理人员，还是没有行政决策权的人员，主要取决于公司对访客个人能力的判断，而访客所代表的金融集团是否重要却并没有那么要紧。更重要的是，公司提供信息意愿的强弱，也就是说公司回答投资者问题和讨论重要事宜时的深入程度，几乎完全依赖于对每位访客能力的判断。如果访客只是顺便来访，来之前不曾做任何事前准备工作，往往还没开始访谈就已经离开核心主题。

你可以见到公司的什么人(务必见到真正有决策权的人，而不是财经公关方面的员工)是非常重要的，所以你值得去花点儿心思找些合适的人引荐你认识公司管理层。公司重要的客户或管理层认识的大股东，都是很好的介绍人，能为你第一次拜访公司时引荐。跟公司有业务往来的银行也是一条好的引荐渠道。不管怎么做，如果你希望在第一次拜访时能够有大的收获，那么就必须保证介绍人对自己的评价很高，并且能在公司管理层面前转达这些正面评价。

就在写这些文字之前的几个星期，恰巧发生了一件事，或可借此说明首次拜访管理层之前应该事先做好多么充分的准备。那时，我正和一家大型投资公司的两位代表一起吃午餐，其中一位是个投资银行家，我管理的基金所投资的公司很少，但是投资了他所负责上市的两家公司。由于知道我投资的公司并不多，而且持有股票的时间通常较长，其中一位先生问我所拜访的新(对我而言)公司里面，后来实际买入股票的公司占其中多大的份额。我请他猜一猜，他估计我每拜访250家公司就会买入一家公司的股票。另一位先生大胆估计可能每拜访25家就买入一家。实际上是平均每拜访两家到两家半便买一家！这倒不是因为我每拜访两家半公司，就能找出一家符合我所定义的严格买入标准。如果他问的是“考虑买入的公司”，而不是“拜访的公司”，那么每40家或50家公司中买入一家可能是正确的，但如果他问的是“可能考虑调查研究的公司”(不管我事实上有没有去调查研究)，那么第一位先生最初估计的每250家中买入一家就非常接近实际情况了。我认为除非事先做大量的“闲聊”工作，否则拜访工作就不会获得什么太大的成效，这也正是第一位先生所忽视的事。我还发现，“闲聊”得到的背景资料通常能准确预测出一家公司到底有多符合我的十五个原则。因此在我准备拜访公司管理层之前，买入该公司股票的可能性往往已经非常高，很多不太理想的被调查对象，在“闲聊”的过程中已经被排除了。

以上所说就是我所总结的寻找成长股的方法。在我最初着手调查研究的公司中，可能有1/5来自行业内朋友提供的信息，4/5来自一些能力较强的投资专家。我必须很快地判断出哪些公司值得花时间去进行调查研究，哪些公司应该被排除在外。接下来简单浏览一下证券管理委员会公开的说明书中的一些要点，然后积极寻求“闲聊”，不断了解目标公司接近我们所说的十五个原则的程度。在这个过程中，我会舍弃一家又一家可能投资的目标。有些公司被淘汰，是因为越来越多的信息说明它们非常平庸，有些则是因为我没办法取得足够的相关信息来确定它们的优劣。只有在少数例子中，我才能得到足够多的、能证明这是一家好公司的资料，这样我才会准备走最后一步，也就是拜访公司管理层。和管理层见面以后，如果我发现原先的良好预期得到证实，而且他们给出的答案足以消除我先前的疑虑，那么我就会认定这家公司可以投资，先前的种种努力也就得到了回报。

一些人对以上的做法颇有微词，因为曾经有很多次听到他们的观点，所以我也了解他们反对的理由。我们怎能指望一个人只为了找到两家值得投资的公司而花那么多时间呢？我向在投资界找到的第一个人询问他应该买什么股票的时候，难道不能得到准确的答案？有这些想法的人，我想请他们看看周围的世界。在哪一项其他的活动中，你能在某一年投资1万美元，却能在10年后(这段期间，只偶尔看看公司管理层是不是仍然保持优秀)拥有价值高达4～15万美元的资产？只有成功地挑选出成长股才会有这样的获利。一个人如果只需每周花一个晚上，躺在舒适的座椅里，浏览一些来自经纪商的只言片语的免费报告便有这样的成果，你觉得这可能吗？一个人找了一位投资经纪人交谈之后，支付了135 美元的手续费，便能获得这样的利润，你认为这种可能性大吗(135美元是在纽约证券交易所以每股20美元的价格买入500股股票所需支付的手续费)？就我所知，没有其他的活动领域能如此容易获得这么高额的回报，股票市场里也同样不可能。你或你的投资顾问只有拥有了在其他领域赚大钱一样的个人品质，也就是投入大量心血，加上一定的能力、判断力和观察力，才能获得如此可观的利润。发挥个人特质，并运用本章所讲述的方法，就不难找出非常符合我们的十五个原则，但还没有受到金融界追捧的公司。我们的记录清楚地显示，你很有可能通过此法找到可以带来巨大财富的成长股，然而，不经一番辛苦努力是无法找到它们的，而且没有办法每天都能找到这样的股票。

第十一章 汇总与结论

目前正值20世纪下半叶的第二个年代，人类生活水平提高的速度很可能超越之前的5000年。最近一段时间的投资风险很大，但投资成功后的回报更大。在投资领域中，过去几百年的风险和回报与未来50年相比，可能根本微不足道。

在这种情况下，可能有必要估计一下目前的形势。我们当然还没有克服经济周期循环交替的问题，甚至没有能力缓和它的波动。不过，我们增添了几个新的因素，它们对投资这门艺术有着显著的影响。其中之一就是现代企业管理的兴起，它强化了普通股的投资特征；另一个新因素是从经济价值的角度出发，运用科技研究来发展工程设计。

这些新因素的出现，并没有改变普通股投资成功的基本原则，反而使这些原则显得比以前更为重要。本书试图说明这些基本原则是什么、应该买进什么样的股票、什么时候买入，特别是绝对不要轻易卖出，只要发行普通股的公司仍然具备让业务取得成功的各项特质就不要轻易卖出。

但愿本书提到的许多投资者最常犯的错误，能够引起他们的兴趣，这些投资者本来是能力很强的。但请务必记住：即便是知道了这些准则并且知晓了常犯的错误，也不能帮助那些不具备耐心和自律精神的人。我认识一位能力非常强的投资专家，他在几年前告诉我：在股票市场，强大的神经系统比聪明的头脑更为重要。莎士比亚可能无意间总结了普通股投资成功的过程："只有经历了狂风巨浪才能找到财富。"

第二部分

保守型投资者高枕无忧

在我整个职业生涯之中，我一直认为我事业的成功——或者说任何事业的成功——都要遵循两个“I”和一个“H”的原则，也就是真诚(Integrity)、才智(Ingenuity)和努力工作(Hard work)。谨以此书献给我的三个儿子，我认为亚瑟和肯尼斯在事业中像我一样做到了两个“I”和一个“H”，而唐纳德暂时还没有。

引 言

虽然这种事情很难精确衡量，但是有强烈的迹象表明，在我撰写这些文字的时候，美国投资者的士气极为低落，在此之前20世纪只出现过一次这样的情况。众所周知，道琼斯30种工业股票指数是显示每天股市价格变动的极好指标。但是，如果从较长的时间段来看，这个指数可能是在掩饰而不是揭露最近许多普通股投资者蒙受的损失。这个指数的目的本该是呈现所有公开交易的普通股发生了什么变化，但它没有根据每只股票对外发行的股票数量进行加权。如果进行正确的加权，就可以看出1974 年年中的平均股价比1968年的最高价低了70%。

面对这种损失，很多投资者都采取了预料之中的做法。一类投资者完全撤离股票市场，尽管此时很多公司当前的表现相当不错。在我们当前所处的环境中，通货膨胀越来越高，而且仿佛难以避免，以谨慎的态度选择一些股票买入后承担的风险，可能远低于其他一些看起来较安全的投资方式。让人感兴趣的是还有一群为数更多的投资者，他们决定"从现在起我们的做法要更加保守"，他们常见的做法是只买最大公司的股票，至少这些公司的名字几乎家喻户晓。宾州中央公司(Penn Central)和联合爱迪生(Consolidated Edison)的名字，以及这两家公司提供的服务，在美国没多少人不知道，在美国东北部几乎更是人尽皆知。根据传统的判断标准，几年前的宾州中央公司和最近的联合爱迪生公司应该算作保守型的投资。很遗憾的是，投资者往往搞不清楚行事保守和行事守旧两者的区别，对于真正想要资产保值的人，这个课题有必要花一番工夫来澄清，这就要从两个定义说起：

(1)保守型投资(Conservative investment)，在最低的风险下，最有可能保存(或是维持)购买力。

(2)保守地投资(Conservative investing)，指了解保守型投资的构成方式，然后针对一笔特定的投资，按照一套合适的行动程序，以确定这笔特定的投资到底是不是保守型投资。

因此，要成为一名保守型投资者，投资者或是给他提供投资建议的人，需要具备的条件不只一个，而是两个。他们应了解保守型投资所要求的条件，接下来进行调查研究，观察特定的投资是否符合这些条件。如果两个条件不能同时具备，则普通股投资者不管运气是好是坏，或所用投资方法是传统的还是非传统的，都不能算是保守型投资者。

对我来说非常重要的一件事，就是必须解决在这种事情上产生的混淆。不仅是持股者本身，整个美国经济也是一样，不能再让那些真正花费努力了解各项投资法则的人，蒙受这一代投资者最近经历的悲剧。这次的损失之严重，仅次于40多年前经济大萧条时那一代投资者所经历的不幸。美国今天有着空前的机会能够改善所有人的生活水平，因为它具备相应的科学技术，也知道目标是什么。但是，要以美国传统的方式去做这些事情，还需要对许多投资者以及投资界从业人士进行一些再教育，让他们掌握相关的基本知识。只有让广大投资者认为进行股票投资在财务上是非常安全且让人放心，新股发行市场才可以重新开启，以便让广大企业能够合法地筹得更多资金，用于推动各项业务的开展。如果无法让投资者确定股票投资的安全性，则不管在美国或是在外国，我们只好以高成本、浪费、无效率的方式，满足企业的融资需求，那就是由政府提供融资，让整个公司管理层笼罩在官僚习气的阴云之下。

由于这些原因，我认为对于投资者如今的问题应该坦然地直接面对。本书为了尝试着解决这些问题，我从我的儿子肯尼斯那里学到了很多。肯尼斯想出这本书的书名，并且在其他很多事情上贡献良多，包括本书中所提到的一部分基本概念等。寥寥数语，难表谢意。

本书分成四个部分。第一部分是关于解剖——如果可以这么说的话——如定义前面所说的保守型股票。第二部分分析金融界在这次空头市场的形成过程中所扮演的角色——如果你愿意承认的话，应该说是金融界犯下的错误。这里的批评并非只是为了抨击，更希望说明类似的错误应该在将来予以避免，而且在研究过去错误的过程中，一些基本的投资原则也就变得更清楚了。第三部分谈的是在投资中应该采取什么样的做法，才能够算得上是定义中所说的“保守地投资”。最后一部分论述当今的世界中盛行的一些观点会让很多人深深怀疑普通股是否适合作为资产保值的工具，换句话说，除将普通股作为赌博的工具，还能考虑拿它做些什么？我希望本书能够阐明造成最近这轮空头市场的一些问题，是不是使得股票市场成了不知情人士容易陷落的陷阱，还是说正如美国历史上每次的重大空头市场那样，这些问题为那些能力非常强、自律精神很好，并且能超脱于大众情绪之外进行独立思考的人带来了大好的获利机会。

菲利普 A.费舍

于加利福尼亚州圣马特奥

第一章　保守型投资的第一个要素：生产、市场营销、研发以及财务方面的优势

可作为保守型投资对象的公司，其规模和类别必然是复杂的。要了解这样一家公司必须具备什么条件才能成为保守型投资的对象，我们可以从它必须拥有的特性的第一个要素开始论述。这个要素可以分解为以下四个方面。

1. 低成本的生产

作为真正的保守型投资，一家公司——就算不是所有的产品线，也需要绝大部分产品线必须是业内生产成本最低的制造商，或者和同行业的竞争者差不多一样低，而且未来有望继续如此。只有这样，持股者才能享受成本和售价之间较大的差距所带来的好处，并由此创造出两个重要的条件。其中之一就是在大部分竞争对手的盈亏平衡点以下仍然有充足的回旋余地。一旦经济不景气冲击了整个行业，价格很可能长期处于这个盈亏平衡点以下。只要出现这种情形，不少成本较高的竞争对手就会有很大的亏损，很多竞争对手将被迫停止生产。存活下来的低成本公司的利润会有所提高，因为倒闭的竞争对手所满足的市场需求会由它们接手，产量和市场占有率会增加。低成本公司在竞争对手供应量减少的情况下享受的好处不仅于此，它们不但能做更多的业务，而且由于没有多余的供给量冲击市场，价格还会有所提高。

第二种情况，高于平均水平的利润率应该能让一家公司获得够多的收益，通过内部经营创造出公司成长所需的大部分资金，或是全部的资金。这样就不需要额外筹措太多的长期资金，或者根本不需要额外筹集资金。筹措资金要么必须发行新股，使得已经发行的股票价值被稀释，要么必须偿还固定利息支出和固定贷款本金(主要是从未来的收益中提取)，从而加重债务负担，使得普通股持有者的风险大大增加。

但是，投资者需要认识到的是，一家公司如果生产成本比较低，虽然可以提高普通股投资的安全性和保守性，但在繁荣的多头市场期间，它对投机的吸引力将会比较弱。在这种时期，高成本、高风险公司的利润增幅往往总是远高于低成本公司，用简单的算术运算就可以说明这个道理。假设两家公司的规模相同，经济景气程度正常时，每单位产品的售价是10美分。A公司每单位产品的利润是4美分，B公司则是1美分。再假设成本维持相同，但产品的需求暂时增加，把价格推升到了12美分，而两家公司的规模仍然是相同的。利润较高的那家公司，单位利润从4美分增加到了6美分，增长率为50%，但成本较高的另一家公司，利润则增长了200%，或者说增长了3倍。这就说明了为什么短期而言，高成本公司的收益有时会在经济繁荣的时候上涨得比较多，以及为什么几年后经济景气程度变差后，产品价格回落到8美分时，成本优势较强的公司利润虽然减少，但仍然令人放心。高成本的公司即便是没有破产，还是可能让一批投资者(或者自认是投资者的投机客)受到严重的伤害，他们认为出问题的是经济状况，而不是他们自己。

写下以上文字的时候，我心里想到的只是制造业公司，所以我用的是“生产”这个词。当然，很多公司不是制造商，而是服务业公司，比如批发、零售，或者金融业中形形色色的行业，如银行业或保险业，它们也同样适用于这些原则，但应该以“运营”一词来代替“生产”，也就是以低成本或高成本运营商代替低成本或高成本制造商。

2. 强有力的营销组织

强有力的营销商必须随时留意客户需求的变化，以便向客户供应当前所需的产品或服务，而不是从前需要的产品或服务。比如说20世纪交替之际，著名的马车制造商如果坚持生产更好的马车，而不肯转向生产汽车，或完全停止生产马车，那么它的营销效果一定会出问题。用当前的例子来说，或许早在阿拉伯禁运石油使得美国每个家庭深深体会到大型车的庞大油耗之前，汽车工业的一些制造部门恐怕已经犯了一些错误，那就是没有发现小型进口车逐渐受到欢迎，明显的迹象表明，大众的消费需求已经在一瞬间从多年来一直备受喜爱的大型车，转向了低价、省油、易于停放的小型车上。

然而，意识到消费大众的品味改变，并立即采取应对措施还不够，正如人们所说，在商业领域中，顾客不会争先恐后地去购买更好的捕鼠器。在竞争激烈的商业世界里，设法让潜在客户知道某种产品或服务的优势是十分重要的。只有了解潜在顾客真正想要的是什么(有时顾客本身并不清楚产品或服务的优点为什么能给他带来好处)，并以他熟悉的语言，而不是卖方的术语向他说明，才能使他认识到这些好处。

打广告、由销售员当面推销、请独立的专业营销组织推荐，或是综合以上各种方法，哪种营销方法的效果最好呢？这要依照各家企业的性质而定。但是，不管使用哪种方法，每一种方法都必须严格控制，管理层也必须持续衡量他们的成本收益比。这方面若无杰出的管理层经营，将会导致:①失去大量原本可以获得的业务;②成本大幅增加，以至于即便是获得了新业务，利润也会缩小；③由于产品生产线上的各组成部分利润率不同，公司将无法在产品线上实现能取得最高利润的组合方式。效率高的生产商或者运营商，如果营销和销售能力薄弱，可能就像力量强大的引擎，由于驱动皮带松弛或者存在误差，从而产生了事倍功半的结果。

3. 杰出的研究工作和技术成果

不久以前，出色的技术能力似乎只对少数高科技行业非常重要，如电子、航空、药品和化学制造行业。随着这些行业的成长，它们的技术日渐扩张，渗透到了几乎所有的制造业和服务业。如今，拥有出色的研究和技术人才的重要性，对于制鞋厂、银行、零售商或保险公司来说，不亚于研究人员数量庞大、一度曾被认为很神秘的科技行业。目前在科技方面做出的努力主要有两个方向：一是生产更好的新产品(当然，在这一点上研究型科学家对化学公司的作用，可能多于对零售连锁店的作用)；二是用比以前更好的方法和更低的成本提供服务。对于后一个目标，杰出的技术人才对上述两个行业来说都很宝贵。实际上，在很多服务业中，技术人员一直致力于开拓新的产品线，以便用更好的方式提供原有服务。银行业就是这样的一个例子。低成本的电子输入设备和微型电脑有助于银行为客户提供会计和记账服务，这些设备构成了一种新的产品线。

在研究和科技领域，各公司的效率相差很大，就像在营销领域一样。开发新产品的任务往往非常复杂，使得效率难免会有很大的差别。一家公司的研究人员相对于另一家公司的研究人员的能力和创新性固然很重要，但却只是影响公司从研究成果中获益的诸多因素之一。开发新产品往往需要集合许多研究人员的共同努力，每个人都在技术方面有自己的专长，这些人能不能通力合作(或在一位领导人的领导下相互合作，彼此激励)，通常和每个参与者个人能力的高低同样重要。此外，为了尽量提高利润，公司在开发新产品时，必须保证新产品有大量的市场需求，能由公司目前的营销组织销售出去，并且可以在一个利润空间足够大的价位上进行销售。所有这些事情都依赖于研究、营销、生产部门间的密切配合，即便是世界上最好的企业研究团队，如果它开发的都是一些卖不出去的产品，那么它也将成为公司的负债而不是资产。一家公司若要成为优良的投资对象，其控制这些复杂关系方面的能力必须高于平均水平，但同时又不能控制过度，束缚了对于研究人员而言最重要的进取心和创造能力。

4. 财务能力

在探讨生产、营销和研究时，我们多次使用到利润(profit)和利润率(profit margin)这两个名词。一家具备多条产品线的大公司中，要确定一种产品相对于其他产品的成本不是一件容易的事，因为除了原材料和直接人工成本，大部分的成本都是由多种产品分摊，而且可能是由所有产品来共同分摊。财务人才的水平高于平均水平的公司占有一些优势。准确知道每样产品能赚多少钱，他们就能尽最大的努力来创造最大的利润。精确了解成本的各个构成因素所占的比例，不仅知道生产制造的成本，同时知道销售和研究的成本，这样，即使是公司运营中的一些微不足道的小事情，也能看出哪些地方值得花费精力去降低成本，具体的方法可能是通过技术创新，也可能是通过调整任职人员。最重要的是，财务方面真正优秀的公司能够通过巧妙的预算和会计作业，创造出早期的预警系统，从而很快察觉到威胁利润计划的各种不利因素，并采取更正措施，避免投资遭受出乎意料的惨痛损失。公司的优秀财务能力带给投资者的“好处”不限于此。有这种能力的公司，通常能够选择最好的资本投资计划，使得公司的投资资金能够得到最高的回报。这种能力也能让公司更好地控制应收账款和存货，在利率居高不下的情况下，这件事显得越发重要。

综上所述，符合保守型投资第一个要素的公司，需要在自己的领域中有较低的成本，还需要出色的营销和财务能力，在处理相关的管理问题方面有着优于一般水平的技能，能够运用从研究或技术部门获得有价值的成果。我们所处的这个世界，变迁的脚步越来越快，符合第一个要素的公司往往是：①公司有能力持续开发出大量的能够获利的新产品，使公司的技术水平不会因其他公司的技术革新而被淘汰；②公司现在和未来都有能力以非常低的成本开发这些产品线，使得利润成长的速度至少和销售额一样快，即使在经济最不好的年份里，利润也不至于降低到危及投资安全的地步；③公司有能力销售新的产品，并且未来开发出的新产品的获利能力至少和目前的产品一样。

这是谨慎投资的第一个要素，这个要素如果不被其他要素破坏，那么投资者所选择的投资对象就不可能让他的投资目标破灭。但是，在检查其他要素之前，还有一点我们应该充分了解：如果投资者的目标是资产保值，也就是追求安全性，那么我们为什么要讨论成长性和开发额外的新产品线呢？为什么不能只是指望企业维持现有的规模和获利水平，避免开发新产品所需承受的一切风险？当我们讨论通货膨胀对投资的影响时，追求成长的其他理由便会清楚地显现出来。总体上来说，我们不能忘记在这个变化越来越快的世界里，没有什么事情能够长期维持不变，我们不可能原地静止不动。公司不是成长，就是衰落。强有力的攻击是最好的防守，公司只有变得更好，才能保证不会变得更糟。不向上爬的公司就一定会走下坡，如果说过去是这样，那么将来更是这样。这是因为除了技术创新的速度越来越快之外，社会习俗和购买习惯改变的速度，以及政府新需求出现的速度都在日益增加，即使最保守的行业也必须跟着改变。

第二章　第二个要素：人的因素

简而言之，保守型投资的第一个要素，由公司管理层在生产、营销、研究和财务控制等基本领域中突出的能力构成。第一个要素描述的是企业的现状，是已经形成的结果。第二个要素谈的是导致这些结果的原因，更重要的是将来持续产生这些结果的原因。一家公司之所以能够有突出的表现，并成为行业内出色的投资对象，而其他公司表现一般、平淡无奇，或者表现糟糕，其根本原因在于人。

早期的风险投资家爱德华·海勒(Edward, H.Heller)在其商海沉浮生涯中发表的一些言论，影响了本书表达的很多观点。他用到“精力充沛”一词来形容那些愿意提供大量资金以支持他事业发展的人。他说，每一家经营取得极大成功的公司背后，都有一位刚毅果敢的企业家，他具备闯劲、独创力、必要的技能，使公司成为真正值得投资的对象。

当一家小公司已成长为业务兴隆的大公司时(这是海勒最感兴趣，也是他大获成功的一个领域)，爱德华·海勒的做法无疑是对的。但在这些原本规模较小的公司，一路成长有望成为合适的保守型投资对象之时，如有另一位富有才华的企业家正好是这家被投资公司总裁的朋友，而且这位企业家对投资那家公司表示怀疑，那么爱德华·海勒的看法就可能有所保留。这个企业家对这笔投资有所怀疑的理由是：“我的朋友是我认识的最聪明的人之一。他总是能把事情做得很好。当公司很小的时候，这种情形或许不错，但随着公司成长，你就必须任用正确的人才行。”

对于真正的保守型投资来说，第二个要素的核心是：企业首席执行官致力于公司的长期成长，身边有一群能力很强并且得到充分授权的管理人员，以他们来主持公司各个职能部门的运转。这些人不能只顾着在公司内部无休无止地争权夺利，相反应该携手通力合作，为公司的既定目标而共同努力。如果想通过投资这家公司而获得可观的利润，则它的既定目标之一就是高级管理人员应拿出一些时间寻找和训练合格的、斗志昂扬的初级管理人员，一旦高级管理人员出现职位空缺，这些初级管理人员能够马上接替上来。同样，在管理体系的每一个层级，管理人员应该密切注意这个层级的人所做的事是不是和下一个层级的人做的事有着共同的目标。

这是不是表示那些可作为保守型投资对象的公司除了基层员工和刚刚步入职场的新员工之外，只能从内部提拔人才，而不从外部招聘呢？当一家公司成长得非常快速时，可能需要增添人手，但没有那么多时间来训练内部员工担当所需要的职位。此外，即使是运营得最好的公司，有时也需要一些独特的专业技能型人才，但通过公司内部的日常业务运营无法培养起这样的人才。专精于法律、保险、科技等某个特殊知识领域的人才，可能不是公司主营业务范围所涉及的。此外，偶尔从外部进行招聘也有个好处，那就是能够为公司的决策层从外部引进崭新的观点、注入新的理念，向公司既有的运作方式提出挑战。

但是，一般来说，具有最高投资价值的公司，通常都是从内部提拔人才。这是因为这些投资价值最高的公司(不一定是最大和最知名的公司)通常已经针对自身的需求，形成了一套政策和做事方法。如果这些特别的方法真的管用，那就很难重新训练早已习惯固有方法的人，通常也是不太可能的。新进人员在公司中担任的职位级别越高，注入新文化的成本也就越高。虽然我无法引用统计数字来证明这一点，但据我观察，在经营管理比较好的公司中，从外部聘用的那些高级主管几年后销声匿迹的比例极高。

投资者可以确定一件事：一家大公司如需从外部聘用首席执行官，

一定是很不好的信号，不管最近的收益报表等等这些表面文章做得有多好，这都说明目前的管理层从根本上出了问题。新上任的执行官如果能把事情做得非常好，那就迟早会建立起一个以他为中心的管理团队，那么对于目前的组织来说，就没有必要从外部聘用下一任执行官。因此，这种公司的股票一定会成为聪明投资者垂青的对象。由外部空降的执行官重建管理团队需要花费很多时间，而且风险很高，投资者如果发现自己持有的公司发生这样的事，那最好能够检查自己所有的投资活动，确定过去所做的投资是否具备合理的基础。

有个线索能让所有的投资者看出公司的管理层是由一人主掌大局，还是由一个运行平稳的团队来共同掌舵(这个线索没办法指出这个团队的水平优劣)。所有公开上市的公司，其高级管理人员的年薪都在年报或公开信息中发布，如果公司第一号人物的薪水远高于第二号或第三号人物，就应该提高警惕，如果薪酬是缓慢递减，那就无关紧要。

投资者如果想获得最好的投资成果，所投公司的管理人员团结合作、随时可以填补上一个职位空缺还不够。爱德华·海勒所说的“精力充沛”的人数必须尽可能多一些——这些人头脑精明，充满决心，不想让事情维持原状、得过且过，而是希望在现有的成果上更进一步，这样的人不容易找到。摩托罗拉公司曾经做了一件事，但金融界几乎没有人留意到，不知道它在这方面竟做得那么好。

1967年，摩托罗拉公司的管理层意识到，公司未来几年的成长会非常快速，高层管理人员数量的扩大在所难免，于是它决定直面这个问题。那一年，摩托罗拉公司在亚利桑纳州的欧勒克设立了高级管理学院(Executive Institute)，目的是在这个远离公司办公室和厂房日常琐事的环境里完成两件事：让摩托罗拉的明日之星们接受超越目前所负职责范畴的训练，以便将来他们有能力肩负起更大的责任；让高级管理者可以获得更多的信息，了解这些人是否适合委以重任。

高级管理学院创立之时，公司的一些管理人员质疑是否值得花那么多钱做这件事，这主要是因为他们认为，整个摩托罗拉公司里具有足够才华的人不足100个，从公司的成本收益角度来说，不值得为他们提供这种专门的训练。后来的事实表明，这些人的怀疑是错的。该学院一年开5～6个班，每班14人。到了1974年中期的时候，约有400位摩托罗拉的员工接受过这里的训练，而且大家发现其中很多人，包括一些现任的副总裁，其能力远高于当初获准入学时的水平。此外，参与组织这项工作的人觉得，从公司角度来看，最近培训班获得的成果，比以前的培训班更好。随着摩托罗拉公司的发展壮大，公司总员工人数也持续扩增，优秀员工的数量也相应更多，使得这项培训活动可以延续下去。在投资者眼里，所有这些事情表明，如果运用了巧妙得当的方法，那么就算是成长率已经远高于平均水平的公司，也能从内部培养出所需的优秀人才以维持公司的竞争优势，而不必像很多快速成长的公司那样，冒着产生摩擦和失败的极高风险，从外部找来一些能力杰出的人才。

每个人都有其个性，这是一种性格特质的组合，使得他或她有别于其他人。同样，每一家公司都有其独特的办事方法，有些公司把它们写成正式的政策，其他公司则不然，每家公司的处理方法都会有所不同。公司经营得越成功，其有些政策有可能就显得更加独特，那些很早以前就取得经营成功的公司尤其如此。人的基本人格特质会逐渐变化，一旦步入成熟就很难再发生改变。公司办事情的方式则与此不同，不仅受外部事件影响，而且受到一群个性不同的人对这些事件做出反应的影响，随着时间的推移，这些个性不同的人一个接一个地出任公司的高层职位。

不管各家公司之间的政策差别有多大，只有同时满足以下三个条件，一家公司的股票才能算得上保守型长期投资的理想对象。

1. 这家公司必须认识到它所处的这个世界的变化速度是越来越快

公司所有的想法和计划，都必须对目前正在做的事情提出挑战，不是偶尔这样做，而是一而再、再而三地提出挑战。每一种被看成理所当然的处事方式，都必须一再地检查，确保所用的方法的确是最好的。在随着环境的变化而采取一些新方法的时候，公司必须承受一些风险。不管目前的方法用起来多么让人放心，都不能因为这些方法过去一直管用，而且有着悠久的传统，就把这种方法奉为圭臬，永远按照这种方法行事。那些做事死板、不能时时向自己发起挑战的公司，只有一条路可以走，那就是下坡路。相比之下，一些大公司的管理层，致力于建设起一种组织结构，以便让自己能够不断改变，从而为股东创造出非常可观的回报。陶氏化学公司就是这样的一个例子，它在过去10年取得的成就即便不是全世界最突出的，也算得上超越了美国其他任何大型化学品制造公司。陶氏化学摆脱旧有管理制度最显著的地方，或许在于它把管理层按照地区分成5家不同的分支管理机构(美国陶氏、欧洲陶氏、加拿大陶氏等)。他们认为只有采取这种方法，各地的问题才能以最适合当地情况的方式迅速得以解决，从而避免了大公司中常见的低效率和官僚作风的通病。欧洲陶氏公司的总裁指出，这种做法的结果就是:“今天，向我们提出挑战的是遍布全球各地的陶氏姊妹公司，它们不是我们的直接竞争对手，却鞭策我们不断进步，争创第一。”从投资者的观点来说，这次变革最重要的特点或许并不在于变革本身，而在于陶氏化学公司在其总营业额远低于其他很多跨国公司的时候便开始实施改革行动，而此时其他公司还以为原有方式经营得非常成功。换句话说，陶氏化学的变革和进步来自其本身追求创新的思考，以便整个运营机制能够变得更好，而不是在经营发生危机的时候才被迫采取变革行动。

这家凡事敢为天下先的公司，采取过很多方法来摆脱过去的旧传统，创造出了惊人的竞争记录，以上所说的例子不过是其中的一个而已。另一个例子是这家制造业公司采取了前所未有的行动，在瑞士从零开始，成功经营起一家完全控股的银行，以便在这个出口型市场中为陶氏化学的客户提供融资服务以满足其需求。同样地，虽然在早期承受了一些风险，但这家公司的管理层仍然毫不迟疑地淘汰旧俗，最终强化了公司的内在优势。

在这家公司的发展史上还有很多其他例子，不过，这里再举一例，用以说明陶氏化学公司的这类举措非常之多。陶氏化学公司远在其他大部分公司之前就认识到了应拿出一部分钱来避免污染，更得出这样的结论：公司要获得重大的成就，不能光靠高级管理人员的苦口婆心，还必须要取得中层管理者持续不辍的合作。公司认为要做到这一点，最有效的方式就是与直接相关人员形成利益绑定，唤起他们的获利动机，公司鼓励他们去以一种可以获利的方式把污染物转换成可以销售的产品。当同时代的很多公司都成为了历史的时候，陶氏化学公司却在高级管理人员、工厂经理和高技能的化学工程师的勠力合作下，在防治污染的项目上取得好几个第一，赢得了许多反商情结浓厚的环境保护团体的称赞。或许更重要的是，陶氏化学工厂所在地的大部分社区都不对该公司抱有敌意，陶氏化学公司总能以很低的总成本做到这一点，有时甚至能获得利润。

2. 公司必须持续不断地努力，让每个层级的员工，不论是新加入公司的蓝领或白领员工，还是最高级管理人员，都觉得公司是一个工作的好地方，这种感觉是真实存在于员工内心的，而不仅是宣传之词

在这个世界上，我们大部分人每个星期不得不投入很多时间来干别人要求我们做的事才能领到工资，虽然我们主观意愿上更想把这些时间用在玩乐之上，大部分人能够认识到这件事的必要性。管理层如果能让员工普遍认为(不仅是少数高级管理人员有这种感觉)，公司在照顾员工的利益和给大家创造良好的工作环境方面已经尽了最大程度的努力，那么公司从生产力提高和成本降低等方面得到的回报，将远超过这些政策所需要的成本。

这种政策的第一步，是确定(不只是口头上说说而已，而是真正地确定下来)每位员工都得到了合理的尊重和关怀。大约一年前，我在报纸上看到一位工会的高级职员表示，美国最大的一家公司由于公司里洗手间数目不够，大部分人没有充裕的时间在饭前洗手，使得生产线员工只能满手油污地吃午餐。出于多种原因，我对这家公司的股票并不感兴趣。我不知道此种指控是真实的情况，还是劳资双方磋商时满带情绪化的说词。但是，如果此事确为事实，那么在我看来，单是这件事，谨慎的投资者就可以看出这家公司的股票不适合持有。

除了尊重和善待员工之外，获得员工忠诚的方法还有很多。养老金和利润分享计划，以及各层级员工之间良好的沟通都可以起到很重要的作用。至于一些跟大众利益相关的事务，不仅要让每个人确切知道公司正在做些什么事，更让他们知道为什么要做这些事，这样通常就可以消除不必要的摩擦。确实了解公司各个层级的员工都有什么想法，特别是了解那些有害的想法，可能对公司更为重要。要让全公司员工觉得任何人都可以向上级表达自己的不满，而不必担心遭到报复和惩罚。这种开放的政策对公司有好处，但不是那么容易维持，因为奉行这种政策必须在细节问题上消耗很多时间。一旦出现不满的情绪，就必须以最快的速度做出处理决策。如果任由不满情绪长期堆积下去，对公司造成的伤害往往会很大。

和员工达成一致的目标往往会使公司获益匪浅，德州仪器公司实施的“人员效能”计划就是这样一个极好的例子。从这个计划的整个实施历程来看，可以看出公司杰出的管理层十分坚忍不拔，即使面对迫使这类政策改变的外界新生影响力量时仍坚持既定的策略。在这家公司的初创阶段，高级管理人员们就深信，如果能建立一套制度，让所有的员工都参与改善公司业绩的管理决策，那么每个人都能从中得到好处，不过，若想维持员工的兴趣，则所有的参与者必须从他们所贡献的成果中真正获得利益。19世纪50年代，半导体生产仍主要依赖于人工组装，员工有很多机会提出改善经营效率的良好建议。公司召开会议，甚至开设正式课程，告诉生产工人如何以个人或集体的名义提出改善操作流程的建议。与此同时，通过利润分享计划、奖金以及荣誉等奖励方式，让广大参与者既能获得物质上的奖励，又能获得参与感和成就感。接下来，以前的手工作业方式开始转向机械化。随着这种趋势的延续，一些个人贡献的机会有所减少，因为在某些地方，机器控制了以前人工所做的工作。组织中的一些领导开始觉得，此时一些低级别的员工不再适合参与管理决策，而高级管理人员的看法恰好与此相反：员工在管理决策中的贡献度将甚于往常，只不过现在是要靠员工群体或团队的努力来决策可以做哪些事情，并且设定自己的绩效目标。

由于员工开始觉得，他们一方面能够真正参与决策而不是听命于他人做事，另一方面可以获得物质上的奖励和精神上的荣耀与认可，所以这个计划成效非常显著。无数的例子显示，员工团队为自己所设定的目标，往往比管理层所建议的要高出很多。有的时候团队设定的目标看起来可能没法达到，或者各团队间的竞争产生了敌对状态，那么员工会提出一些建议，并自动投票表决一些在那个时代看来前所未有的新情况，比如减少喝咖啡的休息时间，或缩短午餐时间，以便有更多的时间解决问题。一旦动作缓慢或懒惰的员工威胁到了团队目标的达成，就会受到团队其他成员的压力，这种压力的效果远高于传统管理方法下的惩处和鞭策。这些成果不限于长久以来享受政治民主的美国员工才能达成，不管员工是什么肤色，来自经济背景相差多大的国家，所用的方法似乎同样有效，大家都能从中获得好处。虽然公司的绩效目标计划率先在美国启动，但是同样出色的成果不仅出现在所谓的发达国家的工厂，如法国和日本，也出现在员工为亚洲人的新加坡工厂，以及员工绝大多数为黑人的库拉索岛工厂。在所有这些国家的分公司里，由于员工团队不仅可以直接向高级管理人员报告，而且知道有关部门会重视他们的报告、认可他们的成就，所以士气明显受到了极大的鼓舞。

公司总裁马克·谢弗德(Mark Shepherd)在1974年的年会上对股东发表演讲时，把所有这些事情对投资者的影响都讲得很清楚。他指出，公司设计了一个员工工作产出指数，计算方法是用净销售额除以总的员工数量。公司最大的生产线是半导体生产线，然而在如今这个通货膨胀率较高的世界里，很少有产品像半导体那样，单位价格连续下跌，而公司在美国的工厂的工资每年上涨7%，意大利和日本的工厂则上涨20%，所以我们可以合理地做出这样的预计：尽管员工的单位产出有所改善，但员工工作产出指数一定会下跌。事实则不然，这个指数居然会从1969年的2.25%左右，上升到1973年底的2.5%。此外，虽然为了这些改善计划而必须推出额外的计划，而且利润分享率必须进一步提高，公司仍然宣布，目标是在1980年之前把这个指数提高到3.1%，这个目标如果能够达成，这家公司将获得极为丰厚的利润。多年以来，德州仪器经常公开发表一些相当有宏图大志的远景目标，而且到目前为止大多数都能实现。

从投资的角度，前文中的三个以员工为导向的计划着有非常相似的地方，我们所以选这三个例子，目的在于阐明保守型投资的第二个要素。我们较为概括地描述了摩托罗拉公司的例子，该公司设立学院用以挑选并训练优秀的人才，以满足公司成长所带来的人才需求，这些说起来好像很简单。还提到了陶氏化学公司找到了一种方法，用以激励员工通力合作，共同处理环境问题，并为公司赚得了利润，说起来好像并不复杂。我们还列举了一些事实，讲述德州仪器公司成效显著的人员绩效提升计划，说起来也一样简单。但是，如果另一家公司决定从头开始实施类似的计划，那么可能碰到的问题或许远比单纯地说服董事会批准相关款项复杂得多。这类计划很容易制订，但实施起来往往是另一码事，犯错误可能会带来很昂贵的代价。要是摩托罗拉的培训学校错误地选拔了人才，导致优秀的初级员工带着失望离开了公司，那么我们不难想象接下来可能发生什么事。同样，假如一家公司东施效颦地仿造德州仪器的员工激励计划，却没能创造出一种让员工真正觉得参与其中的气氛，或者没能给广大员工恰当的奖励，那么结果也可能令人失望，这种计划如果运用不当，则很可能毁了一家公司。与此同时，那些有着高效的以人为本的政策和策略的企业，往往能够找到更多的方法从这些政策和策略中获得益处。对于这些公司来说，这样的政策和策略是一种面对问题和解决问题的独到方式，很有一些“只此一家，别无分号”的意味。也正是由于这样，对长期投资者而言，这些政策和策略是十分重要的。

3. 公司管理层必须愿意以身作则，愿意遵守公司成长所要求的纪律

我们已经指出，在这个快速变化的世界中，公司不能停滞不前。公司不进则退，要么更进一步，要么变得更差。真正值得投资的成长股，不但能够从中所得收获，还要能够避免损失。很少有公司的管理层不说自己的公司正在成长之中，不过公司管理层说自己的公司以成长为导向的时候，实际上可能不见得如此。很多公司似乎有一种难以抗拒的愿望，总是想在每个会计年度结束的时候，给大家看到他所能得到的最大利润，也就是把可能赚到的每一分钱都计入利润里边，而真正以成长为导向的公司绝不会做这样的事。它在意的是充分赚取当前的利润，以便将其变成业务扩张所需的成本。如果一家值得长期投资的公司遇到了值得开发的新产品、新工艺、值得开办的新产品线或其他的良好机会，它首先要做的是减少当期利润，用这一部分利润来雇用和训练企业成长所需的新人，希望今天花下的一块钱，未来赚回好几块钱；公司也可能会放弃从客户的订单中赚取最高利润的机会，而在客户急需的时候积极配合，供其所需，从而建立起长期的客户忠诚度。优先要务是抑制立即获取最高利润这样的行动。对保守型投资者来说，审视公司这些行动的最好方法，就是看管理层有没有真正为公司谋取长期利润而努力，而不是仅仅观察表面情况。不管一家公司多么有名，如果只是在口头上说说一些政策而不行动，那么该公司的股票就不可能是一种令人满意的投资工具。原本想遵循某个策略但半途而废的公司，也是如此。比如说，一家公司花了大量的研究经费，但是努力的方向不对，结果就会一无所获。

第三章　第三个要素：一些企业的投资特征

保守型股票投资的第一个要素，是左右公司目前以及未来获利能力最重要的那些措施，到底优秀到什么程度。第二个要素是控制这些措施以及相关政策的人员素质如何。第三个要素所讲的东西与前两个有些不一样：企业本身的特点是不是带有某些内在的特征，使得公司在可预见的将来，有可能长期维持高于平均水平的获利能力。

检查这些特征之前，我们必须指出为什么高于平均水平的获利能力对投资者那么重要，因为那不只是进一步收益的来源，更能保障已经获得的收益。关于这一点，公司的持续成长起到了极其重要的作用，前面已经讨论过这个问题。公司要成长，就必须在很多方面花钱，原本可作为利润的一部分资金，必须被用在实验、发明、试销、新产品营销，以及扩张所需的其他运营成本上，还包括这些扩张行动中难以避免的失败所造成的损失。更花钱的是需要增加新的厂房、仓库和设备，等等。与此同时，随着企业的增长，为了供应销售渠道所需，存货势必有所增加。最后，除了极少数企业能够在卖出商品后很快回流现金，大部分公司的应收账款会提高，从而耗损了公司的资源。为了应对所有这些事情，企业的获利能力就显得极其重要。

通货膨胀期间，公司获利能力的问题更为重要。物价上涨通常会导致成本普遍上涨，企业应该能够通过提高自身产品的价格及时把成本转嫁出去，但这事往往不是马上能做到的。在这段比较困难的时期，那些高利润率公司的利润受损程度明显大大低于高成本的竞争对手，因为高成本公司的业务成本会增加得比较多。

获利能力可以用两种方式表示，投资资产回报率是最基本的方法，大部分管理层以此为衡量标准。企业会根据它来决定要不要推出某种新产品或新工艺。将一笔资金以这种方式投资，相对于用这笔资金以另一种方式的投资预期回报率如何？这个衡量标准，投资者运用起来远比企业高级管理者要困难。投资者要注意的通常不是一家企业的特定部门运用资金所能获得的投资回报率，而是这家企业的总收益相对于总资产的比率。现在基本设备成本的价格上升速度和40年来其他成本的增长速度一样快，此时比较各公司总投资资金的投资回报率，可能因为不同公司进行重大支出时的价格水平的不同而受到扭曲，因此得出的数字极易产生误导作用。出于这个原因，比较每1美元销售额的利润率时，我们只需要牢记一个要点就能大受裨益。这个要点是：销售周转率相对于资产规模较大的公司，其利润可能会高于利润率较高但销售周转率较低的公司。举例来说，某公司的年销售额是资产的3倍，利润率较低，但和另一家需要用1美元的资产才能取得1美元年销售额的公司比起来，其利润高出很多。不过，虽然从获利能力(profitability)的角度来说，投资回报率应和销售利润率一并考虑，但从投资安全性(safety of investment)的角度，我们应该把所有的考虑重点放在销售利润率上。因此，如果两家公司的运营成本都上升2%，而且没办法提高价格，那么利润率为1%的公司将由于出现亏损而被淘汰，但另一家利润率为10%的公司，成本的增加只会使其利润减少1/5。

为了正确观察保守型投资的这个要素，最后一条应该铭记在心的事情是：在如今瞬息万变且竞争激烈的商业社会中，大家都希望获得高于平均水平的利润率或较高的资产收益率，因此，如果有一家公司在经过一段较长的期间后达到了这个目标，那么它势必会面临一大堆潜在的竞争者。如果潜在的竞争者真的进入这个领域，将会侵占该公司现在原本拥有的市场。一般情况下，潜在竞争者成为实际的竞争对手之后，接下来就会发生销售额争夺战，使得公司原有的高利润率小幅或大幅下降。该公司享有的高利润率就像一罐敞开盖子的蜂蜜，势必会吸引一群饥饿的昆虫蜂拥前来争食。商业世界中，公司只有两种方法可以保护这罐蜂蜜不被竞争对手所侵食。一种方法是垄断，但这通常是法律不允许的，除非是因为享有专利权而产生的垄断。无论如何，垄断地位可能很快便告结束，我不推荐靠这个标准选出最安全的投资对象。拥有蜂蜜罐的公司驱离昆虫还有另一种方法，那就是在运营上远比其他公司有更高的效率，使得现有或潜在竞争对手找不到机会来扰乱现有的竞争格局。

现在，我们从相对获利能力的讨论转为探讨保守型投资第三个要素的核心，也就是使得管理良好的公司大体上能够长期维持高于平均水平利润率的一些特征，最常见的特征可能是商界人士所称的“规模经济”(economy of scale)。举一个关于规模经济的简单例子：一家经营良好的公司，每个月能生产100万单位的产品，和另一家相同时间内只能生产10 万单位产品的公司比起来，其单位生产成本通常会更低。这两家产量相差达10倍的公司，其单位生产成本的差异，可能因为业务生产线的不同而有很大的不同，有些业务生产线的单位成本可能没什么差距。此外，我们绝不能忘记，任何行业中规模较大的公司，只有在经营极为出色的情况下才能发挥出最大的优势。公司规模越大，高效率的管理就越难以实现。我们经常看到，公司内部有很多中层管理者的官僚习气极为浓厚，使得效率低下、决策受到延误，而且有些时候，大公司的高层管理者似乎无法迅速知道公司的各个部门当中哪些地方需要特别注意。这些都会使得规模经济的好处大打折扣，坏处甚至超过它所带来的好处。

另一方面，当一家公司已然成为某个行业的市场领导者时，只要管理层的能力像往常一样卓越，那么不管是从销售额还是从获利能力方面来看，公司的龙头地位就很难被其他公司所取代。我们探讨保守型投资的第二个要素时曾谈过，这样一家公司的管理层必须能够根据不断变化的外部环境来调整公司原有的运营方式。有一种投资理论学派，他们主张买入某一行业中排名第二或第三的公司股票，因为“这些公司有成为第一的可能，已经成为市场领导者的公司却只有掉落的可能”。有些行业当中，规模最大的公司并没有取得明显的领导地位，但如果一家大规模公司在行业内取得了领先地位，我们要特别强调，我并不同意上述这种观点。我们觉察到，西屋公司(Westinghouse)经过多年的尝试，一直都未能超越通用电器(General Electric)，蒙哥马利·华德公司(Montgomery Ward)也没能取代希尔斯公司(Sears)，而且国际商业机器公司(IBM)在比较早的时候就在计算机市场建立起了主导地位，通用等美国其他一些大公司不论怎么努力都无法取代IBM公司压倒性的市场占有率，那些多如牛毛的靠价格战来竞争的小型、边缘型设备供应商也未能取代IBM的主导地位，IBM仍就是计算机行业当中获利能力最高的主导运营商。

一家公司怎样才能一开始便取得这种规模优势？通常是靠率先推出能够满足市场迫切需求的某种新产品或新服务，继而有足够优秀的营销、售后服务、产品开发予以支撑，有些时候还需要做广告来保证现有客户的满意度，使他们今后购买公司更多的产品。这往往能够形成一种气氛，吸引新客户倒向这些市场领导企业的阵营，因为这些处于领导地位的企业已经建立起良好的信誉(或者说很好的价值)，没有人对买家的这一选择做出质疑。当其他公司试图争夺IBM公司在计算机行业的业务时，没有人知道有多少首次使用电脑的企业员工，都受到别人这样的建议：最好使用IBM的电脑，不要购买小规模厂商的产品，即便是你当初觉得后者的设备比较好或比较便宜也要买IBM。这种情况中，主要的动机可能是他们觉得，万一日后设备的运转出了问题，建议买IBM电脑的人不会遭到买电脑者的责备，因为他们选了业内的市场领导品牌，但如果所选是尚无太大名气的小公司的产品，电脑真出现了什么问题，则很可能遭到买电脑者的不满。

制药行业有种说法：一种优良的新药品问世后，首先进入这一市场的公司会占有并维持60%的市场，并借此获得很高的利润。生产同类产品的第二家公司，可能占有25%的市场，利润比较普通。第三家公司占有10%～15%的市场，利润微薄。其他公司如果再行进入，会发现自己处于相当不利的处境。正常的品牌更新趋势可能会改变这个比率，但这种情况并不适用于所有行业。不过，投资者在评估哪家公司的获利力具有内在的优势，哪家公司没有这种优势的时候，应该将其背后蕴含的道理牢记在心。

较大的规模能够让一家公司长久保持竞争优势，不仅是因为能够带来较低的生产成本，而且还因为其广为人知的品牌更能吸引新客户上门。金宝浓汤公司(Campbell Soup)的速食汤部门具有投资优势，就体现了这个道理。首先，它到目前为止保持着美国最大的罐装速食汤公司的地位，能够以后运用整合的方式降低总成本，但其他一些规模较小的公司就做不到。举个例子，该公司能够生产大部分自身所需的汤罐，满足产品生产的需求。更重要的是，金宝公司的业务量相当大，使得它能够在全国各地具有战略意义的地方设立灌装厂，这就带来了两个重大的优势：一方面供应商把原材料产品运到灌装厂的距离较短，另一方面灌装厂把货送到超级市场的平均距离也比较短。由于罐装汤品的重量相对于价值偏高，运货成本花费不菲，所以那些只有一两座厂房的小规模灌装厂想在全国市场与之竞争，其处境势必将十分不利。还有一个可能是最重要的优势，那就是金宝的品牌价值较高，顾客到超级市场选购时都知道有这个品牌，也想买这个品牌，零售商自然会把它的商品摆在货架之上最好的位置，腾出显眼并且足够大的地方来摆放金宝的产品。相对而言，零售商一般不愿给在业界名气不响的产品提供这些优惠。醒目位置的货架有助于让金宝浓汤销售得更好，使得其继续稳居排名第一的位置，这个因素对潜在竞争对手具有很大的遏制作用。潜在的竞争对手不敢轻举妄动的另一个原因是，金宝的正常广告预算平摊为单罐成本之后，远低于那些产量较小的竞争对手。基于以上的各种理由，这家公司具有很强的内在竞争力，足以保护已经获得的利润率。不过，为了把这项投资的方方面面讲清楚，我们必须指出，有一些影响力量正在起反作用。金宝本身的成本上升之时(通货膨胀期间，成本有可能大幅增高)，最终价格的上涨幅度不能超过其他食品的平均上涨幅度，否则需求就可能从汤罐头转向其他食品。更为重要的是，金宝有个很强劲的竞争对手，而这个竞争对手是大部分其他公司都不必面对的。这个主要竞争对手就是美国的家庭主妇，她们为了节约开销会亲自下厨做汤。随着生产成本的上涨，导致消费者负担的商品价格提高，金宝公司的销售市场可能大受影响。我们提到这一点的目的是为了说明：即使较大的规模为公司带来了明显的竞争优势，而且公司经营得很好，就算这些因素很重要，也不能保证公司一定能获得很高的利润。

一家公司相对于其他公司想要长期维持较高的获利能力和投资吸引力，规模绝不是投资方面唯一的衡量因素。我们相信另外一个特别有意思的因素，那就是在科技领域中与经营非常成功、根基极为稳固的公司进行竞争的困难程度。在这一领域中所需的科技不是靠某一种学科，而是要靠两种甚至多种相当不同的学科的相互作用。为了解释上面这句话的意思，我们假设某人研发出一种电子产品，有望在电脑或仪器市场开启一个广阔的新市场。这两个领域当中都有很多能力很强的公司，这些公司内部都有专家，能够仿制出这种产品所需的硬件和软件程序，因此，如果新的市场真的足够大，可能马上就会出现激烈的竞争，使得尚在进行小规模生产的发明人的利润变得极为微薄。这类的领域中，经营方面已经获得成功的大公司拥有进一步的内在优势。除非设有遍布各地的服务渠道，以便在顾客所在地迅速为其提供维修服务，否则大部分这类产品很难销售出去。那些根基稳固的大公司通常已经建立起这样的网络渠道，而新推出优良产品的初创型小公司，想建立这样的服务网络渠道就很困难，也必须花很多资金。初创型公司也更难以说服潜在顾客相信它的财力，足以在产品出售后建立服务网络渠道，并且在未来将把这一网络继续维持下去。而且，在所有这些因素的影响下，从前那些推出优良新产品的初创型公司很难在电子行业的大部分领域建立起真正的主导地位（虽然有少数公司做到了），未来可能就更为困难，这是因为半导体在所有电子产品的总构成和全部技术体系中占有的比重越来越高。生产这些产品的领导公司如果想要在大多数电子产品的全新领域，跟老牌的电脑、仪器公司一校高下，那么它必须在企业内部的知识保有量至少应该和它们一样多。德州仪器公司在风靡一时、快速增长的掌上电子计算器领域做得非常成功，但是此领域的一些早期开拓者却在这个领域经营得非常辛苦，便是一个典型的例子。

但是，如果生产出来的产品不是单一的电子硬件技术或软件技术的产品，而是必须将这些技术结合起来，运用不同领域中的专业知识，比如原子核物理学或某些高度专业的化学，情况就会变得大不一样，请注意这个平衡是如何被打破的。大型电子公司内部根本没有这种运用跨学科技术的能力。这样经营出色的初创型创新公司就有很好的机会能在自己独特的产品线上取得优势地位，并获得很高的利润率，而且只要管理层的能力没有减弱，这种局面就很可能长期维持下去。我相信，在电子科技行业中，一些跨学科的技术性公司，最近已经被证实是富于远见的投资者们所应该把握的大好机会。我想，将来会有更多的这种机会。比方说，我预期将来的某个时间会有新的领先公司崛起，因为它们能够将生物学和其他学科结合起来运用，从而推出新的产品和制造工艺，尽管目前我还没有发现这个领域有如此出色的公司，但这并不代表没有这样的公司存在。

在一家公司的业务活动中，不仅是技术开发和规模经济这两个因素可能会给它带来维持较高利润率的机会。有些情况下，在营销或销售等方面的优势也会形成这样的效果。举个例子，一家公司已经设法让客户养成了在再订购单中自动标明产品规格的习惯，那么竞争对手想要设法取代它的行业地位则基本上是徒劳无功的。要达到这样的效果，需要两组条件存在：第一，这家公司必须在产品质量和可靠性方面建立起良好声誉，并且①客户认为这些产品对他们的业务非常重要；②质量不佳或功能不全的产品会带来严重的问题；③竞争对手只能供应很小一部分的市场需求，在大众心目当中，居于主导地位的公司几乎就等同于全部的供应来源；④在客户的运营成本总额中，这项产品的成本只占较小的一部分。所以，对于客户来说，产品价格稍微调低能够给他节省的钱并不多，但是找名不见经传的供应商却要冒很大的风险。然而，即便是一家公司很幸运地晋升到了这种地位，光是这一点还不足以确保它能够年复一年地享有高于平均水平的利润率。第二，它必须有一种能够卖给很多小客户的产品，而不是只卖给少数大客户。这些客户在特性上必须相当专业化，潜在竞争对手才不会觉得仅仅通过杂志或电视等广告手段就能够拥有这些客户。这些客户所形成的市场，只要居于主导地位的公司保持产品的质量和优秀的服务就很难撼动，只有由消息灵通的业务员一个个地拜访，才有可能取代这家公司的竞争地位。但是，每位客户的订单都那么小，这样的营销方法根本得不偿失！拥有所有这些优势的公司，可以通过市场营销，几乎无限期地保持高于平均水平的利润率，除非有重大的技术变革(或者正如前文所提过的，公司本身的效率发生了衰退)，才可能由别的公司取代它的地位。这类公司在高科技产品制造公司中最为常见。它们的特征之一是经常举办有关其产品使用方法的专家研讨会，以此维持其领导厂商的形象。公司一旦取得了这样的地位，专家研讨会就会成为很有效的营销工具。

需要特别指出的是，“高于平均水平”的利润率或“高于正常水平”的投资回报率，不需要——实际上也不应该——高达行业一般水平的好多倍，才能算这家公司的股票有很大的投资吸引力。事实上，如果利润或投资回报率太过引人注目，反而可能由此引发危险，因为形形色色的其他公司可能对此垂涎三尺，想来这个领域分一杯羹。相对来说，只要利润率能够保持比行业第二位的竞争对手高出2%或3%，就足以成为非常出色的投资对象。

我们可以将出色的保守型投资的第三个要素总结如下：不仅拥有第二个要素中所讨论的人员素质，而且还需要那些人员(或他们的前任)引导公司涉足某些商业活动，这些特定的商业活动具有某些内在的经济因素，使得公司能够长期维持高于平均水平的利润率。简单而言，关于第三个要素，我们要研究的问题是："哪些事情是只有这家公司能做，而其他公司没办法做得那么好的?"如果答案是根本没有这样的事情，那么随着这家公司的业务不断繁荣，其他公司也能进入这个市场并和该公司取得同样的经营业绩。因此，我们可以得出结论：该公司的股票或许很便宜，但是不符合第三个要素所要求的投资条件。

第四章　第四个要素：保守型投资的价格

任何股票投资的第四个要素都涉及到市盈率(price earnings ratio)，市盈率也就是当前的股票价格除以每股收益。要评估某只股票的市盈率是否与它的真实价值一致的时候，问题便来了。大多数投资者，包括许多应该懂得更多的专业投资人士，在这一点经常搞混，因为对于“到底什么原因使得某只股票的价格发生显著上涨或下跌”这个问题，他们并没有一个很清楚的认识。因为当投资者发现当初不应该以那么高的价格去购买股票时，他们已经由于错误的理解而损失了数十亿美元。如果投资者在错误的时间基于错误的理由而卖出持仓的股票，则又会损失更多的财产，无论如何，他们都应该长期持有这些股票，进行长期投资，这样才能获得不菲的利润。如果这样的事多次发生，另一个后果就是这些原本值得投资的公司，其融资能力会受到严重的冲击，该公司的每个投资者的生活水平都会下降：因为每当一只股票发生严重的下跌时，总有一群损失重大的投资者责备整个体制，而不是反省自身或他们的投资顾问所犯的错误。他们得出的结论是，任何类型的普通股都不适合他们用自己的存款去投资。

另一方面，我们发现许多其他的投资者因为多年来长期持有正确的股票，从而获得了十分可观的利润。他们的成功很大程度上是因为了解基本的投资法则，也可能只是因为运气不错。但是他们共同的成功因素，是他们拒绝仅仅因为某一只基本面非常好的股票急涨之后，其市盈率与投资界人士所公认的水平相比突然显得较高而将其卖出。

这件事如此重要，我们却看到很少有人能够深入地去了解是什么原因导致价格剧烈上涨。其实，支配价格走势的原理说起来却相当简单：任何一只普通股的价格相对于整体股市出现了大幅波动，都是因为金融界人士对这只股票的评价发生了变化。

我们来看看这种事情在现实中是怎么发生的。两年前，G公司被视为一家相当普通的公司。每股收益为1美元，价格是收益的10倍，也就是10 美元。近两年来，该公司所处行业大部分公司的收益都呈下降趋势。相反，G公司由于连续推出不少优秀的新产品，加上老产品的利润率有所增长，去年报告每股收益是1.40美元，今年则为1.82美元，未来几年还有望进一步增长。很明显，G公司近来的经营业绩和业内其他公司形成了鲜明对比，公司内部所采取的行动绝对不是开始于两年前，一定是已经持续了相当长的一段时间，否则运营上的经济效益和出色的新产品不可能出现。但是，金融界人士很晚才发现G公司符合我们所说的前三个要素，所以现在它的市盈率才上升到22倍。其他一些股票也有高于平均水平的商业特征和与G公司等量齐观的成长前景，和它们比起来，G 公司22倍的市盈率看起来并不是特别高。因为22乘以1.82美元约等于40 美元，因此两年来该股票的价格顺理成章地涨了300%。同样重要的是，像G公司所创下的这种纪录，往往暗示公司现有管理团队的能力非常高强，可以引领公司在未来很多年内继续增长。这样的增长率即使不是特别大，比方说未来10年或20年内每年增长15%，到时收益还是很容易增长几十倍的，而不是只增长几倍。

“评价”问题的核心是理解变幻无常的市盈率。我们绝不要忘记“评价”是一件很主观的事，它和现实世界中所发生的事情没有必然的关系。相反，这要看做评价的人认为正在发生什么事情，而不管他的判断和事实有多大的出入。换句话说，任何个股不会因为公司实际上正在发生的事情，或即将发生的事情而在某一时刻发生上涨或下跌，而是因为金融界人士对正在发生的事以及即将发生的事，在看法上达成了一致而上涨或下跌，不管这种一致的看法和真正发生或将发生的事情相差有多远。

说到这里，很多务实的人会对以上所说表示质疑。如果个股价格出现大幅波动仅仅是因为金融界对它的评价发生改变，而这些评价有时完全偏离了公司在现实世界中真实的经营情况，那么另外三个要素还有什么意义？我们何必再去研究企业经营管理、科技和财务上的专业知识？是不是单靠心理学家就够了呢？

答案是和时间因素有关系。由于金融界的评价和事实不相符，一只股票的价格可能在相当长的一段时间内都远高于或远低于它的实际价值。此外，金融界内的很多人都习惯于“紧随领导者”，特别是领导者为纽约市某家大银行的时候。因此，有时金融界对某只股票的评价有悖事实，使得该股票的价格远高于正常的水平，却仍然能在这个偏高的价位上维持很长的时间。事实上，价格从这个已经偏高的水平上还有可能继续上涨。

金融界对一只股票的评价，和能够影响股价的真实情景之间的巨大差距，可能会持续好几年的时间，不过这种泡沫迟早会破掉，有时几个月，有时则会持续很长时间。如果一只股票的价格因为人们不切实际的预期而涨得过高，迟早会有越来越多的持股者会因为等待而感到厌倦。虽然少数新增加的买方仍然对旧评价很有信心，但是卖方的卖盘很快就会耗尽这些新增买方的买盘，于是接下来股价发生重挫。有时候，继之而来的新评价是相当客观的，但是由于这种新评价是在价格下跌的心理压力下形成的再检查，所以又会矫枉过正地过于强调负面因素，使得金融界的新评价远比实际情况悲观，而且这种悲观的新评价可能会持续一段时间。这种现象发生时，出现的情景会和评价太乐观的时候很像，唯一的不同点是整个情况都要倒过来。较为乐观的看法可能需要几个月或几年的时间才会取代目前的悲观看法。不过，随着收益数字出现了令人欣喜的连续上涨，乐观取代悲观则是迟早会发生的事。

幸运的持股者也就是没有在股价刚开始上涨就卖出持股的投资者，接下来便能从这个现象中获得相对于股市中的风险而言最大的利益回报。在每股收益稳步上涨，以及市盈率同时急剧上扬两个因素的共同作用下，股价将大幅攀升。随着金融界从这家公司的基本面(现在是金融界对它的新印象)中正确地发现，它的投资价值远高于金融界以往印象中的价值，使得市盈率在股价上涨中的作用远高于每股收益在股价上涨中的作用。G公司的情况就是一个典型的例子。

我们现在开始能够真正观察一笔投资到底有多保守，也就是投资的基本风险。风险程度最低，也最为明智的投资标的，是那些非常符合前三个要素但目前在金融界中的评价并不非常高的公司，因为这些公司的市盈率比其基本面应有的水平要低一些。风险程度第二低，通常也算得上是非常明智的投资标的公司，是那些与前面所说三个要素符合的程度非常高，且人们对其的评价以及市盈率大概与基本面相符的公司。这是因为，如果这些公司真的拥有一些优良特质，那么未来它将继续成长。风险第三低的公司，依我看来通常适合保守型投资者持有，但不适合新资金首次购买。这样的公司，也非常符合前面所说的三个要素，但因为这些特质已经在金融界中成为了尽人皆知的事实，所以人们对它的评价以及市盈率高于其基本面应有的水平。

按照我的看法，虽然这些股票的价格看起来很高，但它们通常应该予以保留，这里有一些很重要的理由：如果公司基本面真的很不错，这些公司的收益迟早会上升到一个不仅足以支撑目前的价格，而且还能支撑价格涨得更高的水平。同时，用前面三个要素为标准进行评价，真正吸引人的公司数量非常稀少，不容易找到价值被低估的股票。对一般投资者来说，卖出这类股票转而买进那些看起来完全符合前面所说的三个要素，其实是并非如此的股票，犯下这种错误的风险，远高于坚守质地绝对优良但目前价值高估的股票所产生的暂时性风险，因为真正的价值迟早会涨得与目前的价格相匹配。这些价值暂时高估的股票价格偶尔会发生大幅下跌，同意我上述观点的投资者，应做好忍受这种下跌的心理准备。另一方面，根据我的观察，那些意图卖出这种股票后，希望等到适当的时机再将其买回的人，很少能够达到他们的目的，他们所期待的跌幅，通常实际上根本没有出现过。结果是几年之后，这些基本面很强的股票所到达的价格，远高于当初他们卖出时的价格，他们错失了后来出现的全部涨幅，而且可能转而买入了基本面差很多的股票。

风险再高一点的股票，在前面所说的三个要素上表现得非常一般或者并不太好，而相比其吸引力并不很强的基本面，金融界对其评价较低，或者与之保持一致。评价低于基本面水平的股票或许是很好的投机目标，但是并不适合谨慎的投资者。今天这个变化迅速的世界中充满了太多不利于发展的风险，可能会对这些股票产生严重影响。

最后要谈的是到目前为止最危险的一类股票：金融界对这类公司或股票的评价，远高于当前的形势所能支撑的程度，买进这些股票可能招致严重的损失，并使得投资者大量抛售持仓的股票，甚至会动摇投资业的根基。如果投资者想要逐个研究金融界在某一时刻对最热门、最有趣的公司所做出的评价，并将此后出现的基本面状况与之进行对比，他可以在商业图书馆或华尔街大型经纪机构里找到丰富的材料。证券经纪商的报告总是列举各种理由，建议人们买进这类股票，然后比较这些报告中描述的前景和实际发生的情况。随便举一些这类公司的例子，它们可能包括：迈莫拉克斯器材(Memorex)——最高价173.875美元、安派克斯(Ampex)——最高价49.875美元、李维兹家具(Levitz Furniture)——最高价60.50美元，莫哈克数据科学公司(Mohawk Data Sciences)——最高价111美元、利顿实业(Litton lndustries)——最高价101.75美元、卡尔瓦(Kalvar)——最高价176.50美元。

这个列表还可以拉得很长，但是更多的例子不过是在证明同一个论点。由于我们现在都很清楚，评估金融界目前对某家公司的评价与这家公司实际的基本面两者之间所存在的差距是非常重要的，所以把时间用于进一步审视金融界所做的评价，应该会带来更大的益处。但是，首先来免产生不必要的误解，关于前面提到的导致普通股价格出现大幅变动的理由，我们需要把其中一句话中的两个名词定义搞清楚，以免造成语义上的混淆：相对于整个股票市场，任何个别普通股每一次的价格大幅波动，都是因为金融界对该股票的评价发生了变化。

我们使用的是“价格大幅波动”一词，而不仅仅是“价格波动”，这样就排除了一些细小的价格变化，比如说技巧拙劣的经纪人在市场中迅速抛出2万股股票，使得股价下跌了1～2美元，等到抛售行为结束时，价位通常会恢复到原来的水平，这种价格小幅波动的情形是要排除的。同样，有时候机构投资者可能决定买进少量的某只股票，结果往往导致该股票价格短时间小幅上扬，等到买入行为结束时又回到原来的价位。这样的行为不代表整个金融界对某家公司的评价有所改变，因此这种行为对股价并不重要，或者说没有长期性的影响。一旦特定的买入或卖出行为一结束，这种小幅的价格波动往往就会消失。

我们使用的“金融界”一词，包括全部有能力，并且有足够兴趣准备以某个价格买进或卖出某只股票的人，请牢记，每位潜在买家和卖家对价格可能造成的影响程度，取决于他们在每一次执行交易时买进或卖出力量的大小。

第五章　再论第四个要素

前面我们讨论了金融界对一只股票的评价，上述讨论可能会让人以为这种评价只不过是针对特定股票本身而进行的，如有这样的想法就过于简单了。其实，对一家公司的最终评价是由三个相对独立的评价综合而成：目前金融界对普通股整体投资吸引力的评价，对某公司所处行业的评价，最后才是对该公司本身的评价。

我们先来探讨金融界对整体行业的评价。大家知道，从长期来看，一个行业从市场潜力巨大的早期阶段，到可能受到新技术威胁的后期阶段，在整个过程中，金融界为了参与该行业的投资，所愿意支付的市盈率可能大幅下降。因此，在电子工业的早期发展阶段，那些生产一切电子产品的基本零件——电子管的企业，其股票通常有很高的市盈率。接下来，随着半导体的发展，电子管市场逐渐缩小，业内企业的市盈率急速下降。最近磁性记忆设备也出于同样的原因，陷入了同样的命运。这些事情都很明显，也非常容易理解。但有时候不那么明显，也不太容易理解的是，金融界对某一行业总体评价的起起落落，原因有时不是由于这些不可抗拒的影响力量，而是在某个特定的时间点，金融界看中行业内的某种背景事件的影响力甚于其他背景事件的影响力。不过，两种背景事件可能在一段时间内都是有效的，两者的影响力都有可能持续下去。

或许化学工业可以作为一个例子。从经济大萧条之际一直到20世纪50年代中期，美国最大的几家化学公司的股票市盈率，和其他大部分股票相比显得非常高。金融界对这些公司的看法也许能通过一幅卡通画体现出来。在这幅卡通画中，化学工业被描绘成一条没有尽头的传送带，传送带的一边是正在试管中配置新化合物的科学家，这些材料经过神秘莫测的工厂，在传送带的另一边形成了妙不可言的新产品，如尼龙、DDT、合成橡胶、快干漆，以及其他各种新材料。对于幸运的制造商而言，这些似乎肯定将是源源不断的财富来源。到了20世纪60年代，这样的印象骤然改变。在投资界的眼里，化学工业变得很像钢铁、水泥、造纸等工业一样，都是以某种技术规格为基础，销售大量的商品，结果各家企业的产品没有什么差别。这些资本密集型行业为了摊销庞大的固定资产投资，通常要承受很大的压力，以很高的负债来运转设备，结果往往导致激烈的价格竞争以及利润率的萎缩。金融投资界的印象改变之后，从1962—1972年的这10年间，主要化学公司相对于整体股市的市盈率大不如从前。化学工业的市盈率虽然仍明显高于很多行业，却开始日益向钢铁、造纸和水泥等行业靠近。

所有这些变化中最值得注意的是，除了一件重要的事情之外，20世纪60 年代这个行业的基本背景和此前的30年相比基本没有什么不同，或者根本没有任何不同。没错，20世纪60年代的后5年，某些产品存在严重的产能过剩情况，如大部分的合成纺织品。一些占据市场领导者地位的化学公司的收益在短期内大受影响，特别是杜邦公司。但是，化学行业的基本特质并没有发生足以令其在金融界心目中的地位发生重大改变。化学品生产一直都是资本密集型行业，大部分产品都是按照某种技术规格生产销售，所以一家企业通常无法把价格提高到另一家之上。另一方面，由于大量质量大幅改善的新型杀虫剂、包装材料、纺织品、药品，以及其他大量产品的问世，20世纪60年代和70年代为这个行业提供了日益扩大的市场。聪明的人类能够重新排列分子，创造出大自然原本不存在的产品，这些产品具备特殊的性质，更加符合人类的需求，或者比从前所使用的天然材料更便宜，使得这个行业中的机会似乎无穷无尽。

最后，不管是以前化学工业股地位较高的时期，还是最近地位比较低落的时期，还有一个因素一直没有什么改变。广大旧式化学工业往往只是将盐或碳氢化合物等基本原料进行初步加工处理，这样就不可避免地必须依照某种规格出售，而且免不了要陷入价格竞争。但是，警觉性高的公司总是在创造机会，把这些初级产品加工成更加复杂、价格更高的产品。这些产品至少在一段时间内是这些公司所特有的，从而规避了激烈的价格竞争。等到这些产品又必须参与到价格竞争之中的时候，这些警觉性高的公司还是能够不断开发出更新的产品，将高利润的产品纳入其产品线当中。

换句话说，当化学工业股是金融界宠儿的时候，所有有利的因素，在后来化学股失宠时依然存在。但20世纪60年代时人们所强调的不利因素，以前也仍然存在，只是被忽视了而已。改变的是人们强调的重点，而不是事实本身。

但是，事实本身也会发生改变。大概从1973年中期开始，化学工业股再次获得金融界的青睐，这是因为对这个行业的一些新看法开始盛行。主要的工业国家自工业文明开启之后，首次(大规模战争期间除外)体验到了经济资源匮乏的苦楚，制造业产能只能缓步增加。因此，激烈的价格竞争可能要好几年以后才会再次发生。这种认知为化学工业股的投资者开启了全新的投资格局。投资者现在面临的问题是：确定背景事实是否真的可以支撑这个新的认知，如果可以，则依新情势来看，化学工业股相对于整体股市而言，其涨幅是已经太高还是仍然有上涨的空间？

最近的金融史上有无数这样的例子：金融界对某一行业的评价大幅改变，引起了此行业股票市盈率的更大改变，但事实上该行业与从前并无不同。1969年，电脑衍生设备公司的股票备受市场垂青，这些公司生产各种能够添加到中央处理器或是电脑主机上的特殊设备，从而让操作者在使用中央处理器或电脑主机时获得更多的便利。其中一些主要产品包括高速打印机、扩展内存、使得打孔作业人员不再需要把资料输入电脑的键盘装置，等等。在当时的大多数人印象中，这些公司的未来无可限量。虽然中央处理器与电脑设备市场大体已经步入成熟阶段，而且这个市场由少数实力雄厚、地位稳固的大型公司所控制，但广大的小型公司还是能够在这些电脑周边衍生产品上从大公司嘴里虎口拔牙分得一部分市场。但是，现在有一种新的看法，认为这些小型公司有财务压力，因为这些小型公司的产品通常采取出租的方式而非直接出售，同时大型电脑主机制造商决心进军电脑周边产品这一市场。到底是基本面改变了，还是针对基本面的评价发生了改变呢？

这里有一个评价改变的极端例子。1972年，相对于1969年而言，金融界对加盟连锁行业和此类股票基本面的看法大为不同。这里再一次通过电脑周边设备生产公司的股票来进行说明，人们以很高的市盈率买入这些股票时，这个行业所有的问题本质上已经存在了，但当时盛行的观点认为公司眼下的表现非常突出，会不断地发展成长，因此人们忽略了这些已然存在的问题。

在对一个行业所持有的整体评价这个问题上，投资者遇到的问题总是一样的。目前居于主流地位的评价，和真实的经济情况比起来，是更加有利，还是更加不利，或者大致相同？有时甚至对于最精明老练的投资者来说，这也是个很棘手的问题。1958年12月就有这样一个例子。那时候，作风一向保守的史密斯·邦尼投资银行采取了一项措施，这个措施在今天看来平淡无奇，但在当时却算得上先人一步：它公开发行了尼尔森公司（A.C.Nielsen Co.）的股票。这家公司没有厂房，没有有形的产品，因此也没有存货。这家公司属于“服务业”，通过向客户提供市场研究资讯而收取费用。没错，截至1958年，银行和保险公司长期以来，一直被市场视为优良的保守型投资对象。但是，这些行业很难作为衡量尼尔森公司投资价值的参照物。一家银行或保险公司的账面价值是现金、流动性投资以及应收账款，所以买入银行或保险股的投资者，似乎有坚实的可依赖的价值，但新引入金融界的这类服务型公司却没有这样的东西。然而，我们仔细研究尼尔森公司的情况之后，会发现它的基本面非常优秀，这家公司拥有诚实正直、能力高超的管理层，公司竞争地位独占鳌头，未来的若干年有望进一步成长。尽管如此，在有证据显示金融界对这种行业的股票究竟将做出何种反应之前，在决定是否买入时仍需仔细考虑。是不是需要好几年的时间，才能消除因为缺乏熟悉的价值参照物所引起的疑虑，从而对这样一家公司的真实投资价值做出切实的评价呢？像尼尔森这样的一家公司，多年来的高市盈率表明金融界给予了它很高的评价，但有些投资者在决定接受这种已经获得市场认可的基本面、买入其股票之时，他们的心情却是极为惶恐，就像跳下悬崖，看看底下的空气能否支撑住自己一样，这在今天看来实在是荒谬可笑，但当时服务公司还是一个非常新颖的概念，与我们如今已经习惯的观念大为不同。事实上，短短几年之内，钟摆就摆向了另一边。随着尼尔森公司收益的不断增长，华尔街兴起了一种新观念。大量的基本面各不相同的公司，仅仅是因为从事的都是服务业而非商品生产，就被金融界不分青红皂白地统称为服务业，并认为此行业极具吸引力。有些公司的市盈率开始高于其应有的水平。和往常一样，基本面终将决定一切。把本质上不同的公司生搬硬凑成一类股票，这样所形成的错误印象迟早会慢慢消退。

这一点再怎么强调都不过分：保守型投资者对某个行业的股票感兴趣时，一定要了解金融界目前对该行业所做评价的正确与否。投资者必须不断研究探索，弄清楚这种评价是否远比实际情况有利或不利。只有正确判断这一点，主宰该行业股票市场价格的长期趋势的三个变量之一才能被确定下来。

第六章　三论第四个要素

就影响市盈率的因素而言，金融界对一家公司自身特点的评价，比金融界对该公司所处行业的评价更为重要。关于某家公司最理想的投资特征，前面讨论保守型投资的三个要素时已经进行了定义。大体来说，金融界对某只股票的评价越接近这些特征，该股票的市盈率就越高。如果评价低于这些标准，则市盈率倾向于下降，具体下降到什么程度要看比正常标准低多少而定。投资者如果能运用自己高超的判断力，确定某家公司的真实投资价值是明显高于还是低于目前金融界对该公司所持的财务印象，便可以很好地判断出该股票的价格目前是被显著低估还是高估。

在判断两只或多只股票的吸引力孰高孰低时，投资者往往会陷入迷乱之中，因为他们总试图运用过于简单的数学方法来处理这个问题。假设他们现在要对两家公司进行比较，经过仔细研究后发现，这两家公司未来每年的增长率可能都有10%。如果其中一家公司的股票价格是收益的10 倍，另一家是20倍，则市盈率10倍的股票看起来比较便宜一些，或许事实正是这样，但也不见得必然如此，对此我们可以给出许多理由。看起来价格较为便宜的公司可能利用了杠杆资金(必须先支付利息和优先股股利，剩下的收益才归普通股持有者)，这样市盈率较低股票的预期成长率受阻的风险可能会高出许多。同样，纯粹从企业经营方面来看，尽管两只股票都有可能实现预期中的增长率，但如果有意料之外的事情发生，则对低市盈率股票的影响，可能远高于对另一只高市盈率股票的影响。

导致错误结论的另外一种更为严重，也更难以理解的方式就是，过分依赖于对成长机会类似的几只股票相对市盈率进行简单比较。为了说明这一点，假设两只股票未来4年的收益都很有可能翻倍，而且目前的股价都是收益的20倍，此时在同一市场中，其他一些运营正常但没有什么成长潜力的公司，价格为收益的10倍。再假设4年后整体股市的市盈率没有发生变化，那些运营正常但没有什么成长潜力的公司，价格仍为收益的10倍。同时我们假设4年后这两只成长有望翻倍的股票中的一只，人们对它未来的成长预期和4年前大致相同，换句话说，金融界对它的评价是：未来4年这只股票的收益应该还会再增长一倍。这表示，它在过去4年收益发生倍增之后，价格仍然会是收益的20倍。换句话说，那段期间它的价格也升高了一倍。与之相反，4年后第二只股票的收益像预期的情况一样，也增加了一倍，但此时金融界对它的评价是：该公司的收益在未来4年将趋于平缓，不过运营仍然良好。这表示，第二只股票虽然4年内收益增加一倍的预期已经得以实现，但该股票的持有者将大失所望。由于金融界对第二只股票的印象是“未来4年收益不会增长”，那么现在会预期它的市盈率只有10倍。所以说尽管收益已经增加了一倍，但这只股票的价格还是跟以前一样。所有这一切可以总结为一条基本的投资原则：未来利润继续增长的可能性越高，投资者愿意承受的市盈率也就越高。

但是，应用这个原则时必须非常谨慎。永远不要忘记市盈率实际上的变化原因，并不是实际上将会发生什么事，而是金融界人士目前相信将会发生什么事。在整体市场形势普遍乐观的时候，一只股票可能因为金融界准确地预测出它将在未来若干年内实现很高的成长率，从而具有极高的市盈率。但是，要想等到这个成长率完全实现，则还需要等待很多年。原本应该准确反映在市盈率上的高成长率，可能有一段时间没有反映，如果公司在经营上出现暂时倒退则更是如此，即使是最优良的公司也会发生这样的情况。在整体市场形势普遍悲观的时候，这种“没有反映”的情况在一些优良的投资对象身上可能体现得更加明显。这种情况发生时，投资者如果能够辨别出目前的市场印象和真实情况之间的差别，就能够在风险较低的情况下，找到一些长期获利极为丰厚的普通股投资良机。

1974年3月13日，有个精彩的例子，可以用来说明精明的投资者如何预测出投资界对一家公司所做评价的变化。3月12日，纽约证券交易所摩托罗拉公司股票的收盘价是48.625 美元。3月13日收盘价为60美元，涨了大约25%！原因是12日交易所收盘后，摩托罗拉公司宣布将退出电视机行业的业务，它在美国的电视机工厂和存货将以接近账面价值的价格，卖给日本的大型电视生产商——松下公司。

投资者都知道摩托罗拉的电视机业务有小幅的亏损，并因此连累了其他业务的收益。这条新闻足以使摩托罗拉股票的价格有所升高，但不应该如实际的涨幅那么多，买方力量背后的主要买入动机则蕴含着更复杂的推理。一段时间以来，很多投资者认为摩托罗拉一些赚钱的事业部门，特别是通讯事业部门，使得这家公司成为美国极少数具备极高投资价值的电子公司之一。例如，史宾塞塔斯克公司(Spencer Trask and Co.)曾经发表过证券分析师欧提斯·布雷德里(Otis Bradley)撰写的一份报告，报告十分详细地论证了摩托罗拉公司通讯事业部门的投资价值。这份报告在计算现有市盈率、预估未来市盈率时使用了不同以往的方法，它没有考虑摩托罗拉的整体收益，仅仅就一个事业部门进行了估算。报告中比较这个事业部门和惠普公司、帕金埃尔默公司(Perkin—Elmer)的预计销售额和市盈率，从投资角度，后两家公司通常也被视为非常优秀的电子公司。根据这份报告我们很容易推断出(尽管文章中没有明确说明)，摩托罗拉通讯事业部门的投资价值极为优良，单是这个部门的价值就值摩托罗拉当时的股价。可以这样说，买入摩托罗拉股票的投资者，相当于什么都没付出就得到了通讯事业部门之外的所有其他事业部门。

既然金融界对摩托罗拉那些高度复杂的产品线抱有这样的看法，那么在电视机事业部门卖给松下的消息宣布之后，到底是什么催生了大量的买盘呢？关注摩托罗拉股票的投资者长久以来都知道，金融界的很多人都不看好这只股票，因为摩托罗拉在人们的印象中是一家电视机制造公司。金融界的大部分人一听到摩托罗拉，首先想到的是电视机，接着才会想到半导体。电视机事业部门卖给松下的消息宣布时，标准普尔公司的股票指南用以列出每家公司主营业务范围的说明中，将摩托罗拉公司的业务范围描述为“收音机及电视机：半导体”。这种说法虽然不能算错，但有误导作用，因为这与摩托罗拉公司的实际状况不符，而且完全忽视了通讯事业部门这一极为重要的部门，当时通讯事业部门的业务量占了整个公司业务量的一半左右。

在电视机事业部门卖给松下的消息出现后，那些毫不犹豫抢购摩托罗拉股票的人，仅仅是因为希望这个利好消息能够刺激股价上升。但是，大量的买盘都可以归因于这样一种看法：金融界对这家公司的评价一直远比事实真相更差。从历史记录可以发现，在电视机行业，摩托罗拉只是业界的市场领导者泽尼斯(Zenith)背后的一个跟随者。既然电视机业务不会再混淆投资者对该公司其他事业部门的看法，一种会导致市盈率升高的全新印象将会形成。

那些高价抢购摩托罗拉股票的人做得明智吗？答案是完全不明智。在接下来的几个星期内，股价的下跌完全消耗了当时受利好消息而产生的涨幅，所以说用点儿耐性等候才是对的。在下跌的市场中，金融界对一家公司的印象变坏，会比对一家公司印象变好更快地为人们所接受。在上涨的市场之中情况则正好相反。因为松下的消息而抢购摩托罗拉股票的人很不走运，因为接下来的几个星期，短期利率快速回升，使得整个股市形成了下跌趋势，让当时四处弥漫的看空心理更是雪上加霜。

或许还有另一种影响力也对抢购摩托罗拉股票的人产生了不利影

响。这种影响也是整个投资领域中最微妙也是最危险的，即使是最老练的投资者也必须时时注意防范。当一只股票的价格长期盘桓于某个价格区间时，比如说从38～43美元，投资者便会在不知不觉中把这个价格区间看成这只股票的真实价值。等到金融界把这个价格区间当作那只股票的真实价值，并习惯于这样的看法之后，如果金融界的评价改变，股价跌到了24美元，则各路的买家会蜂拥而至，大举买入该股票，因为他们得出的结论是这只股票目前真的非常便宜。可是，如果股票本身的基本面很差，那么24美元的价位可能还是偏高。相反，如果股价涨到了50、60、70 美元，卖盘就会倾巢而出，因为很多投资者认为这样的价格“偏高”，所以必须获利了结。受这种一时冲动的支配会让人付出很大代价。想要在股票投资中赚到可观的利润，就必须大量持有那些在初始建仓成本的基础上能够上涨好几倍的股票。一只股票的价格到底是“便宜”还是“偏高”，唯一的检验标准不是当前的价格比以前的价格高还是低(无论我们多么习惯于以前的价格)，而是这家公司的基本面明显高于还是低于当前金融界对这只股票的评价。

前面曾经提到过，除了投资界对整个行业和个别公司的评价，我们还必须考虑形成评价的第三个要素。只有把这三个要素全部结合在一起，我们才能合理地判断出一只股票在某个时间点上的价格是比较便宜还是昂贵。第三个评价是针对股票市场的整体看法。为了说明在特定时期内，对股市的整体看法可以产生多么极端的影响，以及这些看法可以和事实相差多么的远，我们应该回顾一下20世纪两次最为极端的评价。对于今天的我们而言这些情况也许是荒谬可笑的，但在1927—1929年间，金融界的大部分人士确实相信我们正处于“新纪元”。多年以来，美国大部分公司的收益一直有规律地上涨。不仅使严重的经济萧条已经成为历史，而且伟大的工程师兼企业家胡佛（Herbert Hoover）也被选为美国总统，他杰出的能力有望确保经济在未来更加繁荣。在这种环境中，似乎持有股票是不可能赔钱的，很多人想要从这个似乎稳赚不赔的生意中获得更大的利润，于是他们融资买入本来不可能买到的巨额数量的股票。然而，事实最终粉碎了这种评价，我们也都知道后来发生了什么事。“大萧条”带来的痛苦以及1929—1932年间的空头市场，在人们的记忆中久久难以磨灭。

1946年年中到1949年年中的3年时间里，投资界对作为投资对象的普通股的评价，在看法上与上述的情节正好相反，但相同之处就是它们都是错的。当时大部分公司的收益都非常令人满意，但在金融界的这种评价之下，股票的市盈率创出多年来的最低水平。金融界的说法是："这些收益没什么大不了的","它们只是暂时的情况，在马上即将到来的经济萧条之中将快速萎缩或是荡然无存"。金融界对内战之后1873年的恐慌局面记忆犹新，当时发生了非常严重的经济萧条，并且一直持续到1879 年。第一次世界大战之后的情况更糟，出现了1929年的股市崩盘以及有一次持续6年的大萧条。由于第二次世界大战所消耗的人力、物力远甚于第一次世界大战，经济因此遭到了更为严重的创伤，人们认为即将出现更大的熊市和更为严重的经济萧条。只要这种评价持续下去，大部分股票就卖得很便宜，等到金融界终于认识到这样的印象是错误的，未来不会发生严重的萧条之后，美国历史上为期最久的牛市之一便悄然而至。

1972—1974年间，在空头市场的笼罩下成为了20世纪市盈率最低的时期之一，另一次市盈率与之同样低的时期是1946—1949年间。这就产生了一个很明显的问题：金融界的评价导致了这种局面，然而这些评价是正确的吗？这些促成历史最低市盈率的恐惧心理合乎道理吗？1946—1949 年间的历史会不会重演？本书后面的章节会设法解释这些问题。

影响整体股票价格水平变化的因素，和影响一只股票相对于另一只股票市盈率高低的因素有着本质上的差别。由于前面已经说明过的原因，在任何时间影响一只股票相对于另一只股票市盈率的因素，只是投资界对某家公司以及该公司所处行业的当前印象。但整体股票价格水平不仅是印象问题，也有一部分来自金融界当前对普通股吸引力的评价，还有另一部分来自现实世界中某些纯粹的金融因素。

现实世界中的影响因素主要来自于利率。当长期或短期货币市场的利率处于较高水平，尤其是两者同时处于高位时，会有更多的投资资金流向这些市场，对股票的需求随之降低。投资者将卖出股票，把资金转移到货币市场。相反，当利率偏低时，资金会从货币市场流出进入股票市场。所以说，利率升高通常会导致所有股票的价格下跌，利率下降则会导致股票价格上涨。同样，如果公众愿意把更大比例的收入储蓄起来，则会有更多的资金成为投资资本，和投资资本上升缓慢的局面相比，股票价格将更容易出现牛市上涨行情。不过，和利率水平因素比起来，这个因素的影响力就要小得多。新股发行会消耗股票市场中原有的一部分可投资资金，但新股发行量的变化则是影响力更小的一个因素。新股发行量对整体股价影响较小的原因在于，当其他因素使得股票受人追捧之时，新股发行量往往会利用这种有利形势而有所增加。普通股价格处于低点时，新股发行量则通常大幅减少。这样一来，新股发行量的变化主要是受其他因素的影响，其本身并不是一个具备重大影响力的因素。

股票投资的第四个要素，或许可以概括如下：任何个股在某一特定时间的价格，均由当时金融界对该公司、该公司所处行业的评价以及在某种程度上的股价水平所决定。要确定某只股票在特定时间的价格是否具备吸引力、吸引力大小，主要是看金融界的评价偏离现实的程度。但是，由于整体股票价格水平在某种程度上也会对此产生一定影响，所以我们也必须对一些纯粹金融因素即将发生的变化做出准确预判。在这些纯粹金融因素里，以利率最为重要。

第三部分

形成投资哲学

献给弗兰克 E.布洛克

这本书的第一版是应渣打金融分析师机构(Institute of Chartered Financial Analysts)的邀请而出版的，该机构曾被授予C.斯图尔特·谢帕德奖(C·Stewart Sheppard)。渣打金融分析机构的弗兰克 E.布洛克(Frank E.Block)通过辛勤的努力和其富于激励性的领导才能，使得渣打金融分析师机构成为一支在金融分析师的培养教育、建立高标准的职业道德品行以及为鼓励金融分析师的继续教育而进行的项目研发与刊物出版等方面的重要力量。

第一章 哲学的起源

要了解任何投资方法的纪律，首先要知道设计这种方法的目的。除了为抓住合适的投资机会而暂时以现金或现金等价物形式留存的资金以外，费舍公司(Fisher&Co.)所管理的任何一部分资金的投资目标都仅限于非常少数的几家公司，这些公司往往具备素质优异的管理层，销售额指标以及更为重要的收益成长率指标都会远高于行业内的平均水平。和成长率比起来，它们所承担的风险也相对较小。符合费舍公司的投资标准的公司，必须以追求长期利益为最终的目标，而且其管理层必须具备一套可行的政策，使公司愿意牺牲短期利润来换取长期利益。此外，有两个特质是必须具备的，其一是他们有能力在企业经营的所有日常性事务上永远保持优秀的表现，以便实现公司的长期政策。其二，管理层在提出创新性的观念或推出新产品时难免犯错，也可能在经营成功时骄傲自满而犯错；公司在发生重大的错误时，必须能够认清这些错误并采取更正行动。

我相信自己对制造公司的特点极为了解，所以我把费舍公司的大部分投资活动现定于制造业的优秀企业，这些企业结合了领先的科学技术和优秀的商业判断力，使自身能够达到上述目标。近几年来，我把费舍公司的投资仅限于此类的公司，因为我偶尔投资于别的行业，所获结果总是不能令我满意。不过，我认为，在拥有必备专业知识的情况下，我把相同的原则运用于零售、运输、金融等行业之后，没有任何理由能够阻碍投资获得理想的利润。

没有哪种投资哲学能够在一天或一年之内就完全形成，除非是抄袭别人的方法。就我自己的情况来说，我的投资哲学是用了很长的时间才形成的，其中一部分是所谓逻辑推理的产物，也有一部分来自对别人的成功与失败的观察，但大部分是来自一种比较痛苦的方式，也就是从自己的错误中学习。向别人解释我的投资方法的最好方法，可能就是回顾我的投资历史。因此，我将从早年我的投资方法开始形成的时期讲起，试着一点一点讲清楚我的投资哲学是如何形成的。

1．兴趣的诞生

我很小的时候就知道有股票市场存在，也知道股价的变动可能带来机会。我的父亲是家中5个兄弟姐妹中最小的，我的母亲也是8个兄弟姐妹中最小的，所以在我出生时，我的祖父母那一辈就只有祖母健在了，这可能就是我和她特别亲近的原因。小学时的一天下午，我下课之后去看她。我的舅舅正好在和她谈他对未来一年商业形势的看法，以及她的股票可能受到哪些影响。一个崭新的世界在我眼前展开了。自己存了一些钱之后，我便有权在这个国家最重要的几百家企业之中选出一家并购买它的股票，分享它未来的利润。如果我选对了，这些利润会叫人兴奋不已。我发现，判断是什么因素使一家企业得以成长是件很有意思的事，只要我学会了它的玩法，它就是个有趣的游戏，相比之下，我所熟悉的其他事情都显得极为单调乏味、毫无意义。舅舅走了以后，祖母对我说她非常抱歉，我来的时候碰巧舅舅也来了，不得不和他谈了一些我可能不感兴趣的事。我说恰好相反，我对他们的谈话内容非常感兴趣，他们交谈的那1小时好像只有10分钟那么短。几年后，我才发现祖母持有的股票数量很少，而且他们那天的谈话内容很肤浅，然而他们的谈话所激起的我对股票的兴趣，却在我的一生中都不曾磨灭。

那时的大部分企业不像今天一样那么担心和未成年人打交道的法律风险，所以我便带着对股票的浓厚兴趣，在20世纪20年代中期一路高歌的多头市场中赚了一些钱。但是，我那当医生的父亲很不赞成我做这件事，他觉得这事只会让我养成赌博的习惯。事实上并非如此，因为赌博的本质是为了碰运气而去碰运气，但我绝对不会如此。另一方面，当我回顾这段往事时，就投资策略来说，我发现那段期间的小规模股票投资活动几乎没有教到我什么有价值的东西。

2. 经验的养成

但是，在20世纪20年代的大牛市结束之前，我确实获得了一些经验，学到了很多在未来几年的实践中非常重要的东西。1927—1928学年，我被斯坦福大学那时刚刚成立的商学院录取为一年级学生。那一年中20%的课程，是每个星期用一天时间来参观旧金山湾地区一些最大的企业。指导这项活动的是有着独特专业背景的伯里斯·埃梅特教授。在那个时候，大型邮购公司的大多数商品都是通过与供应商签约而购得，而这些供应商的唯一客户就是这些邮购业公司里面的某一家。这些合约条件往往对供应商很不利，使得它们的利润率很低，所以每过一段时间，就有一家供应商陷入严重的财务危机。然而，眼睁睁地看着供应商倒闭并不符合邮购公司的利益。多年以来，埃梅特教授作为专家受雇于这样一家邮购公司，他的工作就是在供应商被压榨得太厉害即将破产的时候为其提供救援，因此他对企业的经营管理非常了解。这个课程的指导原则之一，就是我们绝不拜访那些只让我们看工厂的公司。在参观过工厂之后，公司管理层必须愿意坐下来和我们进行讨论，在埃梅特教授言辞犀利的提问之中，我们可以了解到一家企业的优点和弱点究竟在哪里？我发现这正是我想要的学习机会，而且我能够很好地利用这个独特的机会。半个世纪之前，汽车在大众的普及率远低于今日，那时埃梅特教授没有汽车，但是我有，于是，我便经常搭载他前往各家工厂参观。在前往工厂的途中，我并没有从他那里学到什么东西，然而每个星期回斯坦福时，我可以听到他对某家公司的真正看法和评论。我那时享有的接送教授的特权给了我十分宝贵的学习机会。

在这些行程中，我也养成了一种坚定的信念，接下来几年的事实证明这种信念是非常有价值的，更奠立了我的事业基础。有个星期，我们拜访了两家制造工厂。这两家工厂位于圣荷赛，并且彼此相邻。其中一家叫作约翰·毕恩喷射泵公司(John Bean Spray Pump)，它在制造泵方面居于全球领先地位，其产品用于在果树上喷洒杀虫剂以抵御自然界中的害虫。另一家叫安德森·巴恩葛拉佛制造公司(Anderson Barngrover Manufacturing Company)，这也是一家全球领先的厂商，但其产品是生产水果罐头工厂使用的设备。20世纪20年代，金融界还没有提出“成长型公司”这个概念。尽管如此，我还是用着笨拙的字句向艾梅特教授说：“我觉得这两家公司在未来有可能成长得比目前的规模大得多，而且会大到我们拜访过的各家公司无一能及的程度。”他对我的看法表示同意。

在开车的途中，我曾问过埃梅特教授他以前的商业经验，并从中学到了一些其他东西，这对我日后有很大的帮助。我们谈到，一家企业要想运营良好，销售能力是极其重要的。一家企业可能在制造方面非常有效率，或者一位发明家发明了一种有着颠覆性价值的产品，但企业如果想要运营的非常好，这些事情远远不够，企业内部还必须有一些人才，能够说服别人相信他们的产品很有价值，否则这家公司永远不能真正掌控自己的命运。后来我在这个观念的基础上进一步建立了自己的理论：认为即使拥有一支强大的销售团队也是不够的。对于一家真正有投资价值的公司而言，不仅必须要有能力销售产品，还要能够评估客户需求和欲望上的变化。换句话说，必须有效掌握市场营销概念中所要求的一切。

3. 经验中的第一堂课

1928年夏天，我在商学院的第一学年即将结束，有个非常好的机会出现在我眼前，我觉得不能错过。如今这所商学院每年招生数百人，但当年我所在的那个班只有19个学生，是商学院的第三届。比我们早一年的毕业班只有9个学生，而其中只有两人接受过金融方面的培训。当时的股票市场正处于一段狂热时期，这两个人都被纽约的投资信托公司招致麾下。最后还有旧金山的一家独立银行（几年后被旧金山的克罗克银行收购)想要面向商学院招聘一位主修金融投资的学生。商学院非常希望把握住这个机会，因为，如果这名代表商学院形象的学生获得了该行的认可，那么以后就可能有更多的机会让毕业生进入这家银行工作。但是，他们当时无人可选，这份工作并不好干，但我听到这个机会后，最后终于说服商学院派我前去。我的想法是，如果应聘成功并干得不错我就留在那里，要是不能胜任工作，我就回到学校再念第二年的课程，并且让那家银行知道商学院派出的是一个没有完成全部课程的学生。

大萧条来临之前的那段时间，证券分析师(security analyst)叫作统计员(statistician)。由于股票价格连续三年都曾在短期内疯狂下跌，使得华尔街的统计员的职业声誉一落千丈，于是统计员改名为证券分析师。

我成为了那家银行中投资部门的一名统计员，那时候的法律对银行经营经纪业务或投资银行业务并没有限制。银行指派给我的工作非常简单，而且在我看来，这是一件运用智慧进行欺骗的事情。那家银行的投资部门主要销售一些新发行的高利率债券，作为承销团队中的一员从中收取数量可观的佣金。整个部门中没有人负责评估所销售债券或股票的内在价值。相反，在那段卖方在市场中处于强势的时期，纽约的其他银行或大型投资银行不管让他们承销任何证券，他们都乐于接受。接下来，银行的证券销售人员会对客户说，他们银行里有个统计分析部门，会对客户持有的证券进行研究分析，并对他们经手的每一种证券都写一份报告发给广大客户。事实上，所谓的“研究分析”只不过是查阅一些特定公司已经发布出来的手册，这些手册包括《穆迪》(Moody)、《标准统计》(Standard Statistics)等等里面特定公司的资料。再下来另外一些人，包括我自己在内，所要做的仅仅是将这些手册中的描述写进自己的报告即可。这些报告中，凡是销售额很高的公司总是一成不变地被描述为“运营良好”，理由仅仅是它们的规模很大。公司里没有人直接命令我把证券分析的目标转向银行当时正在出售的那些证券，但当时的整个氛围却非常鼓励这样做。

4. 建立基础

没多久，部门内整个工作过程的肤浅令我感到一定还有更好的方式来做这件事。非常幸运的是，我的直属上司完全理解我感兴趣的这件事，并给我时间去完成我向他建议过的实验计划。1928年秋天的时候，无线电行业的股票在市场当中备受投机者的追捧。作为那家银行投资部门的代表，我把自己介绍给了旧金山几家无线电部门，我询问了他们对该行业内互为竞争的三大主要厂商的看法，他们给我的看法有着令人震惊的相似，尤其是在其中一家零售商中工作的一位工程师，我从他身上学到了很多东西。业内有一家叫作飞歌的公司(Philco)，在我看来非常不走运，因为它是一家私人持有的公司，所以在股市上没有投资获利机会。然而它却开发出了独具特色、市场吸引力极强的产品，再加上生产效率高，所以该公司在市场上享有了一定的份额，并获得了可观的利润。美国无线电公司(Radio Corporation of America，即,RCA)仅仅能够维持它原有的市场份额，而另一家公司尽管当时在股票市场上非常受欢迎，但是市场份额急剧下滑，而且有迹象表明它正在陷入困境。我所在的银行不受理无线电类的股票，所以跟这几家公司没有直接的业务往来。不过，写一份无线电类股票的评估报告，似乎对我在这家银行的工作有很大的帮助，因为阅读这份报告的很多高管都在以个人身份买卖这些股票，然而华尔街现有的研究这些“热门”无线电类股票的资料中，却完全找不出一点儿关于这些投机宠儿正在出现的问题的评论，一言半语都没有。

接下来的12个月里，股票市场继续一路高歌猛进，大部分股票迈着轻快的步伐攀升到了新的高点。我饶有兴趣地看着那些我曾经挑出来的、我认为将陷入困境的股票，它们正在上涨的股市之中一跌再跌。这就是我所上的第一堂课，后来成为我的基本投资哲学的一部分：仅仅阅读一家公司的书面财务记录是不足以判断这家公司是否值得投资的。在一笔谨慎的投资之中，有一件很关键的事情就是从跟这家公司有直接关系、对其非常熟悉的人口中了解该公司的经营状况。

然而，这只是一个早期的观点，在这种推理中，我当时还没有到达下一步的逻辑：在考虑投资时，我们也有必要尽可能多地了解经营这家公司的人员，要么是自己去认识那些人，要么通过一些你非常信任而又对经营该公司的人员知之甚详的人。

随着1929年的到来，我越来越相信，当前股市中的这种疯狂牛市行情是不安全的。当时有个令人惊诧的理论：我们正身处“新纪元”，股价将继续上涨到更高的价位。因此，在未来每股收益年复一年地上涨是理所当然的事。可是在我对美国基础工业的前景进行评估时，我发现许多行业出现了供需失衡的问题，在我看来，这种问题表示它们的前景将变得非常不稳定。

1929年8月，我给银行的高管们发送了另一份特别的报告，我在报告中预测未来6个月内将出现25年来最猛烈的空头市场行情。如果那个时候我能够彻底改变刚刚发生的事情，并给人们留下我的预测完全正确的印象，不但能满足我自己的虚荣心，也能运用这样的智慧赚到大钱。但事实恰好相反。

1929年那些危险的日子里，虽然我强烈认为整个股票市场的价格实在是太高，但还是免不了受到了股市的魅惑。于是我开始到处寻找一些“仍然很便宜”的股票，以及值得投资的公司，因为“它们还没有开始涨”。我通过几年来的小规模股票交易赚了一点儿钱，加上我大部分的薪水储蓄，再加上大学期间赚到的钱，1929年的时候我总共有几千美元的资产。我把这笔钱大概分为3等份并买入了3只股票。我当时觉得在整体股市估值过高的情况下，这几只股票的价格仍然被低估，事实上这是我的疏忽。其中之一是一家在火车头行业中处于市场领导地位的公司，其市盈率仍然处于低位，铁路设备行业是受经济周期影响程度最大的行业之一，所以我们不难想象在即将席卷我们的经济萧条中，这家公司的销售额和收益将会如何。另外两家公司一家是地方性的广告看板公司，一家是地方性的出租汽车公司，它们的市盈率也都非常低。尽管我成功地预测到了无线电行业的股票将发生什么事，却没有想到向熟悉这两家地方性企业的人士做个类似的调查，尽管获得这样的信息并不是什么难事，尽管经营这些企业的人士就近在眼前，我也没有这样去做。随着经济萧条的日益加剧，我终于看明白了为什么这些公司的市盈率这么低。到了1932年，我持有的这些股票的市值只占最初投资金额很低的百分比。

5. 大空头市场

我对赔钱极端厌恶，而这件事对我未来的财富增值来说，是一件好事。我一直相信愚蠢的人和聪明的人之间的主要差别在于聪明的人懂得从自己错误中学习，愚蠢的人则不会。因此，我有必要非常小心谨慎地审视自己所犯的错误，以免日后重蹈覆辙。

从1929年所犯的错误中总结教训之后，我的投资方法更上一层楼。从这次经验中看出，虽然一只股票的市盈率偏低可能会具有一定的吸引力，但低市盈率本身并不能保证什么，反而可能是个警示信号，指出一家公司存在一定的弱点。我开始认识到，决定一只股票价格较高或较低的真正要素，不是该股票价格相对于当年收益的比率，而是股票价格相对于未来几年中收益的比率，这一点跟华尔街当时流行的观点恰恰相反。如果我能将自己培养出一种在合理的范围内确定一家公司未来几年收益的能力，我就不但能避免亏损，更能赚得丰厚的利润！

大空头市场期间，我个人极其失败的投资表现，除了让我懂得一只股票价格低廉所导致的低市盈率很可能是投资陷阱之外，还深深地体会到了另一件可能更重要的事。我将这次多头市场泡沫破灭的时间预测得非常精确，并且在预测泡沫破灭对后市所造成的影响时也几乎全都正确，不过除了让自己的名声在小范围人群里面可能稍有提升之外，这事其实并没有给我带来什么实际的好处。从那之后我就认识到，任何投资策略，或者是关于任何特定股票的需求、买入以及卖出的正确推理，除非将其付诸实施、完成特定的交易，不然一点儿价值也没有。

6. 一个自行其是的机会

1930年春的时候我换了一份工作。提到这件事只是因为它引发的很多事情导致了我的投资哲学的形成，这种投资哲学形成后就一直指导着我日后的投资行为。当时一家地方性的经纪公司找到我说，想让我到他们公司工作，所提出的薪水待遇在那个时间、地点而言，对当时22岁的我来说极具吸引力。此外，比起在上述那家银行的投资部门当“统计员”的难以令人满意的经历，他们打算让我做的工作非常具有吸引力。他们并没有指派特定的工作内容给我，使得我可以自由支配我的时间，根据每只股票的特点选出我认为特别适合买进或卖出的股票，然后把自己的研究结论写成报告，发给受雇于这家公司的股票经纪人作为参考，以便帮助他们可以向客户推荐一些赚钱的业务。

我得到这家公司工作的时候，刚好是在胡佛总统发表他闻名遐迩的“繁荣指日可待”(Prosperity is just around the corner)的声明之后不久。这家公司几位合伙人内心里都对总统的观点深信不疑。由于1929年的股市崩盘，公司的员工总人数从125人锐减到了75人，他们告诉我，如果我加入进来就是第76人。那时我认为市场即将下跌，并且这股跌势还要维持一段很漫长的时间，我看空的程度不亚于他们看涨的程度。我告诉他们我可以加入公司，不过有个条件——如果他们不满意我的工作质量随时可以炒我鱿鱼，但如果金融市场的恶劣形势迫使公司进一步裁员，不能因为我的资历尚浅就先解雇我，他们同意了这个条件。

7. 灾难中孕育出的机会

我当时的雇主，再也找不到比他更好的老板了。接下来的8个月，我得到了毕生中最珍贵的商业教育经验。我亲眼看到了一个又一个失败的商业投资案例，知道了投资中应该避免什么。随着1930年的到来，股票又将持续那似乎永无止境的下跌，我的雇主处境岌岌可危。就在1930年圣诞节之前，刚刚从那场经济灾难中幸存下来的我们，眼睁睁见证了一幅悲惨的画面：整家公司因为资金链断裂而被旧金山证券交易所停止交易。

这个在我同事眼中的坏消息，后来却被证明是我职业生涯中一件非常幸运的事情，甚至可能是最幸运的一件事。一段时间以来，我一直有一个模糊的计划，就是当经济繁荣再次来临之时创立自己的事业，为客户管理他们的投资，并且向他们收取管理费。我故意拐弯抹角地描述投资顾问的工作内容，因为当时还没有人使用这些个术语。但是在1931年1月那段惨淡的日子里，金融业几乎所有人都在节衣缩食，我所能找到的唯一一份证券行业的工作就是当一个纯粹的办公室文员，对我来说实在是没什么吸引力。如果我当时能够正确地分析当时的形势，我应该意识到这正是开创自己心中一直盘算的新事业的最棒时机。理由有如下两点：一是经过持续约两年的美国历史上最严重的空头市场之后，几乎每个人都对其原有的经纪商不甚满意，所以愿意听一下与以往截然不同的处理投资事务的观点，哪怕这些观点是来自像我这样的年轻人；二是1932年正值经济跌到谷底，很多重要的企业家在自己的生意上事情不多，所以正好有时间接见一些访客。经济正常的年份里，我绝对过不了他们的秘书那一关。我的整个职业生涯中有一位很重要的客户，他家里的投资事务至今还是由我在帮他们处理，他就是个典型的例子。几年之后这个客户告诉我，我过去拜访他的那一天，他刚看完报纸的运动版，基本上没什么事可做。所以，当他的秘书把我的名字和拜访目的告诉他之后，他想："听听这位小伙子说什么，至少可以打发一点儿时间。"他坦白地讲："如果一年之后你才来找我，你绝对进不来我的办公室。"

8. 奠定基础

这样在接下来的好几年我都在一间很小的办公室内努力地工作，日常性开销非常低。办公室没有窗户，只好将玻璃隔间当作两面墙，整个房子的空间仅够放一张桌子、我的椅子和一把会客椅，这些费用加上免费本地电话服务，以及房东先生的秘书员为我提供一定量的秘书事务工作，我每个月的花费金额高达25美元，其他支出还包括文具用品、邮费，以及极少数的长途电话费。那时的账本仍然在我手里，从中可以看出1932 年开创一番新事业是多么辛苦。那时每天我都要工作很长时间，扣除经常性开销，那一年我每个月的净利润平均是2.99美元。1933年的情况仍然很困难，但我做得比原来好一点儿，收益增加了将近10倍，平均每个月我能赚到略高于29美元的收益。那时候在大街上当个卖报人或许也可以赚到这么多钱。可正是因为有这些年的历练，我才有了后来的事业，所以这两年可以说是我一生中收获最大的两年，这两年让我在这个能获得巨大利润的行业奠定了基础。1935年时，我已经有了一批非常忠诚的客户。如果我能够宣称“由于我自己聪明的头脑才会想到开创自己的事业，而不是坐等机会来临”，那将是非常好的事情，但事实上我是因为当时唯一能找到的工作太过无聊才走上自主创业之路的。

第二章　从经验中学习

我在银行工作的时候，一则关于圣荷西的两家相邻公司的最新动态引起了我浓厚的兴趣。前文中提到的两家公司，我在斯坦福商学院读书的时候就觉得很有意思。1928年，约翰·毕恩喷射泵公司、安德森·巴恩葛拉佛制造公司，与罐头制造行业的市场领导者——伊利诺伊州胡波斯顿的史普雷格销售公司（Sprague Sells Corporation）合并，组成了一家叫作食品机械公司（Food Machine Corporation）的新公司。

和其他投机风气蔓延的时期一样，整个美国正处于买进股票的狂热当中，食品机械公司目前在市场上交易的股票，受市场需求的推动价格出现上涨。同一年，也就是1928年，至少还有其他20只股票上市交易，或者可能多达这个数字的2倍，其中很多股票都被旧金山证券交易所卖给了旧金山湾地区狂热的买者，很多新股手续的不健全程度到达了令人震惊的地步。证券交易所一家会员公司的高管曾告诉我，有家销售来自太平洋对岸的瓶装水的企业，其股票交由他所在的公司承销，可是这家企业并没有为认购者提供一套完整的财务报表，只有一张照片，图像是生产瓶装水所取用的泉水的景象，而且他们和出售持股的股东见面的次数极少。在大众的心目中，食品机械公司的股票只是那一年另一只令人兴奋的新上市股票，并不比其他新股好多少，也不比其他股票差多少，它的上市价格是21.50美元。

那时候，几家财团联合起来操纵股票是完全合法的。当时有家地方性机构，在经营股票方面基本没有什么经验，却由一个对食品机械公司很感兴趣的人带头，决定开始操纵买卖该公司的股票。所有这些联合操纵股票的利益集团使用的方法本质上是相似的，集团内部成员之间不断相互买卖同一只股票，通过这种对倒的方式让价格不断升高。记录在股票交易记录纸带上的这些行为会引起一些人的注意，于是他们开始买进，使得股票从操纵集团以更高的价格流出。有一些操纵技巧十分高超的操盘手，在运用这种颇受争议的艺术方面经验相当丰富，赚了几百万美元。大约一年之后，其中有一个这样的人提议让我当初级合伙人。但是，对于买卖食品机械公司股票的操纵集团而言，其目标不在于操纵股票价格。1929年秋即将来到之时，股票已濒临崩溃的边缘，该集团买到了食品机械公司公开流通的绝大多数的股票，虽然食品机械公司股票的最高报价达到了50美元以上，但最终流入大众手中的股票数量很少。

接下来的几年里，逐年的整体经济态势一直是每况愈下，显而易见的是，在1928年新股上市热潮中公开上市的那些小型公司的股票此时已经形同废物。这些公司陆陆续续地宣告破产，幸存下来的公司也都宣告亏损而不是盈利。市场对这些公司股票的需求已然枯竭。

除食品机械公司以外，公开上市新股中还有一两家相当可靠，也很有吸引力的公司，但是广大投资者在这种市场环境下已然丧失了判断能力，认为所有这类股票都是临时投机炒作的垃圾。股票市场在1932年终于跌到谷底，1933年3月4日，也就是罗斯福(Franklin D. Roosevelt)总统就职的那天，全国所有的银行体系关闭，股票市场再一次跌到和1932年相同的谷底，此时食品机械公司的股价跌到了4～5美元之间，这只股票之前的历史最低价是3.75美元。

1. 食品机械公司的投资良机

随着1931年的到来，我为自己初创的事业到处寻找投资机会，我发现食品机械公司的股票处于这种情况时，越看越高兴。我认识到，几年前自己由于怕麻烦而没有拜会和评判两家地方性公司的管理层，结果在投资中损失惨重，所以，这次我决定不能再犯同样的错误。随着我对食品机械公司的了解日益深入，我对这家公司的景仰也日益加深。因为这家公司在大萧条期间在许多方面的表现，正是我寻找的未来机会的缩影。为了让读者受益更多，在此我将花点儿笔墨说明为什么在近半个世纪以前，我在这家公司身上看到这样的未来。

顺便说一下，很遗憾的是在接下来的几年里，我并没有把我这种通过深度现场分析得出合乎逻辑结论的政策坚持到底。对于一些距离较远的公司，我往往就不是那么勤奋地去拜访和评判它们的管理层了。

首先，虽然食品机械公司的规模相对较小，但它所从事的三种业务中每种业务的产品线，无论在规模上还是品质上，我都觉得是居于全球领先地位。所以说这家公司拥有规模优势，也就是说，作为一家规模大且有效率的公司，它拥有较低的生产成本。

其次，从竞争的角度来说，它在市场营销方面处于非常占优的地位。它的产品在客户中享有很高的声誉，拥有自己的销售组织。此外，它的罐头制造设备已经有很多公司安装使用，从而牢牢掌握住了一定的市场份额，这个市场同时包括已有设备的备用和零部件替换。

除了这个坚固的基础，这家公司还拥有一个最叫人振奋的部门，对于像它这么大规模的公司来说，拥有创造性一流的工程设计和研究部门。这家公司在研发一些前景看好的新产品设备方面精益求精，其中包括业内第一部机械式梨子去皮机、第一部机械式桃子去核机，还有一种以合成方法为柳橙上色的工艺。有些生产多汁水果的地区生产的橙子有一个竞争劣势，那就是跟一些内在品质没有它好的橙子比起来，因为外观要逊色得多，引不起家庭主妇的兴趣。1932—1934年间的食品机械公司，其前景极好的新产品相对于现有的成熟品，在我看来前者带来的销售额有望跟后者一样多，在我整个职业生涯中，除了食品机械公司之外，我只见过一家公司出现过同样的情况。

这时候我已经充分地了解到，无论事情本身看上去多么吸引人，都不是保证取得巨大成功的充分条件。这家公司的人员素质同样非常重要，我使用的“素质”一词，其中涵盖两种截然不同的特征，其中之一就是企业经营能力。企业经营能力又可进一步分为两种完全不同的技能，一种是以高于平均水平的效率处理日常事务的技能；我认为所谓日常事务包括很多事情，从不断寻找和发现更好的提高生产效率的方法，到密切注意应收账款的催收状况。换句话说，他们必须有高于一般水平的经营技能，以处理公司近期运营活动有关的很多事情。

但是在商业世界中，要达到顶级的管理能力，还必须具备另一种完全不同的技能，那就是展望未来和制订长期计划的能力，它能促使公司在未来能够大幅成长，同时避免可能引发灾难的财务风险。很多公司的管理层都是在以上所说的某一种技能上较为出色，但要想获得真正的成功，必须两方面兼备。

我认为，对于一家真正值得投资的公司来说，不可或缺的两种“人员素质”中，企业经营能力只是一种，另一种素质是正直，也就是公司的经营者必须诚实可信，具备高尚的人格。任何在1929年股市崩盘之前步入投资世界的人，都会看到不少关于正直重要性的一些栩栩如生的案例。一家公司的所有人和经理人，总是比普通股东更接近公司的日常事务。如果公司的管理者不是由衷地觉得自身对股东负有受托责任，则股东一定没办法从投资中获得应得的利益。以自己利益为先的管理者不可能培养出一群干劲十足、忠诚奉献的团队，而如果一家公司想要成长到较大的规模，培养这样的团队就是必须的。

无论是在经济严重萧条的那段黑暗的日子里，还是在时隔多年后的现在从头回顾，根据“人员素质”的观点来看，股票刚上市的食品机械公司都非常具备吸引力。公司的总裁约翰·克鲁米(John D.Crummey)是约翰·毕恩制造公司的总裁兼原创办人的女婿，他不仅是一位工作效率极高、深受客户和下属尊敬的领导者，而且对信仰十分虔诚，在生活当中恪守最高的道德标准。公司的首席工程师是一个才华横溢的概念设计师，还有一点非常重要，他通过精心研究使产品获得了专利保护。最后，为了加强这家当时规模较小的企业的优势，约翰·克鲁米说服了他的女婿保罗·戴维斯（Paul L.Davies）加入公司，希望借此强化公司的财务能力和稳健作风。保罗·戴维斯本来不想放弃前途大好的银行业工作。其实，保罗·戴维斯起初同意得很勉强，只答应向银行请一年的长假，在这份家族事业最艰苦的第一年帮点儿忙，然而在这一年内，公司未来的美好前景使他备感振奋，决定永远留在公司。后来，他当上公司总裁，带领公司不断发展壮大、获得生机，在接下来的几年里取得了令人满意的成就。

那时的食品机械公司本质上就拥有这些优秀的特征，在其他值得投资的公司中偶尔才能看到这些特征，食品机械公司的人员素质非常杰出。虽然公司规模较小，做出关键贡献的却不是只有一个人。和竞争对手相比，这家公司的实力显得非常强劲，能够妥善处理各项事务，而且即将推出的新产品线足够多，相对于公司当时的规模而言发展潜力巨大。即使某些新产品最终无法推出，但其他新产品的前途也非常光明。

2. 别人左转你右转

然而，如果想要通过投资一家公司的股票获得不菲的利润，除了以上所有的这些事，还必须加上一些同样重要的东西。金融界的人都向左转时，能够正确地转向右边的人，才能在投资之中获得最大的利润。如果那时候食品机械公司的未来发展前景能够得到市场的正确评价，那么在1932—1934年间买进该公司股票的人所获得的利润将会减少很多。正因为这家公司的真正价值没有普遍地为人所知，而且大众认为食品机械公司只是很多想占市场便宜的公司之中的一家，这样的公司趁股票投机狂热至极的时候卖些给大众，之后可能等到价格大跌的时候再大量买回这些股票。在我看来，成功的投资最重要的就是训练自己不要盲目从众，在群体方向发生转变时能够正确地采取行动。

我希望我能通过文字，恰当地表达出自己在看到了当时还不受金融界重视的食品机械公司，可能对我个人财富以及我初创的新事业产生莫大的帮助时内心、情绪和头脑上的兴奋程度。我似乎选对了交易的入场时机。1933—1937年间的整个股市，就像被压得太紧的弹簧开始回弹一样，先是缓慢上升，继而爆发成为了全面的多头市场，但1938年时出现了一定程度的下跌，时隔一年又全面回升。由于我深深地相信食品机械公司的表现会远远超过整个大盘，所以我说服我的客户尽量多地买进该公司股票并持有。和任何潜在的客户交谈时，我总是拿这家公司未来可能出现的良好表现作为例子，来论述我所使用的投资方法。我觉得眼前的这个机会是独一无二的，可以说一生中难得一见，正如莎士比亚所说："世事浮沉，犹如波浪翻滚，如果能够趁着高潮一往直前，一定可以功成名就。"在那段令人振奋的年份里，我的期望值很高，当时的我虽然没什么资金，在金融界也没有什么名望，我还是一次次地引用这些振奋人心的字句来坚定自己的决心。

3. 反其道而行，但选对路

很多投资者最终都提到了相反意见的重要性，但是光有反向意见还远远不够。我曾经见过不少投资者深受"要与公众的主流观点相反"这一思想的影响，而完全忽视了其中的核心要义：当你持有与大众的主流投资相反的观点时，你必须非常肯定自己是对的。举例来说，汽车即将在很大程度上取代有轨电车是一个很明显的趋势，并且曾经一度受欢迎的城际有轨电车类公司股票的市盈率也是越来越低，此时如果你只是由于每个人都相信它们正在走下坡路而相反地认为此类股票一定极具吸引力，进而买进有轨电车公司的股票，那么一定会损失惨重。金融圈大部分人都左转时，如果能有人在此时右转，并且有强烈的迹象表明他所选的方向是对的，那么他往往能获得巨额的利润。

如果在这件事情上，莎士比亚的名言是形成我的策略的重要力量，那么说起来也奇怪，第一次世界大战期间的一首流行歌曲对我的策略形成也起到了非常重要的作用。1918年那段动荡不安的日子里，广大美国家庭的处境已经在人们的记忆中渐行渐远，而我正是其中的见证人之一。当时的普通美国民众对战争抱有一种单纯无知的兴奋和热情，这跟第二次世界大战期间民众的态度完全不同，因为人们此时还没有清楚地了解到战争的恐怖与残酷。1918年，有关前线战场伤亡、暴行和恐怖的第一手新闻还没有传播到美国大陆，因此，那时的流行歌曲是充满了欢快和幽默氛围的战争歌曲，在第二次世界大战期间这种现象就很少出现了，越南战争期间更是完全绝迹。这些歌曲中的大部分都是以钢琴的单张乐谱的形式出现，其中一张乐谱上的图片是一位骄傲的母亲正看着列队行进的士兵，曲名是“除了吉姆，大家的步伐都乱了”。

从一开始我就认识到，我的确冒着和大家的“步伐不一样”的风险。我很早就买进了食品机械公司，以及其他很多貌似“和大家的节奏不一样”的公司股票，当时它们的真实价值还没有完全被金融界认识到。也有可能我自己的想法是完全错误的，而金融界的主流观点是对的。果真如此的话，由于金融界发生转变时我的行动方向相反，我公司的行动方向又是错的，同时对这种错误的方向又非常坚定，结果使得大量的资金无限期地套牢，无利可赚。那么，对我的客户和我自己来说，再没有比这种情况更糟的了。

但是，我很清楚地知道，要从前面所说的别人左转而你右转的做法中，获得可观的利润，有件事很重要，也就是我一定要有某种计量检测方法，确定我右转转对了。

4. 耐心和表现

我的心里一直有这样一个想法，就是我定下了所谓的3年守则。我一再向客户说明，当我为他们购买了某种股票时，不要在一个月或者一年之内判断结果，至少要给我3年的时间。这段期间内，在3年内我如果没能为他们带来可观的投资收益，他们就可以炒我鱿鱼。投资的第一年不管是赚是赔，恐怕多半都是取决于运气。我这么多年来管理股票都是遵守这样的原则，只有一次是例外。如果我深信一只股票在3年结束的时候不会有好的表现，那么我会提前把它卖掉。如果这只股票在一两年之内没能比市场上的其他股票更好而是更糟，那我也不会喜欢它。但是，如果没有发生什么能够让我改变对那家公司原始看法的事情，我就会继续持有这只股票3年。

1955年下半年，我大量买进了此前从未投资过的两家公司的股票，和当时金融界普遍流行的观点背道而驰。在谈及反向投资的优势和问题时，这正是最经典的例子。从事后回顾中可以看出，我们可以将1955年视为前后持续了15年的“电子类股票第一个黄金时代”的开端。我使用“第一个”这个词，为的是避免和其他人观念中20世纪80年代出现的半导体类股票的黄金时代相混淆。总之，1955年和之后的一小段时间，电子行业的一大堆股票把整个金融界搅得目眩神迷。这些股票的价格青云直上，到1969年的时候已经到达了十分可观的涨幅。国际商业机器公司(IBM)、德州仪器(Texas Instruments)、维利安(Varian)、利顿实业(Litton Industries)、安培斯(Ampex)就是其中的一些例子。但是，在1955年的时候这些事情都还没发生。那时候除了IBM公司之外，所有其他这些股票都被看成极具投机色彩的股票，保守型投资者以及大型投资机构都不曾注意到其中的机会。然而，我意识到未来可能会发生一些事情，于是我在1955年下半年买入了德州仪器和摩托罗拉的股票，对于我当时的资金量来说，买入的数量非常大。

今天的德州仪器公司是最大的全球性半导体制造商，摩托罗拉公司紧随其后，位列第二。那时候，摩托罗拉公司在半导体业内还没有什么地位，根本没有什么因素能让我买进这些股票。我只是对摩托罗拉公司的人员素质以及这家公司在潜力巨大的移动通信行业里享有的市场领先地位有着深刻的印象，然而当时的金融界只把它当成一家电视机和无线电设备制造商。摩托罗拉后来在半导体领域的崛起，很大程度上要归功于丹尼尔·诺伯(Daniel Noble)博士所做出的贡献，这是我当初买进其股票时始料未及的一件锦上添花的事情。至于德州仪器公司，我除了同样喜欢和尊敬那家公司的人员以外，我还受到另外很多非常不同的信念的影响。我和其他人一样都看到了汇集人类诸多聪明才智的行业——半导体行业的前途是无可限量的，我认为该公司的管理层面对通用电器(General Electric)、RCA、西屋公司(Westinghouse)等等其他巨头公司的竞争，至少能打成平手，甚至可能占据上风，尽管这种观点跟华尔街大部分人的看法并不一样。很多人批评我把资金投入了一家小型的“投机公司”进行冒险，他们认为，德州仪器公司在与巨头公司进行竞争时势必会失败。

我买入这两只股票后，这两只股票的短期市场表现颇为不同。在一年以内，德州仪器的股价涨幅相当可观，摩托罗拉的股价却在比我的买入成本低5%～10%的区间内波动，表现较差，我的一位重量级大客户对它的市场走势非常恼火，他甚至不称呼“摩托罗拉”这个名字，而是称之为“你帮我买的那只火鸡”。这个令人不满意的价位持续了一年多，等到金融界慢慢了解到摩托罗拉的通讯事业部门对于投资的重要性以后，再加上半导体行业首次有了即将转向火暴的迹象，摩托罗拉股票就开始有了不错的表现。

买进摩托罗拉股票的时候，我是和一家大型保险公司一起买的，这让摩托罗拉的管理层明白这家保险公司也对我首次拜访摩托罗拉时得出的结论感兴趣。不久之后这家保险公司也大量买进了摩托罗拉的股票，并把公司的整个投资组合提交到纽约的一家银行进行评估。这家银行把他们投资组合中除了摩托罗拉以外的股票分成三类：最具魅力的、魅力一般的以及魅力最小的。他们拒绝把摩托罗拉放到任何一类之中，理由是这种公司根本不值得他们花时间研究，因此他们对摩托罗拉公司不予置评。但是，那家保险公司的一位高管在3年后告诉我，虽然华尔街对摩托罗拉的评价非常不好，但摩托罗拉股票的表现在他们的投资组合中，表现得比其他所有的股票都要好！如果我没有那套“3年守则”，那么在市场表现不佳以及一些客户提出批评的时候，可能我也没有那么坚强的信心来坚定持有摩托罗拉的股票。

5. 每一条原则都有例外的时候，但不会太多

我是否曾经根据3年守则而卖出股票，而且后来那只股票出现大涨，使得自己悔不当初，但愿没有把股票卖掉？实际上，我仅仅因为3年守则而卖出所持股票的次数并不多，这倒不是因为我买入的股票很少出现当初买入时所期待的大幅上涨。在绝大部分情况下，随着我对整个公司形势的继续研究调查，我会对所投资的公司有进一步的了解，使我改变对这只股票的最初看法。但是在那极少数仅仅根据3年守则而卖出持股的例子中，我记不起来哪一次是因为后来股票出现上涨而让自己悔不当初，但愿没有把股票卖出。

我是否曾经违反过自己制定的3年守则？答案是违反过，但是只有一次，而且是在制定此规则很多年之后，时间是接近20世纪70年代中期。3 年前，我买了一定数量的罗杰斯公司(Rogers Corporation)的股票。罗杰斯公司擅长某些聚合体化学产品的制造，我相信它们即将开发出一系列独特的新产品，使得公司销售额出现大幅增长，而且这不是一两年的短暂情况，而是持续很多年的连续增长。但是3年结束的时候，这只股票的价格是下跌的，收益也有所减少。当时有很多种因素在影响着我，让我觉得这一次应该放弃自己的3年守则，从而使本次投资成为“守则的一次例外”。其中一种影响因素是我对该公司总裁诺曼·葛林曼(Norman Greenman)的强烈信念，我深信他具有非凡的能力和解决一切问题的决心，而且还具备另一种我认为对明智的投资者来说很有价值的东西：他非常诚实，不会向公众隐瞒那些一再出现的、虽然不会使公司倒闭但也会令人尴尬的负面消息。面对那些对他公司有兴趣的投资者，他总是设法让他们了解公司的方方面面，不管是潜在的有利条件还是正在发生的负面事件。

还有另外一个因素对我影响很大：这家公司收益情况这么差的一个主要原因是，罗杰斯在一种单独的新产品的开发上花费了相当大比例的资金，这种产品看上去有非常光明的前景，这个项目使得公司将资金和

人力从其他一些也很有潜力的新产品研发项目中抽调出来，使得这些新产品研发项目得到的资金和人力变得很少。公司最后终于艰难地做出决定，将这个新产品的项目全盘放弃，之后不久，其他几个前景非常好的创新项目便很明显地开始产生效益，但是，所有这些都需要花费时间。与此同时，该公司未能达成广大投资者的预期收益，导致股价大幅下跌，和公司的销售额、资产规模或任何一项业务的正常获利能力比起来，股价跌到了一个不合理的低价位。这似乎是一个金融界的观点向左转，我该向右转的典型例子。出于这种状况，我不管什么3年守则的约束，大幅提高了我自己和客户对这只股票的持仓，尽管有些客户因为多年以来的苦苦等候以及对该公司业绩不满而在一定程度上对我的做法颇有微词。在这样的例子中常常出现的情况是，一旦情势反转就会变化得很快。大家都看得越来越清楚，公司收益的改善不是一两年就能完成的事情，但是，如果有强烈的迹象表明，公司具备了在未来好几年内保持高成长的基础，那么股价将会按此比例出现相应的上涨。

6. 抓取市场买卖时机的一次试验

所有以上的事情让我回到了很多年以前的时候，因为追溯到20世纪30年代，我还在从试验和错误中进行尝试摸索，从而使自己的投资哲学逐渐形成。在我四处寻找各种从普通股赚到钱的方法之时，我开始发现，对食品机械公司的研究可能会带来一样很有价值的副产品。这家公司的很多业务都依赖于水果蔬菜罐头行业，为了确定我买入食品机械公司股票的决定是正确的，我无意中了解到了很多影响水果蔬菜罐头公司兴衰的因素，这是一个周期性很强的行业，一方面是因为整体经济态势的变动不定，另一方面因为不稳定的天气也会影响特定农作物的生长。

随着我慢慢熟悉罐头行业的特点，我决定尝试利用这方面的知识在投资中获利，但不是像食品机械公司那样进行长期投资，而是为了获得短期价差而在加州罐头制造公司(California Packing Corporation)的股票上进行短线交易。加州罐头制造公司那时还是一家独立的公司，也是规模最大的水果蔬菜罐头生产商。从大萧条的最低谷到大萧条的结束，期间我曾经三次买入这家公司的股票，后来的每一次卖出都获得了利润。

表面上看起来我好像操作得挺不错，然而几年之后，我试着分析我在整个事业中做过的聪明的和愚蠢的事情之后，我越发地发现这些行为是愚蠢的，原因稍后再做解释。它们占用了我太多的原本可以用在别的更有意义的事情上的时间和精力，这种操作所产生的总利润，和我通过买进食品机械公司的股票而为客户赚到的钱，以及其他情况中采取长期投资的做法、坚定持有所获得的利润比起来，真可谓是九牛一毛。此外，我观察过太多的短线进出操作，知道连续交易成功三次，只会使得第四次交易发生灾难的可能性大大提高，包括一些非常聪明的人在内也是如此。这种短线交易所要承担的风险，要比买到同等数量且前景较好的公司股票长期持有所承担的风险高出很多。因此，在第二次世界大战结束后，我目前的投资哲学已经大体上成形了，于是我做出了职业生涯中非常宝贵的一个决定：把所有的精力都用到通过长期投资而赚取大额利润之上。

7. 努力争取更好的价格，往往会导致错失机会

20世纪30年代的时候，我学到了或者至少在一定程度上学到了另一件非常重要的内容。前面我曾提到过，我准确预测到了1929年开始的大空头市场，但是完全没能从中获得利润。在这个世界上，无论是多么正确的推理，如果没有转换成具体的行动，就不可能通过它在股票投资中获利。我第一次开始经营自己的事业时，恰好是大萧条的最低谷，即使一点点钱也是非常重要的。可能是因为这段特殊的经历，也可能是因为我的个性，在创立事业之后，我发现自己总是在一些蝇头小利上锱铢必较。懂得远比我多的股票经纪人一再地告诉我，如果我坚信一只股票会在几年内上涨到目前价格的好几倍，那么我是用10美元的价格买进还是用10.25美元的价格买进根本无关紧要。可是我还是继续用限价单的形式来交易，纯粹根据个人喜好随便做出的决定，而不是出于什么确切的理由，绝对不肯以10.125美元以上的价格买进，这从逻辑上讲当然是很荒谬的行为。我观察除了我之外，还有很多人在投资当中都有这个根深蒂固的坏习惯，但是有些人却完全不会如此。

通过另一个人所犯下的错误，我终于看清楚了武断地设定买入价格的潜在危险。这件事我记得很清楚，就像昨天才发生的一样，当时我正好路过旧金山的一家银行，于是顺便去拜访了一位对我非常重要的客户。我告诉他，我刚拜访过食品机械公司，这家公司的前景实在是好得令人兴奋，我觉得他可以再买一些这家公司的股票，他也非常同意我的看法，并询问了这只股票那天下午的收盘价，我说是34..50美元。他给了我一张数量很大的委托单，并且说要以33.75美元的价位买进，绝对不能高于这个价格。在接下来的一两天里，股价一直在稍高于他所出的买价以上的范围波动，后来一直没跌下来过。我曾两次打电话给他，建议他把买入价格提高 1/4 美元或1美元，这样我才能买到这只股票。很遗憾，他的回答是："不，我就要以这样的价格买入。"几个星期之内，股价涨了50%以上，而且在允许股票拆股之后，该公司的股价一直没有回落到他之前所出的价位附近。

这位先生的做法给我留下了深刻的印象，而我却对自己同样愚蠢的行为没有这么深刻的印象。我慢慢地在很大程度上克服了这个缺点。我非常清楚如果投资者想要买很多股票，绝不能忽视 1/8 美元或是 1/4 美元的区别，因为只要买进一点股票，就能让股票价格上涨很多。但对于绝大部分交易来说，过分执着于价格方面的一点小小差别，可能得不偿失。以我自身为例子，我在买入股票时已经完全克服了这个坏习惯，但卖出股票时却只是克服了一部分。去年的一次交易中我不肯以市价卖出股票，而限价下了一张小卖单，结果因为 1/4 美元的差异而无法成交。当我写下这段文字的时候，股价已经比我下单时下跌了35%。在我的卖出限价和目前的价格之间一半的地方，我只卖出了一部分的持股。

第三章 投资哲学的成熟

在我投资哲学形成的历程中，第二次世界大战不能说完全没起到作用。早在1942年，我当时正在陆军航空兵团当地勤官，负责处理各种与商业有关的工作，我发现自己很不习惯这个角色。我在三年半的时间里搁置了自己的事业，替山姆大叔(美国的代称)做一些价值并不很大的服务。最近几年我常说我为国家做出了相当不错的工作，不管是希特勒还是日本的裕仁天皇，都没能使任何一个人成功地入侵到我负责守卫的领地。我负责守卫的地区包括阿肯色州、德州、堪萨斯州和内布拉斯加州！总之，在这段穿着山姆大叔的制服处理各种办公室工作的时间里，我发现自己总是会在几乎没有预警的情况下轮流经历两种截然不同的处境。有的时候需要做的事情很多，以至于根本没时间来思考我在和平时期的事业；有时候却是在办公桌前无所事事。事情没那么忙的时候，我发现详细规划一下在不用再穿制服之后要如何壮大我的事业，比思考当前的军旅生活以及军队里的各种问题更愉快得多。在这段时间里，我目前的投资哲学慢慢有了更具体而清晰的轮廓，也正是在这个时候我想清楚了，前一章所说的在加州罐头制造公司股票上进行频繁的短线交易的操作方法，不会带来太大的利润。

这段时间我还得出了另外两个结论，它们对我未来的事业非常重要。战争开始以前，我曾服务过各种各样的客户，他们的规模有大有小，目标各不相同。我的大部分(不是全部)交易对象都是我找出的一些与众不同的、未来几年将出现高于一般水平的大幅增长的公司。战后，我把客户范围限制在一个较小的范围内，我的客户是目标只专注于成长型投资的大额投资者，从税收的角度来说，成长型股票更有可能使这些客户获利。

我的另一个重要的结论是，战后的化学工业会有一段高成长的时期。因此，我复员之后的首要工作就是在那些最具吸引力的一些大规模化学制造公司里面努力找出最具吸引力的公司，并且把这些公司的股票作为我管理的基金的主要持仓对象。当然，我没有把全部的时间都用来做这件事，但是我重新开始自己事业的第一年里，的确是花了相当多的时间来和所有我能找到的对这个复杂行业有所了解的人进行交谈。这些人包括经销一家或多家大公司产品线的经销商，对化学行业从业人员非常了解的大学化学系教授，甚至会去找一些大型建筑公司，因为它们替各种各样的化学制造公司兴建厂房。后来的情况证明这些都是极具价值的背景信息来源，根据这些信息，再加上分析一般的财务资料，我只用了大约三个月的时间就把投资目标的选择范围缩小到三家公司，希望从中选出一家。此后的工作进展开始变慢，决策也越来越困难。尽管如此，1947 年春天的时候我还是把陶氏化学公司确定为自己的选择。

1. 合众为一

我从众多未来发展状况很好的化学制造公司里选出陶氏化学原因有很多，我相信列举其中的一些理由会是有价值的，因为这些理由可以清楚地说明那些为数不多的、我所愿意投入资金的公司到底具备什么样的特点。在我开始认识陶氏化学公司的广大职员之后，我发现公司目前已有的良好发展水平，又反过来在公司管理的方方面面创造出一股昂扬的热情。整个公司中都充满了一种信念，那就是相信公司将来还会成长得更加迅速。和任何企业高管第一次见面之时我最爱问的问题就是，他觉得对于公司的长期成长而言最重要的问题是什么？当我向陶氏化学公司的总裁提出这个问题时，他的答复给我留下了极为深刻的印象：“在我们的规模逐渐增大时，必须抗拒强大的压力，不要让公司成为军队那样的组织，让不同层级和不同部门的员工之间维持一种非正式的关系，以完全非系统化的方式彼此间持续沟通，而不至于造成管理上的混乱。”

我发现自己也完全同意陶氏化学公司其他的一些基本策略。陶氏化学把自己的化学产品生产线限定于有限的几种产品上，它必须确保自己在这些产品生产领域是最具效率的制造商才会进入这个领域，这种效率要么是源于规模优势，要么是源于较好的化学工程设计和对产品有更深入的了解，或者其他原因。陶氏化学公司深深地了解，富有创意的研究不仅要冲到前面，还要维持自己的领先地位。陶氏化学也强烈认识到“人的因素”的重要性，特别是公司意识到，有必要尽早遴选出那些具有非凡才能的员工，并将陶氏化学独一无二的策略和作业程序教授给他们。如果一些表面上看上去才华洋溢的人才在本职工作上做得不够好，那就在最大程度上给他们提供合适的机会，尝试去做一些可能更适合他们自身个性的工作。

我发现，虽然陶氏化学公司的创办人赫伯特·陶(Herbert Dow)博士已经大约在17年前去世了，但他的信念仍然深受公司员工的敬重，经常有人向我引述他所讲过的一些话。尽管他说的这些话主要是针对陶氏化学公司的内部事务，我却认为其中至少有两句话同样适用于我的事业，除了适用于陶氏化学公司的内部事务，也同样适用于寻找最理想的投资目标。其中的一句是“绝对不要晋升一个从没犯过错误的人，因为如果你这么做，就等于晋升了一个从来没做过什么事的人”。投资界的很多人都没有理解这种理念，尽管这种理念能够在股票市场中创造出绝佳的投资机会。

如果要在商业世界创造出真正有价值的成就，几乎总是需要相当大程度的开拓、创新和实践精神。通过顶尖的科技研究以取得成就时尤为如此。不管这些工作人员多么能干，也不管他们的大部分构想是多么美好，总会有些时候大家的努力会归于失败，而且有时会失败得很惨。当这样的事情发生时，失败会导致经营成本的增加，这样公司当年的收益可能会远低于人们的预期值，投资界对公司管理层素质的评价通常会相应调低。最终的结果是，当年收益的降低使得市盈率下跌至历史最低点，这又使得收益的降低效应更加扩大，股价此时往往会跌到非常便宜的地步。可是，如果公司的同一批管理层以前曾有优秀的表现，则平均成功或者平均失败的概率可能会在未来持续不变。由于这个原因，当一家由能力极强的人所经营的公司暴露出一个严重的错误之后，股价可能会跌得很低。相反，一家公司如果不是行业内的开拓者，不肯冒险犯难，只是随波逐流，那么在这个高度竞争的时代中投资于它，这笔投资将会表现得极为平庸。

我曾经试图把陶博士的另一句用到投资选择的过程中。他说："如果你做一件事的时候不能确保做得比别人好，那就不要去做。"如今的政府压制和干预了很多的商业活动，税率很高、工会力量活跃，而且市场对产品的喜好瞬息万变。对我来说，除非一家公司具有强烈的竞争意识和进取精神，能以优于行业一般水平的方式把业务做好，否则就不值得冒险持有这家公司的普通股。也只有通过这些精神，公司利润率才能满足公司的成长需要。当然，在通货膨胀率偏高使得公司报告期的收益数字下降的情况下尤为如此。

2. 历史与机会

我在经济大萧条的最低谷时期开始创业，在1947—1950年初为军队工作了三年半的时间，这两个阶段有一些相似之处，在这两段时间内都弥漫着令人无法抵挡的悲观情绪，很难为客户直接创造出利润。但是在这两个阶段，那些有耐性的投资者都获得了相当丰厚的回报。在第一个阶段，股票价格相对于其真实价值，可能已经跌到了20世纪内最低的水平，不只是因为大萧条对经济的破坏，还有当时的价格水平反映了许多投资者担心美国的私有化企业体制能否存续。然而这套制度不但存活了下来，而且在接下来的几年，有能力且愿意投资于正确股票的投资者，都获得了极其惊人的回报。

在第二次世界大战结束几年之后，另一种忧虑导致股票价格相对于其内在价值又达到了与大萧条低谷时期差不多的低位。这一次，整个经济态势良好，企业收益稳定增长。尽管如此，几乎整个投资界都被一种简单的比较所迷惑了。与之相类似的是，美国内战后没几年，出现一阵短期的繁荣，之后紧接着出现了1873年的经济恐慌，经济的严重萧条持续了大概6年的时间。另一个相似的时期是第一次世界大战结束后，与之时间长度相似的短暂繁荣之后，接着就发生了1929年的股市崩盘，以及更为严重的经济萧条，这次萧条的时间大概也是6年。第二次世界大战期间，每天的战争成本约为第一次世界大战期间的10倍。当时居于主流地位的投资观点主张："目前出色的收益没有任何意义。"接下来就会发生非常可怕的大崩溃，出现一段极为艰苦的时期，每个人都将会受到影响。

年复一年，越来越多的公司每股收益在上升。1949年左右，这期间被称作"美国企业生不如死"的年份，因为只要有传言说某家上市公司的股票即将结束营业，那么这家公司的股价必定大跌，使得许多公司的清算价值远高于当时的市场价值。随着时间年复一年的过去，广大投资者才慢慢明白，可能是一些子虚乌有的观点或理论致使股价涨不起来，预期中的经济衰退一直没有到来，而且除了20世纪50年代两次较为轻微的衰退之外，市场已经奠定好了牢靠的基础，即将让长线投资者获得丰厚回报。

20世纪80年代即将来临前的几个星期，我写下了这段文字，当时我很惊讶地发现，投资者并没有多花点儿心思重新研究1946年下半年以来的股票市场历史走势，看看那时和现在的走势是否存在什么相似之处。现在是我有生以来第三次看到很多股票的价格跌到了历史低点。相对于企业发布的财报上所显示的账面价值，股价可能并不像第二次世界大战之后那么便宜，但如果以扣除通货膨胀因素后的重置价值来调整账面价值，这些股票可能比前两次的低价值时期都便宜。那么问题出现了：目前这段时期有很多阻碍股价上涨的因素，比如说能源成本居高不下、政治上有来自左派分子的威胁、信贷的过度扩张，使得广大企业的经营活动在这段流动性逐渐恢复的时期难免受到消耗。那么这些忧虑跟前两段期间导致股价低迷的忧虑比起来，是不是更为严重、更容易阻碍企业的未来成长呢？如果不是，那么一旦解决了信用过度扩张的问题，我们便可以合理地假设：在20世纪80年代及以后的时间里，市场将会提供一个能获得和前两次同样的高回报机会，因为这次市场中的股票价格和前两次一样低廉。

3. 丰收年份里得到的教训

从个人事业经营方面来说，1954—1969年这15年间，是我的事业颇有成就的一段时间，因为我在此期间持有的股票虽然不多，但涨幅却显著高于市场整体水平。尽管如此，我还是犯下一些严重的错误。我的成功来自于勤奋地运用前面所讲的方法，比较值得一提的是所犯的错误，每一次的错误都会给我带来新的教训。

好运气会滋生怠惰。现在最困扰我的事情，是在运用这些良好的原则时太过于粗枝大叶，尽管这不是令我损失最惨重的事情。

20世纪60年代初期，我在电子、化学、冶金、机械等科技行业的投资可谓是春风得意，但在前景看好的医药行业却没有进行相应的投资，于是我开始寻找医药行业的投资对象。在这个过程中，我找了这个行业中一位著名专家进行了交谈。那时他对中西部一家小型制造商即将推出的一系列新型药品非常看好，他认为这些新推出的药品可能会让这家公司的未来收益与同行业的公司相比获得领先优势，潜在的市场似乎将会非常令人振奋。

之后我又找了那家公司一位高管和少数几个投资人士交谈，他们同样都对这种新药品的潜力非常看好。不幸的是我没有继续进行我的投资方法所要求的标准调查，既没有向其他制药公司也没有向医药行业中的其他专家请教，去看看他们是否有相反的观点。很遗憾，后来我才知道，那些声称非常看好该系列药品未来前景的人也没有进行彻底的调查研究。

如果不考虑新药系列的利润，这家公司的股价远高于其实际价值，但是，如果新药品的前景真的像它的支持者想象的那么美好，则新药品系列的利润也只能支撑股价中的一小部分。我买进这只股票后它的价格竟然一路下跌，最开始跌掉20%，接着跌幅超过了50%。最后整家公司以不到我买入股票时价格的一半卖给了一家想要踏入制药行业的一家非制药业大型公司。我后来才知道，即便是以这个价格，收购方公司还是在这笔交易上赔了钱。新的药品系列不仅没能达到我的医学专家朋友所寄予的热切希望，而且也使我在损失惨重之后重新对形势进行了痛定思痛的反省，我发现这家小型制药公司的管理层存在一些问题。我相信，如果进行了更加彻底的研究调查，那么我一定能看清其中蕴含的不利因素。

自从这次失败的经验之后，我总是在事情进展得非常顺利的时候进行特别深入而全面的调查研究。我在这次愚蠢的投资行为之中没有损失更多资金的唯一理由，就是由于我自己小心谨慎的态度。由于我和这家公司的管理层接触得不多，所以最初投入的资金比较少，并且计划在对该公司了解得更清楚之后，再多买一点。在我让原来的愚蠢行为蔓延得更为严重之前，这家公司就出现了问题。

1969年时，在一轮长期的牛市到达最高点的时候，我又犯了一次错误。为了讲明白这件事，有必要再现一下那时候大部分投资者对科技股的狂热追捧。这些公司的股票，特别是很多小规模公司的股票，涨幅远高于大盘。1968—1969年期间，许多这类公司那一步登天的梦想简直犹如痴人说梦。当然，其中的一些公司的确有很大的潜力，可是投资者的辨别能力也在利润的冲击下低到了最低点。比如说，许多人相信，任何公司不论是为电脑行业提供什么样的服务，其前途都将不可限量。这股颇具感染性的情绪也蔓延到了仪器和其他科技公司。

那个时候，市场上流行买入一些在一两年前刚刚以比较高的价格“公开上市”的股票，我一直都抵抗着这种诱惑。可是由于我经常和一些对这些公司赞不绝口的人接触，所以我也不断试图从此类公司中寻找到可能值得投资的目标。1969年，我终于找到一家科技前沿领域从事设备生产的公司，这个领域具备很强的市场价值。这家公司的总裁极具才华且为人诚实可靠。我现在还记得，我和他吃过耗时很长的午餐之后，在机场等候飞机回家时，心里一直在盘算，要不要以当时的市场价格买入这家公司的股票。几经思索之后，我决定付诸于行动。

对于这家公司的潜力，我的判断可能是对的，因为它在接下来的几年里的确有所增长。但是，这笔投资却是很糟糕的。我的错误在于为了分享这家公司的美好前景而付出了过高的价格。几年之后，这家公司出现了相当快的增长，我卖出了股票，但卖出价格和我当初买入的价格没什么太大差异。我认为这家公司的未来增长前景已变得相当的不确定，所以我相信卖出持股是个正确的决定。尽管如此，持有股票那么多年后才仅仅赚到微薄的利润，并不是财富增值的正确方式，更不是在面临通货膨胀时让资本保值的正确方式。这笔投资的结果令人大失所望的原因在于抵挡不住当时市场中弥漫的狂热情绪，买入股票时支付了不切实际的价格。

4. 把少数事情做好

错误的策略判断使我酿成了另一种完全不同的错误，并且给我造成了惨重的损失。这次错误的原因在于把自己的技能用到了经验范围以外的地方，也就是我把资金投资到自己不是非常了解的行业，这些行业对我来说完全没有相应的背景知识。

谈到那些服务于工业市场的制造公司，或者拥有尖端科技的服务型制造公司，我相信自己知道应该寻找什么——这家公司的优势在哪里，哪里可能有陷阱。但是，评估消费性产品制造商的时候，要运用完全不同的技能。在行业中处于竞争关系的各家公司生产的产品本质上较为相似，公司市场占有率的变动主要源于广大消费者消费偏好和流行趋势的不断改变，而消费偏好和流行趋势会在很大程度上受广告的影响，这样我终于明白了自己挑选优秀科技公司的能力，无法延伸到寻找优秀不动产公司的过程中。

其他人可能在完全不同的行业中把投资做得很好。与我的职业生涯中犯下的其他错误比起来，这次的错误可能更容易被其他人忽略。不过，一个分析师必须了解自己的能力范围，把自己能力范围内的事情做好。

5. 在预期到市场可能转出现下跌时，持有还是卖出？

面对市场状况可能变差的时候，投资者应不应该卖出自己持仓的好股票？在这个问题上，同如今流行的投资理念相比，恐怕我的看法属于小众主张。目前这个国家持有大量股票的投资者，他们的做法似乎都反映着这样一种信念：当投资者持仓的股票已经获得不错的利润，并且担心股价可能下跌时，他就应该卖出股票锁定已经获得的利润，这种现象比以前更为明显。然而，我的观点与此有很大的不同，即使某家公司的股票价格看上去已经到达或接近一个暂时的高点，近期内可能发生大幅度的下跌，但只要我相信长期而言它是有吸引力的，便不会卖出这家公司的股票。如果我判断这些股票的价格在几年内会涨得远高于目前的价格水平，我宁可继续持有，我的信念源于对投资过程中的一些基本因素的思考。真正增值潜力非凡的公司很难找到，因为这样的公司客观上就为数不多。但是，如能了解和运用良好的基本原则，我相信有90%的可能性可以把真正出色的公司从众多平凡普通的公司之中识别出来。

然而，预测某只股票未来6个月内的表现则会困难得多。要判断个股短期内的表现，必须从判断整体商业经济大势近期内的发展状况开始。但是，从以往记录来看，预测专家对商业经济周期的预测可谓是惨不忍睹。他们往往会严重地误判经济会不会衰退，以及何时衰退，对于衰退的严重程度和持续时间长短的准确度更加糟糕。此外，股市大盘和所有个股的走势，只能说跟经济大势比较近似，但绝不会完全一样。大众投资心理的改变，以及金融界对整体工商业或某只股票前景变化的评价是最为重要的，而且这种变动基本上是不可预测的。由于这些理由，我认为不管多么勤奋地研究预测技能，准确预测出股票价格短期走势的几率都很难超过60%，这可能还算是个乐观的数字。面对这种情况，在准确率顶多只有60%的情况下，想要让卖出股票的正确率达到90%，这样的想法实在不切实际。

对于通过长期投资追求丰厚利润的投资者而言，他们并不仅仅考虑获利的几率。如果投资的对象是一家经营状况良好、财务能力很强的公司，即便是最严重的熊市也不会减轻这种股票的价值。相反，真正优秀的股票每次都能达到比之前的价格高点高出好几倍的价格。所以说，从风险与回报比的角度来看，长期投资将更加有利可图。

因此，用最简单的数学公式可以看出，几率和风险回报比都更有利于长期持股。对于一只好股票来说，判断价格的短期变化同预测长期的价格成长潜力比起来，出现错误的几率要高得多。如果坚定持有正确的股票，即使市场暂时出现了大幅回调，股价在最糟的时候也就是比前一个最高点下跌40%而已，而且局势日后总有一天会出现扭转。但是，如果你卖出股票之后没有把它买回来，那么跟预期价格短期内会下跌而卖出持股所获得的短期收益比起来，卖出股票所错失的长期利润可能是这些短期利润的好几倍。根据我的观察，在一只正确的股票上我们很难准确抓住短期内的价格波动高点，即使有那么几次在高位卖出持股，后来以比较低的价格再买回来从而获得差价利润，但这跟选错了时机所失去的利润比起来实在是微不足道。许多人太早卖出股票，后来不是没能再把股票重新买回来，就是重新买回股票的时间有所延误，没有抓住原本可以获得的价差利润。

我将用以下我的亲身经历，且表现并不好的例子来阐明这一点。1962 年，我重仓投资的两家电子公司的股票价格涨到了很高的价位，使得短期内的价格走势看起来很可能会回落。德州仪器(Texas Instruments)的价格是我7年前买入价格的15倍以上。另一家公司，我是在大约一年之后买进的，在此姑且用“加州中部电子公司”这个化名来称呼它，它的价格涨幅和德州仪器差不多。两只股票的价格都已经涨得太高，于是我通知了所有的客户，说这两只股票的价格已经高到了一个不合理的水平，不鼓励他们用此时的价格衡量自己当前的财富净值。我很少这么做，除非我非常有信心地认为在下一波的主要趋势中，我持有的一只或多只股票的价格将会大幅下跌。然而，尽管我有那么强烈的信心，我还是极力主张我的客户继续持有股票，相信这两只股票几年后会涨到一个高出现在许多的价格。当这两只股票发生回调时，下跌的幅度比我预期的要大。德州仪器价格最低的时候比1962年时的高点低了80%，加州中部电子公司没有那么糟，但跌幅还是达到了大约60%。我的信心受到了极为严峻的考验！

然而在几年内，德州仪器的股价再次涨到了新的高点，比1962年时的高点高出一倍以上。耐心终于得到了回报，加州中部电子公司的表现则不尽人意。在整个股市大盘开始回升的时候，加州中部电子公司管理层方面的问题开始显现出来，该公司发生了一些人事上的变动。我变得特别担心起来，所以做了彻底的研究调查并得出两个结论，而且这两个结论都不那么令人高兴。其一是我错误地判断了之前的管理层，我应该更多地留意管理层的缺点才是，然而事实上却没有这么做。其二，新上任的管理层也没有让我感到有什么特别优点，足以让我坚定地长期持有它的股票。于是在接下来的一年时间里，我卖出了该公司的股票，卖出价格只比1962年最高点的一半稍高一点。即便如此，我的客户所获得的利润仍是原始买入成本的7～10倍，具体盈利因各自成本不同而有所差异。

正如我之前所指出的，我特意列举了一个表现比较差的例子，而不用表现好的例子来说明为什么我认为对于未来真正有潜力的好股票，应该忽略它的短期波动。我在投资加州中部电子公司时所犯的错误，不在于市场发生短暂下跌时仍然持有股票，而在于另外一件更为重要的事情上。我由于对该公司的投资已经获得较大的利润，我变得志骄意满，开始过于听信公司高管告诉我的话，而对低级别员工和公司客户的调查做得不够充分。当我认识到这种情况后，我开始采取应对行动。我接下来把资金从加州中部电子公司的股票上转移出来并投资于其他的电子公司，赚到了原来预期能通过加州中部电子公司的股票赚到的钱。转移出来的资金主要是投资于摩托罗拉公司。幸运的是，摩托罗拉公司的股价几年内就涨到了加州中部电子公司上一个价格高点的好几倍。

6. 频繁操作可能会遭受损失

从德州仪器和加州中部电子的例子中，我们还可以学到更多东西。1955 年夏天我第一次买进德州仪器公司的股票时，是打算将其作为最长期的投资。这家公司在我看来完全值得我对它这么有信心。大概一年后，股价涨到了我买入价格的2倍。我所管理的基金之中绝大多数的投资者都很熟悉我的操作方法，他们和我一样都不喜欢在刚得到一点利润时就获利了结，只有一群人比较例外。那个时候我有一个比较新的账户，由这样的一群人持有。他们在自己进行投资的时候，习惯在市场跌到低点时买入，价格达到高点时就大量卖出。当德州仪器股价涨了2倍的时候，他们给我很大的压力，主张卖出股票，不过那个时候我还能抵挡得住他们的压力。当股价又涨了25%，能给他们带来125%的利润时，主张卖出的压力就更大了。他们的解释是："我们同意你的看法，我们也非常看好这家公司，但我们可以先卖出，然后趁日后价格下跌时用更便宜的价格再把它买回来。"我最终和他们达成了妥协，但还是说服了他们保留一部分持仓，卖出其余的部分。虽然几年后该股票出现了一次大幅度的下跌，价格从最高点下跌了80%，但是新的低点还是比这部分投资者当初急着卖出的价位高了大约40%。

一只股票经过一段快速的上涨之后，对没有受过投资训练的人而言，此时的价格总是看上去好像很高。这些客户就表现出了另一种冒险的做法，也就是仅仅因为他们发现股票已经实现了不错的获利、股价暂时看起来比较高，他们便急着卖出自己持仓的那些成长前景依然很好的股票。这些投资者错误地卖出之后，很少会以比较高的价格再把股票买回来，从而又错失了很大一部分的未来利润。

虽然有啰唆重复之嫌，但我还是要再强调一遍：我觉得短期的价格波动本身是难以预测的，所以说，为了获得短期价差而频繁交易是不可能赚到大笔利润的，只有真正长期坚定地持有优质股票的人才能获得较大的利润。

7. 长期的股利阴影

经过这么多年之后，我试图用以上这些描述来说明各种各样的经验让我的投资哲学慢慢形成。但是，当我回顾过去的经历，我却找不出什么刻骨铭心的事情，能够让我从中提炼出一些关于股利的结论，不管是失败的教训还是成功的经验都没有。然而，经过多年的观察，我对股利的一些看法逐渐成形。40年前和今天一样，大家普遍都认为股利对持股者而言有利，应该热情迎接股利的到来。我刚开始的看法也是这样。接下来，我渐渐地看到很多公司的研究部门提出了大量令人振奋的新观点，但无法将其全部运用起来付诸实施。资源要么太少，要么太过昂贵。我开始思考，如果公司没有发放股利，而是把大部分的资源保留下来，投资于更多的创新型产品的研发生产上，那么对某些持股者而言，其获得的利益应该更大。

我逐渐认识到，所有持股者的利益并不完全相同。有些投资者需要股利收入来维持他们的日常生活，比起未来的更多收益以及通过加强对潜力新产品和新技术的投资而带来的股票增值，这些持股者当然更喜欢当期股利。这些投资者可以找出这样的一些公司来投资：资金需求不大、没有多少需要把资金用于生产性用途上的机会。

但如果持股者的赚钱能力或其他收入对于支付日常需求来说绰绰有

余，并且能够定期存下一些积蓄，那么又将如何呢？如果公司不发放股利，而是把资金拿去再投资，以求在未来实现更高的增长岂不是更好吗？发放股利往往需要交纳相当高昂的所得税，而利润转做投资却不需交税。

第二次世界大战结束之后不久，我开始把自己的投资活动几乎完全集中于追求长期且幅度较大的资本增值，股利发放的问题由此变得不那么重要。增长前景最好的那些公司，在经营的重大责任压力下，根本就不派发股利，它们的资金需求量非常庞大，同时也善于运用资金。开发新产品所需的资金，只是运用资金实现成长诸多开销中的第一笔大开销。接下来还需要大额的营销费用来把新产品介绍给客户，如果新产品在市场上取得成功，公司又得扩建工厂来满足日益增加的市场需求。新产品一旦上市，逐渐增加的存货和应收账款又会加剧对资金的需求，大部分情况下，库存和应收账款的增长几乎和公司的销售量成正比。

那些投资机会很多的公司，和甘愿冒着一定的风险获得最大利润且不需要额外收入，也不想多交纳不必要税赋的投资者，两者的利益契合点可谓是完美无瑕。我相信，这样的投资者应该把主要投资集中于不发放股利但获利能力极强，并且有好项目可以进行再投资的公司，而我也希望我的客户都是这样的人。

但是，最近情况变得不那么明朗。机构投资者在每天股票交易活动上的影响力越来越大，养老基金以及利润分享基金这样的机构投资者能够领到股利而不必交所得税。因此，许多机构投资者定下的投资策略就是只投资于发放股利的公司，否则绝不投资，哪怕发放的股利很少。很多成长潜力非常好的公司为了吸引和留住这部分投资者，开始派发一定数量的股利，但只占每年利润总额的很少一部分。与此同时，一些准成长型公司的经理人大幅降低了股利发放的数量。今天，如果你想要从大批公司中分辨出不同凡响的公司，那么观察这家公司是否擅长运用留存利润进行再投资就成了一个比以往更为重要的因素。

基于以上这些理由，我认为，关于股利这个问题，能够得出的结论就是：凡是不需要股利收入的人，就应该把这个因素的重要性大幅降低。一般来说，发放股利数量较低或者根本不发放股利的公司，往往可以找到更多值得投资的机会。但是，由于制定股利政策的人普遍认为发放股利对投资者是有好处的(至少对某些投资者有好处)，因此，我偶尔也能在高股利的公司中找到一些真正很好的投资机会，但这种事并不常见。

第四章 市场是有效率的吗?

20世纪70年代，我已有40年的经验积累，我的投资哲学几乎全部形成了。前面提到过的一些例子用于说明我的投资哲学形成的背景，这些例子中无论是那些明智的行为，还是那些愚蠢的行为，除了一个之外其余的都发生在之前的40年，然而这并非巧合，这并不是说我在70年代没有犯过错误。遗憾的是，无论我做出怎样的尝试，似乎总要以同样的方式再犯一次以上的错误，才能真正从中吸取到教训。但是，我在说明自己的观点时所讲的例子，通常都是某个事件第一次发生的情况。这就解释了为什么除了一个例子，其余的例子全都发生在之前的40年。

过去的40年间，每一个10年的雷同之处令人惊讶，注意到这一点也许是有帮助的。或许除了60年代之外，每个10年都有一段时间会流行这么一个观点，认为外部影响的力量非常大，已经超出了一家公司的管理层能够控制的范围，因此，即使最明智的普通股投资也必然将是徒劳无功，可能不适合谨慎的投资者去做。30年代，受到经济大萧条的影响，有几年这样的看法颇为盛行，但是与40年代人们对德国战争机器以及第二次世界大战的恐惧，或是50年代人们对另一次严重的经济萧条势必来临的预期，再或是70年代人们担心通货膨胀、政府过度干预比起来，则仍然只能算是小巫见大巫了。但是事后回顾起来会发现，每个年代都催生出了难以置信的投资机会。这5个年代之中，每个年代里投资者都有很多机会可以买进普通股并长期持有，从而在10年后获得好几倍的利润，有的时候利润甚至可以高达几十倍。同样，这5个年代里的每个年代都有一些当时热门的投机性股票，后来证明这些股票对盲目从众的人而言是最危险的陷阱，而真正知道自己在做什么的人则不会受此诱惑与连累。所有这几个年代从本质来说都很相似，也就是获利最丰厚的机会来自于一些非常值得投资的目标，但当时金融界严重错判了形势，使得这些投资目标的价格被严重低估。当我回顾50年来影响证券市场的各种力量，以及这段时间广大投资者悲喜情绪的交替时，"事情变化得越多，越应该保持原状"这句法国谚语便会涌现在我脑海里，我一点儿都不怀疑在我们即将踏入20世纪50年代之际，面对这个年代中的所有问题、挑战和发展潜力，同样的事情将会继续下去。

1. 高效率市场的谬误

过去几年中，人们把太多的注意力放到了一种我认为非常荒谬的观念之上，也就是认为市场非常有效率的这种观念（以下称之为"有效市场理论"）和其他时期所流行的错误观念一样，眼光敏锐的投资者如果持有与此相反的意见，就可能获得盈利的良机。

对不了解"有效率市场理论"(efficient market theory)的人来说，"有效"这个形容词，不是指市场上显而易见的机械效率：想要买卖股票的人，可以把交易指令下达给市场，交易在几分钟之内就能很有效率地执行完毕；"高效率"也不是指市场上敏锐的调整机制：能够反映买方和卖方相对压力的变化，从而使股价相应上涨或下跌几分之一美元。相反，这个观念的真实含义，是指不管在任何时间，市场的"高效率"使得股票价格已经充分而真实地反映了一家公司所有已经为人所知的信息，除非某人通过非正规手段获得了一些重要的内幕消息，否则没办法找到真正便宜的股票，因为能够让想要买股票的人认为某只股票值得投资的那些利好消息，早就已经反映在股票价格上了！

如果市场真的如同人们认为的那么有效率，而且重要的买入机会或重要的卖出理由能不断出现，股票的回报率就不应该有那么大的不同。我所指的不同，不是指整体市场价格的变化，而是指一只股票相对于另一只股票价格变化的差异。如果市场如人们所想的那么有效率，那么导致得出这种结论的分析过程一定很差劲。

有效市场理论发源于随机漫步学派(school of random walkers)。这一学派的拥护者发现很难找到一种技术操作策略，能够在扣除交易成本之后，相对于所承担的风险，赚到不错的利润。我并不反对这种说法。前面已经提到过，我们很难根据短期的市场预测，从进进出出的短线操作中赚到钱。所谓市场的高效率，只能从这个狭隘的层面来理解。

我们中的大部分人是投资者，也应该是投资者(investors)，而不是交易者(traders)。我们应该寻找长期具有非凡发展潜力的投资机会，避开发展潜力较差的投资机会。在任何情况下，这都是我个人投资方法的核心理念。我不相信股票价格对勤奋努力、知识丰富的长线投资者来说其收益也是随机漫步的。

我在1961年的经验可以直接用于解释这一问题。从那年的秋天直到1963年春天，我承担了一件非常富于挑战性的工作，帮正式的金融学教授在斯坦福大学商学研究生院代课，讲授高级投资课程。有效市场理论无法预见到未来几年的情况，也与我让学生们做这个练习的目的没有任何关系。相反，我只是要让学生们用一种难忘的方式，了解整体市场的波动，相对于个股之间价格变动的差异，可以说是微不足道的。

我把全班学生分成两组。第一组拿到纽约证券交易所(New York Stock Exchange)依英文字母顺序排列的股票名单中以“A”打头的股票列表，第二组拿到的是以“T”打头的股票列表。所有股票都按照字母顺序排列(优先股和公用事业股除外，我认为它们跟普通股的性质不同)。每位学生分到4只股票，然后去查1956年最后一个交易日的收盘价，并按照股票股利和拆股进行调整(此处忽略期权的影响，因为影响效果不大，无需额外计算)，并拿这个价格和10月13日星期五(选取这个日子没有其他用意，只是因为这天的收盘价很精彩)的收盘价进行比较，再把每只股票在这将近5年的时间里的涨跌幅度都标注出来。在这段时间里，道琼斯30种工业股票价格指数从499点上涨到了703点，涨幅达到41%。样本中总共有140只股票，股价变动情况如下表所示：

资本盈利(+)或损失(-)百分比(%)	同类股票数目(只)	在样本中所占的百分比(%)
+200～1020	15	11
+100～199	18	13
+50～99	14	10
+25～49	21	15
+1～24	31	22
不变	3	2
-1～49	32	23
-50～74	6	4
	140	100

我们可以从这些数据中得到比较深刻的见解。在道琼斯30种工业股票价格指数上涨了41%的这段时间里，38只股票损失了本金，占总数的27%，其中6只股票，也就是全部股票中4%的股票，总价值的损失超过了50%。相对的，大约1/4 的股票取得了非常不错的资本收益。

为了把这一点讲得更透彻一些，我注意到如果一个人投资10000美元，并把这笔资金分散投到这张列表上最好的5只股票上，那么4年9个月后，他的资本价值将达到70260美元。相反，如果他的10000美元投资到那5只表现最差的股票上，他的资本就会缩水为3150美元。这种极端的结果不太可能发生，要出现这样最好或最坏的结果，除了投资能力之外还得靠运气，不管是好运气还是坏运气。真正具备良好投资判断力的投资者，能从10只最好的股票中挑到5只，那么他的资产净值就能在13日黑色星期五达到52070美元，这并不是难以想象的。同样，一些投资者总是基于错误的理由选择股票，而且总是选到差劲的股。对他们来说，选到的是10只最差的股票里的5只，也不是完全不可能的。如果真的发生这种情况，10000美元的投资将会缩水为4270美元。我们将这两个数字进行对比就可以发现，在不到5年的时间里，聪明的投资行为和愚昧的投资行为造成的财富差距可以高达48000美元。

一年半后，当我再一次教授同一门课程时，我又让学生们做了完全相同的练习，只是没用字母A和T，改用了另外两个字母构成股票的样本。同样，在5年的时间段内，虽然起始时间不同，但是两次练习的结果几乎完全一样。

我相信，回顾大部分为期5年的市场表现，我们可以发现股票的价格涨跌是不同的。股价涨跌的差别有些可能来自出乎意料的突发事件，比如说事先完全无法预料的关于一只股票未来发展的重要资讯，但是大部分的价格涨跌差异，至少可以通过价格涨跌的方向和相对于市场的涨跌幅度大体上事先可以预料出来。

2. 瑞辰化学公司

有鉴于这些证据，我很难明白为什么会有人认为股票市场是有效率的。这里又用到“有效率”一词，是因为主张这一说法的人是这么强调的。但是，在进一步详述这个问题之前，让我先谈谈几年之前股票市场的情况。20世纪70年代初，瑞辰化学公司(Raychem Corporation)的股票在市场上享有极高的声誉，它的市盈率也相应非常高。形成这种情况的一些原因，或许可以从该公司执行副总裁罗伯特·海尔普林(Robert M.Halperin)所说的一些话中看出端倪。谈到瑞辰化学公司经营哲学的四个要点时，他说道：

(1)瑞辰化学不做任何只需要简单技术的事情(也就是潜在竞争对手容易模仿的东西)。

(2)瑞辰化学只涉足那些能够进行产业链纵向整合的行业.也就是说，瑞辰化学必须自行研究、生产制造并销售产品给客户。

(3)瑞辰化学只做那些有很大的机会可以获得特殊保障的事情(通常是指专利权保护)，只有对于这样的项目，瑞辰化学公司才会将研发力量倾注其中。不然的话，即使符合瑞辰化学的专长，也不惜将其放弃。

(4)瑞辰化学只生产那些它认为能够成为市场领导者的新产品，而不管产品的市场规模是大是小。

到了70年代中期，控制着大型机构投资基金的经理普遍认识到这些非同寻常的优势，开始相信瑞辰化学公司具备非凡的竞争优势和吸引力，因此在市场上大量买入该公司的股票。但是，最让这家公司具备吸引力的因素，同时也是导致当时市盈率偏高的可能因素，在于这家公司的另一面，那就是许多人认为瑞辰化学花在新项目开发上的资金，占销售额的比重高于行业平均水平，拥有非常出色的研究机构，能生产出足够多的新产品，公司可以凭借这些特色让销售额和收益毫不中断地持续上升。这些研究中诞生的产品的确对金融界有一种特别的吸引力，因为其中许多较新的产品只是和其他公司的旧有产品间接竞争。最重要的是，这些新产品能让工资较高的劳动力做同样的工作所花的时间大大低于从前。这使得公司节省了许多成本，不但能够回馈最终客户，还能有相当不错的利润率。这些情况都推动了股价的上升，到1975年底，这只股票上涨到了42.25美元以上(这个价格经过了随后的股票分拆调整)，这一价格是1976年6月30日结束时会计年度估计收益的25倍左右。

3. 瑞辰化学预期破灭，股价崩溃

临近1976年6月30日，也就是会计年度即将结束的时候，瑞辰化学遭到了双重打击，使得该公司不但股价暴跌，而且在金融界的声望也是一落千丈。金融界本来对一种叫作“司迪兰”(Stilan)的独特聚合物十分看好，因为相对于航空业用来包裹金属线的其他化合物，它具有独特的优势，而且已经处于最后的研发阶段。此外，这种聚合物是瑞辰化学开始自行生产基础化学原料之后的第一种产品，也就是说瑞辰化学首次在自己的工厂生产基础化学原料，而不是向别人购买原材料后再进行生产。由于这种产品极具吸引力，瑞辰化学分配给这种产品的研究经费远高于其他产品，经费金额之庞大为历史罕见。金融界认为这种产品已经迈向了通往成功的道路，觉得它在经历了所有新产品必经的“学习曲线”之后，将获得很高的利润率。

事实上，后来的情况完全相反。按照瑞辰化学公司管理层自己的说法，司迪兰这个产品在“科学上取得了成功，但商业上却是失败的”。一家能力强劲的竞争对手推出了一种相似的改良型产品，虽然技术上不如瑞辰化学的产品那么好，功能却完全符合市场的需求，而且价格上便宜很多，瑞辰化学的管理层认识到了这一点。几个星期之后，管理层做出了一个痛苦的决定，那就是放弃这种产品，在该产品上已经投入的庞大投资作为成本进行摊销，摊销金额使那一会计年度的利润减少了大约930万美元。不算一些特殊收益，公司的每股收益从上一会计年度的7.95美元降低到了0.8美元。

除了利润的陡然下降令金融界颇为失望之外，金融界对该公司研发能力的信心也有所动摇。金融界普遍忽视了一条基本原则，也就是所有公司开发的新产品大多难免以失败告终。所有的工业研究项目，哪怕是经营管理非常良好的公司，都无法逃避这一点，但就长期而言，其他新产品的成功将足以弥补失败造成的损失且仍然有所盈利。投资最多的项目最后竟遭到失败，有时可能只是运气不太好。但是无论如何，股价因为此事而受到了巨大的影响。1976年第四季度，股价跌到了大约14.75美元的低点(随后由于6∶1的拆股而再次进行了调整)，这个价格仅是前一个价格高点的1/3左右。当然，很少有人能以当时的最低点买进或卖出股票。更重要的是，股价在此后的好几个月内都只是略高于这个最低价格。

此时还有一件事也影响了该公司的利润，并加剧了瑞辰化学的危机。对于任何成长顺利的公司而言，最艰难的任务之一就是适时调整管理层的结构，以便在公司成长过程中处理好小规模公司管理模式和大公司管理模式之间的差异。1976年会计年度结束之前，瑞辰化学的管理层主要是根据制造技术来划分事业部门，也就是根据所生产的产品来设立事业部门。当公司规模还比较小的时候用这个方法尚能取得比较好的运营效果，但随着公司逐渐地发展壮大，这个方法不利于以最高的效率服务于客户。因此，在1975年会计年度结束之际，瑞辰化学的高级管理人员开始着手构建“大公司”的管理理念。公司根据所服务客户所在的行业对事业部门进行了重新架构，而不是像以往那样根据产品的物理和化学组成来设置部门。调整组织结构的目标完成日期定在1976会计年度的年底，当初定这个日期时，管理层完全没有想到这个日期竟然跟放弃“司迪兰”所产生的巨额摊销金额赶到了一起。

瑞辰化学公司的所有人都知道，组织结构调整之后，公司利润至少会在一个季度，甚至两个季度内大幅降低。虽然组织结构调整之后，瑞辰化学的管理层在人事方面基本没有变动，但是很多员工在调整后有了不同的上级领导，不同的下属，还需要跟不同的同事在工作中协调配合，所以瑞辰化学的员工会有一段效率较低的适应期，直到他们学会如何以最好的方式来跟工作中打交道的新同事协调共事效率才会高起来。这个组织架构调整计划势必会对公司的利润造成又一次冲击，但公司管理层决定仍然按照原定日期实施调整计划，没有任何的推迟。从这一点可以看出，公司对未来充满信心，并不担心短期业绩受到的影响。

事实上，这次大幅度的组织架构调整所遇的难度，远比当初想象的要低。正如预料的那样，新的会计年度第一季度的收益远低于不调整组织架构之前的水平。但是，这次调整开展得非常顺利，第二季度开始的时候，这方面的短期成本大多已经消除。从基本面来看，这些情况在分析师眼里应该算是利好消息。瑞辰化学现在的组织架构更加适应公司的未来成长，而以前的组织架构根本做不到。组织架构方面的障碍本来很可能让这家原本具备极大发展潜力的成长型公司黯淡失色，但现在它已成功地跨越了这道障碍。然而，总体来说，金融界似乎没有认识到这一点，公司收益在短期内进一步萎缩，股价从而跌到了曾经到过的低点。

对想要投资于这只股票的人而言，这个价位更吸引人的地方，在于另一股影响力量。其他公司放弃已被证明并不成功的重大研究计划之后不久，我也曾看到过这股力量。放弃司迪兰项目的一个财务效果，就是把原本计划投入该项目的大量资金释放出来，可用在别的地方，更为关键的是，重要的研究人员可以从中抽出身来从事一些别的研究计划。一两年内，整个公司里很多具有美好前景的研究项目就像久旱逢甘霖般绽放出来，这些项目的数量相对于它的规模来说非常多，多得前所未见。

4. 瑞辰化学公司和有效市场理论

那么，瑞辰化学公司的故事和最近在金融界中有很多人支持的“有效市场理论”有什么关联呢？这个理论主张，股票价格会自动并立即对一家公司已为市场所知的信息做出反映，所以只有拥有其他人不知道的非法“内幕消息”的人，才有可能从个股的未来走势中赚到利润。就这件事来说，瑞辰化学公司的管理层非常坦诚，愿意向任何有兴趣的人说明前面所提过的所有事情，并解释为什么收益不佳的这段时间会非常短暂。

实际上，以上所说的所有事情发生之后，公司利润也攀升到了历史高点，瑞辰化学公司的管理层进一步做了一件意义重大的事。1978年1月26日，他们在公司总部召开了时间长达一天的会议，我也有幸参加。瑞辰化学公司的管理层邀请了所有对瑞辰化学公司有兴趣，或者可能对其有兴趣的投资机构、经纪商以及投资顾问参加这次会议。会议中，公司最高级别的10位管理人员非常坦诚而详细地解释了公司的发展前景、遇到的问题以及他们各自所负责事务的当前情况。我极少在其他公司的类似会议中见到如此坦诚而详细的报告。

会议召开之后的一两年，瑞辰化学的收益增长状况，和根据会议上所说的事情去推测的结果一模一样。那段时间，股票价格从会议当天的23.25美元上涨了一倍以上，可是在会议结束后的几个星期内，股价没有受到特别的影响。一些与会者显然对会议上描述的美好前景有着很深刻的印象，但仍然有太多人无法摆脱前一两年双重打击的阴影，他们显然不会信服在会议上听到的话，高效率市场理论不过如此。

从瑞辰化学等公司的案例中，投资者或投资专业人士能够得出什么结论呢？接受和受“有效市场”理论影响的人，大致可以分成两类：一类是没有什么实际投资经验的学生，另一类人很奇怪，似乎很多都是大型机构基金的经理人。大体而言，个人投资者或者资金量较大的投资者很少会关注这个理论。

从我将个人的投资哲学付诸实际所得出的经验之中，可以推断出：在20世纪70年代即将结束的时候，在我投资的科技股票领域，大型科技公司比小型科技公司有更多的具备吸引力的机会，大公司的交易市场为机构所支配，而在小公司的交易市场里，个人投资者则扮演着更为重要的角色。在大约10年前，一些人看出了当时流行的有效市场观念的错误之处，并从认识到了这个观念的错误中获得了利润。同样，在每个年代中，错误观念的出现都会为那些具有较强投资观察能力的人创造出获利机会。

结　论

以上就是我从半个世纪的商业投资经验中提炼出来的个人投资哲学，它的核心或许可以总结成以下八个方面：

(1)所买入的公司，应该有一个能使公司收益长期大幅增长的经营计划，而且公司的内在特质很难让新进入市场的竞争者分享市场的增长。选择这样一家公司，还有很多有利或不利的细节应该考虑，显然不可能在此用这么短的篇幅讲清楚。有兴趣的读者可以看看“保守型投资者高枕无忧”的前三章。我在那里用最简洁的文字描述了这个问题。

(2)集中全力购买那些失宠的公司。也就是说，购买那些由于整体市场状况或者当时金融界对一家公司真实价值的误判，使得该公司的股票价格远低于其真正的价值，尤其是远低于为人所了解时应有的价位，则应大胆、果断买入。

(3)长期坚定持有股票，直到公司的性质从根本上发生了改变(如人事变动导致的管理层能力减弱)，或者公司成长到某个阶段之后，其增长率不再能够快于整体经济。只有在非常例外的情况下，才会因为对经济或股票市场走向的预测而卖出持仓的股票，因为这方面的变化很难预测。绝对不要因为短期原因而卖出你持仓的最具吸引力的股票。不要忘记许多公司在规模尚小的时候，经营得很有效率，但在公司的成长过程中却无法改变管理风格，以满足大公司所需的经营管理技能。

(4)主要目标在追求资本大幅增值的投资者，应该淡化股利因素的重要性。在那些获利能力强但股利低或根本不发股利的公司中，最有可能诞生出最理想的投资标的。反之，发放给持股者的股利在公司收益中占比很高的公司，成为理想投资对象的可能性则会小得多。

(5)为了赚到丰厚的利润而犯下若干错误是投资中无法避免的成本，就像是经营管理得最好、利润最高的金融贷款机构也无法避免一定数量的坏账损失一样。重要的是尽快发现错误，了解这些错误产生的原因，学会如何避免重蹈覆辙。愿意在某些股票上承担少量的损失，而在前途较为看好的股票上获得持续增长的利润，这就是良好的投资管理的标志。在正确的投资中一有蝇头小利便获利了结，却在不正确的投资中任由损失越来越多，是非常不好的投资习惯。绝对不要只因为实现了获利就将股票卖出了结。

(6)真正出色的公司数量是非常少的，我们往往没办法以低廉的价格买到它们的股票。因此，当有利的价格一旦出现时，应该充分利用当时的形势，把资金集中在最有可能获利的机会上。那些投资于创业公司和小型公司(如年销售额不到2500万美元)的投资者，可能需要较高程度的分散投资。至于规模较大的公司，若要进行合适的分散化投资，则必须投资于具备不同经济特性的行业。对于个人投资者(和机构投资者以及一些投资基金相对应)来说，持有20种以上的股票是缺乏投资能力的一种表现，通常持有10种或12种股票是比较合适的数量。有时候考虑到资本利得税方面的成本，可能要花数年的时间才能慢慢把资金集中投资到少数几家公司中。个人投资者如果持有的股票种类在20种时，应该卖出其中那些最没吸引力的公司，转而增持那些比较有吸引力的公司，这才是理想的投资方法。请记住ERISA这个词，意思是“不够老练的投资行为会导致不理想的投资结果(Emasculated Results:Insufficient Sophisticated Action)”。

(7)优秀的普通股管理中有一个基本的要素，就是能够不盲目接受当时的金融界中的主流意见，也不会仅仅为了反其道而行之就随便否定当时最流行的观点。相反，投资者应该拥有更多的知识，运用更好的判断力，全面地评估具体的情况，并且在你对自己的观点非常有自信的时候，敢于采取“与群体意见相反”的行动。

(8)投资普通股和人类其他大部分的行为一样，想要取得成功就必须努力工作、勤奋不辍、诚实可信。

我们中的有些人可能天生就在以上所说的某些特质方面优于或劣于他人。但是我相信，只要严格地要求自己并投入心血，所有人都可以在各个领域中让自己的能力得到提高。

虽然在管理普通股投资组合时，总是有些地方需要靠运气，但就长期而言，运气并不是决定性的因素。想要取得最终的成功，必须靠技能和持续运用可靠的原则。根据我的八点指导原则的体系，我相信，未来属于那些能够自律并付出努力的人。

附　录　评价好公司的关键因素

根据我的投资哲学，我只投资于少量的公司，这些公司的前景必须非常好。很明显，我在调查研究公司时，寻找的是能够表示它们有增长潜力的信号。同样重要的是，我试图通过研究规避风险。我希望能够确定公司的管理层有能力用最高效的方式运用资金，并在这个过程中让我的投资风险减到最低。我进行财务分析、拜访企业管理层以及和了解某行业的专业人士进行讨论时，总会观察自己正在研究的这家企业是否符合我所界定的优秀企业的标准。优秀企业应该具备的一些保守型特征，如下所述：

1. 功能性因素

(1)与竞争对手相比，这家公司必须是行业内产品或服务成本最低的公司之一，而且有望继续保持这种低成本优势。

①收支平衡点相对比较低，这可以让公司在市场上继续存活下去，并且在实力较弱的竞争对手退出市场之后，增强它的市场地位和市场定价权。

②由于利润率高于平均水平，这家公司能够从经营活动中创造出更多的资金以维系公司的成长，而不必发行新股使得股权被稀释，或者因为过度依赖固定收益融资工具而造成财务上的压力。

(2)一家公司必须具备很强的客户导向，能够识别出客户需求和兴趣的变化，然后以合适的方式对这些变化做出回应。这个能力能够使公司源源不断地推出新产品，以便替代那些已经成熟或落伍的老旧产品在销售额中的贡献度。

(3)有效的市场营销工作不但必须了解客户需要什么，也要用客户能够理解的语言向他们说明解释公司产品的益处(通过广告、推销或其他方法)。公司应该密切控制和持续审视市场营销工作的成本收益比。

(4)今天即使非科技公司也需要强大且方向正确的研究能力，以此生产更新、更好的产品，以效果更好或更有效率的方式提供服务。

(5)研究工作的实际效果有很大的差异。如果想让研究工作更有成效，两个要素不可或缺，一是市场与利润意识，二是有能力汇聚必要的人才以组成有效的工作团队。

(6)拥有强大财务团队的公司可以获得以下几项重要的优势：

①良好的成本控制有助于管理层把资源安排在利润贡献潜力最大的产品上。

②成本制度应能够明确指出哪些运营部门的生产、营销和研究成本存在效率不佳的情况。

③严格控制固定投资成本和流动运营成本，从而能够确保总投资的安全性。

(7)财务作为一项至关重要的工作，可以作为预警系统，让公司能提前找出可能危及利润计划的影响力量，让公司有充裕的时间尽早拟订纠正计划，把意外事件带来的不利影响减到最低。

2. 人的因素

(1)公司要经营得更加成功，其领导者需要具备刚毅坚定的创业家性格，能够将驱动力、原创性构想和必要的生产技能结合起来，以创造公司的财富。

(2)增长导向的首席执行官身边必须围绕一支能力很强的团队，并且给他们充分的授权以便打理公司的各项事务。团队合作精神至关重要，和具有破坏力的争权夺利截然相反。

(3)公司必须花力气来吸引基层的优秀经理人，并训练他们承担更大的责任。如果有职位空缺，应优先考虑擢升内部人才。从外部聘用执行官，对企业而言是一个非常危险的信号。

(4)创业家精神必须充盈于整个公司之中。

(5)经营上比较成功的公司，通常有一些独特的人格特质，也就是说有一些很特别而且效果很好的办事方法，这在公司管理层体现得尤其明显。这是一种积极的信号。

(6)管理层必须认识到并且适应一个事实，他们掌舵的公司所处的这个世界，正在以越来越快的脚步变化着。

①必须定期检查每一种已经被接受的做事方式，以便寻求到更好的全新方法。

②改变管理方法难免会有风险，应该认清这一点，把风险降到最低后再去行动。

(7)公司必须真诚、脚踏实地、专心致志地持续做出努力，让每个层级的员工，包括蓝领层级在内，都相信公司真的是工作的好地方。

①对待员工的方式，必须让他们能感受到尊重和有尊严。

②公司的工作环境和福利计划，应该能够鼓舞员工士气。

③必须让公司员工感到表达不满的时候不必心怀恐惧和担忧，而且他们的意见能够得到公司管理层的适当注意和反应。

④让员工能够参与其中的计划似乎往往成效很好，而且是好主意的重要来源。

(8)管理层必须愿意严格地遵守公司稳定增长所要求的纪律。要想获得增长，有时候必须牺牲当前的利润，以便为更有价值的未来发展奠定基础。

3. 企业特质

(1)虽然在考虑新投资的时候，管理人员往往很重视投资回报率，但是投资者必须认识到：以历史成本标价的历史资产，扭曲了各家公司之间绩效表现的比较。尽管周转率有差异，利润相对于销售额比率的高低，可能是一个更好的表示投资安全性高低的指标，特别是在通货膨胀率较高的环境中。

(2)高利润会引来竞争，而竞争则会侵蚀获利机会。减轻竞争的最好方式就是以很高的效率来运营，使得潜在的竞争对手没有涉足市场的机会。

(3)规模经济产生的效率往往会被官僚习气浓厚的中层管理者低落的效率抵消掉。不过，对经营良好的公司来说，其行业领袖地位可以创造出很强的竞争优势，而这种竞争优势对投资者来说很有吸引力。

(4)“抢先进入新产品市场”和“夺得市场第一名”之间还有很长的路要走。某些公司更适时抢先进入市场。

(5)各种产品并非孤立和没有联系。比方说，每种产品都存在间接竞争，因为它们都希望赚到消费者的钱。价格一旦有变动，即使经营良好、成本较低的公司，它的一些产品也可能会失去吸引力。

(6)在竞争对手根基稳固且已经具备强大市场地位的市场中，很难推出优质的新产品。虽然新加入的公司可以努力加强生产、市场营销、品牌形象以提高竞争力，但是既有的竞争对手还是能够采取有力的回击行为以夺回受到威胁的市场份额。新进入市场的公司如果能相对于目前的竞争对手，以全新的方式将不同的科学技术结合起来，比如说电子和原子核物理学，则成功的可能性将会更高。

(7)科技只是取得行业领袖地位的方法之一，其他的方法还有培养消费者的“忠诚度”、提供优质的服务，等等。无论如何，一家公司必须有足够的能力来抵抗新的竞争对手，保卫其既得市场份额，这种能力是理想的投资对象所必须的。